自序

在新世紀的第一年，我曾輯印一本論集，書名是《哲學史與儒學論評》。其中乙編之第五文〈孔子的智慧與二十一世紀〉，以及丁編之第六文〈當代新儒家的返本與開新〉，皆是在世紀之交所作的通盤之省思與展望。

近幾年來，我仍然循此線索，對儒學與時代的問題進行思考，而陸續有論文發表。茲再依往例，輯印此冊，並即以甲編之第一文「新儒家與新世紀」作為書名。因為此文非常有綜括性，而且平實之中蘊涵精義情采，是很能體現儒家特色（融奇特於平常）的一篇文字。

十七八世紀以來，西方文化步步上昇而光芒萬丈。中國文化則漸次衰微而奄奄一息。從五四打倒孔家店到文化大革命十年浩劫，儒家所遭受的折辱、摧殘和破壞，乃是人類史上前所未見的大災難，而且是由思想而直接催發的徹裡徹外的「觀念的災害」。這種災害的廣度深度和強度，都是空前的。幸而天佑中華，天佑人類，在二十世紀中國文化最黯淡無光的時候，有賴三五賢哲動心忍性地在百死千難中四面作戰，經過半個世紀（一九四九年起）的艱貞奮鬥，終能剝極而復，起死回生——

苟無丹心爭剝復，
安得慧命相續流？

到二十世紀末葉，儒家終能有「貞下起元」之象，神州終能有「大地春回」之機，嗚乎，豈偶然哉！

我無似，而有幸追隨當代師儒，在二十世紀後半，參與了新儒家返本開新的進程。我或者「照著講」（講習），或者「接著講」（申義）。凡我所說，都是我所學知，我所信從。我沒有主觀的偏執，也沒有自我的矜持，我只是平平實實說出自己的理解和自己的心得。我的撰述，自當有我的一得之愚。

如今，論文與講錄，又已積至二十篇，特稍加節次，訂為三卷。甲為「儒學省察」，收文八篇。乙為「理學論評」，收文六篇。（其中第六文論「道家無為與儒佛之關涉」，此一問題實與理學相關聯，故特為編入。）丙為「新儒歸根」，收文六篇。另有附錄十五篇，都是面對時代社會與歷史文化而引生的關切與感懷。

儒家之學，不同於知識性的理論系統，而是鮮活的生命的學問。無論人的生命或文化的生命，都有它創造性的潛力和功能。這種創造功能的表現，是因時順事，連綿相續而生生不息的。由此可知，儒家學術實兼具永恆性與時宜性。永恆性是「常」，時宜性是「變」，守常以應變，故能常變相生，緜緜不盡。

我投身於民族文化生命之大流，自覺地要求與儒家慧命通合為一。但我從來不去估量自己有多少成功的機會，只是一心一念，精誠貫注。如果我在克盡己分上勉可告無愧於天地父師，便也庶幾坦蕩而稍可心安了。

蔡仁厚於新世紀第五年之春月，師尊謝世十周年之辰

新儒家與新世紀

目錄

丙、新儒歸根……二三一

附　錄

緒言：中國哲學概述

中國哲學，源於六經。這些聖王的經典，經過孔子的整理和詮譯，而顯發了新的意義和新的價值。通貫起來說，由孔子向前回溯，是中國哲學的「源」；孔子以後，便是中國哲學的「流」。

人類的哲學有許多系統，而特為重要的，是從希臘衍生下來的西方哲學，以及以儒家為主流而融通佛老的中國哲學。西方哲學首先正視自然，故以知識為中心。中國哲學首先正視人，故以生命為中心。以生命為中心，故重主體性，而成立了心性之學與成德之教。因此，中國哲學重實踐，由立己而立人，由成己而成物，主親實踐與客觀實踐，一以貫之。

這上下五千年的哲學思想，可分五階段加以說明。

一、先秦時期：中國文化原初形態的百花齊放

孔子以前的經典，當然是中國哲學的淵源。從堯舜以下二千年的聖王政教，凝為三代的

禮樂文化，到春秋而成為以「禮」為中心的人文世紀。但因貴族生命日漸墮落，形成周文疲弊（文勝質）。於是孔子感歎地說：「人而不仁，知禮何！人而不仁，知樂何！」意思是說，禮樂之文必須以仁義之質為根本，乃能有文有質，彬彬稱盛。再者，西周人文精神之躍動，促成宗教人文化，而結穴為孔子的「仁教」。人人皆有仁，皆可以表現仁德。進而推己及人，親親、仁民、愛物，顯發為民胞物與的精神，是即「以萬物為一體，以天下為一家」的仁道文化。所以「有教無類、天下為公、世界大同」這些最理性最懿美的話，都是從孔子之口首先說出來。

孔子「上承六藝（六經），下開九流」。既是儒家的開山，也是上古文化的集大成者。繼承孔子的是孟子和荀子。孟子順承孔子之仁而發揮，開出心性之學的義理規模。荀子順承孔子外王禮憲之緒，彰顯禮義之統。另有中庸、易傳二書，則開顯「天道性命相貫通」的形上系統。

道家的老子，有感於禮樂文化與仁義道德皆屬「有為」，而凡人為之事皆不免干擾、把持、矯揉、造作，而形成扭曲傷害，所以提出「無為」，以期避免不自然的人為之害（如生命的紛馳、心理的情緒、意念的造作）。如此，方能獲致主體的自由自在、自得自適。道家由人生問題的生活實踐，轉進到形上的存有的領域，而即以「無」為道（無，轉為名詞）。可知道家的思路，是以作用層上的「無」，用來作為實有層上的「本」，此本，名之為「道」。莊子順承老子，以道心顯發的觀照之慧，渾化生死，渾化物我，息言止辯。以心靈之直覺慧照，

「應於化而解於物」，而達於無待之逍遙。所以，莊子的玄遠，乃是老子哲學的調適上遂。

從哲學的立場說，先秦諸子自以儒家道家為大宗。墨家的兼愛、尚同，已融入儒家仁愛、大同之思想。法家則是儒家「以禮為綱，以法為用」之偏鋒突顯（拒斥禮而突出法），其著力之點在政治問題。名家惠施之「合同異」，為莊子的玄理所吸收。公孫龍的「離堅白」本有獨立之意義，可惜他不夠平正，而以琦辭怪說的姿態表現，故未能開出中國的邏輯學。反是儒家荀子作正名篇，卻能顯示名數之學的正大。至於陰陽家講的陰陽五行，或為儒家融攝，拿來和乾坤生化、氣化流行相配合；或沿順原始的醫卜星相而流用於較低層次的文化活動中。

總要而言，先秦時期哲學思想的蓬勃發展，從政治教化而言，雖是思想紛雜、價值標準倒塌的徵象。但從智思的多頭開顯而言，無論天道論、心性論、實踐論以及人生倫理、社會教化、政治思想等等，皆有極高之成就，而足以和希臘哲學同其燦爛而爭輝。

二、兩漢魏晉：儒學轉形而趨衰與道家玄理之再現

漢初的思想是反法歸儒。所謂「除強秦之苛暴，流大漢之愷悌」，因而有董仲舒「復古更化」（更改暴秦的嚴刑峻罰，恢復三代的禮樂教化）之文化運動。朝廷立五經博士，重視常理常道，使兩漢成為經學昌盛的時代（哲學方面，則不見精采）。而「通經致用」（以學術指導政治）更是漢儒

極大的成就。而漢儒假借陰陽家「五德終始」之說，以提揭「賢者為君」之禪讓理想，也可看出他們對「天下為公」一原則之堅持。但有公天下的理想而沒有公天下的制度，終於形成中國傳統政治「有治道而無政道」的重大困局。

到東漢中葉，政治每況愈下，於是有所謂「清議」。下及魏晉，政治上的清議，轉而為學術思想上的「清談」，而形成儒學衰而玄學盛的新局面。漢代的經學重文獻，不易透入心靈，對生命之方向難有直接的啟導。漢儒又從氣性、才性的層次看人性，而德性主體透顯不出；於是，由生命情調所表現的美的欣趣，乃又轉出智悟的境界。結果便使道家的玄理玄智，獲得再度的發揚。

魏晉人的玄言玄論，一洗漢儒的質實，而歸於虛靈，將漢儒「客觀的氣化實有之宇宙論」，扭轉而為以道家為矩範的「主觀的境界虛靈之本體論」。魏晉人雖然在人品上也推尊儒聖，實則高看老莊，以為老莊方能「知言、知本」(本，指道而言)。而王弼之注易、注老，向秀郭象之注莊，可為代表。

易學有術數系、象數系、義理系。王弼掃象數而以老注易，有得有失；而他注老子則有極大的貢獻。無論本體論的體悟、宇宙論的體悟、實踐進路的體悟，都能貼合老子的本旨。向秀、郭象注莊子，也能發明奇趣，大暢玄風。對於莊子的「逍遙、齊物、跡冥、天籟、養生、天刑」諸義，皆有深切的體會和恰當的表述。

魏晉玄學雖對道家有貢獻，但把仁義禮法看做外在的桎梏而直接加以否定，遂使名士之思想與仁義禮法形成本質而永恆之衝突。故魏晉名士雖有才性之美，卻很難成就德性之人品。不過，魏晉玄學所講的「無」，卻成為接引佛教之「空」的一個引線。

三、南北朝隋唐：佛教介入：異質文化之吸收與消化

佛教來自印度，就中華民族的內心來說，是不甘心受化於佛教的。所以一方面護持禮樂政教與家庭倫常，一方面則譯習佛經，以期消化佛教。到了隋唐，終於開出「天台、華嚴、禪」三宗，使佛教在中國大放異彩。而中華民族能吸收而且消化一個外來的大教，也正表示「文化生命浩瀚深厚，文化心靈明敏高超」。在人類宗教文化交流史上，能結成這樣的善果，實在是國族的光榮。

佛家教義真正進入中國文化心靈，應從鳩摩羅什入長安開始。羅什門人甚多，最傑出者為解空第一的僧肇。他的「物不遷論、不真空論、般若無知論」，是中土真正吸收佛教的表徵。而另一從學於羅什之門的道生，則對涅槃經的佛性義（眾生皆有佛性）別有慧解。雖遭僧眾排斥，仍堅信不移，最後證明道生之悟合乎經文，眾復推崇，譽為「涅槃之聖」。

接下來是唯識思想的傳入。唯識學有二系，一是真常唯心，一是虛妄唯識。真心系如來藏緣起的思想，通過真諦翻譯佛經之方便而傳入中土，「大乘起信論」是其代表性的論典。

唐初，玄奘西遊天竺，回國後集成「成唯識論」，是為妄心系阿賴耶緣起的代表論典。

在陳隋之間，天台智者以「五時八教」分判佛陀之經教：五時是佛陀說法的五個階段。八教中的化儀四教（頓、漸、祕密、不定），是教化眾生的方式；化法四教（藏、通、別、圓），則是所說之法的內容。經過天台宗的分判，使佛陀所說的大小諸經，各有所宜，各有所對，而皆是佛意，皆可成立。智者的判教，既妥順，又恰切，其成就超邁印度，故當時即獲「東土小釋迦」之盛譽。

其後又有賢首法師之華嚴判教，判分為五：小乘教、大乘始教、大乘終教、頓教、圓教。其立場是自居圓教而又承認天台也為圓教。結果各圓其圓，因而引起爭議。一般而論，天台、華嚴二家，皆代表中國吸收佛教之後的總消化。

而禪宗則是越出經教之外，不落知解言詮，不徒口誦，重在心悟。這是佛教歸到生命實踐上的一番大的表現，是中國人的生命立根於佛教而顯發的大異采。至於所謂一花開五葉的分宗分派，實只是接引手法之不同，而基本宗旨並無差別。禪宗的精采一洩無餘，接下來便是北宋開始的儒學復興。

四、宋明時期：儒家心性之學的新開展

宋明儒學有六百年的發展。他們除了恢復師道，重視教育，蘇活民族文化心靈，重新突

顯孔子地位，還有另一個最大的貢獻，就是復活先秦儒家的形上智慧。道家的「無」的智慧和佛家的「空」的智慧，雖皆達到玄深高妙的境地，但由玄智空智而開顯出來的「道」，畢竟不是儒聖「本天道為用」的生生之大道。儒家之學，一面上達天德，一面下開人文，以成就家國天下全方位的價值。這樣的道，當然比佛老更充實，更圓滿。

北宋諸儒，上承先秦經典本有之義，以開展他們的義理思想。其步步開展的理路，是由中庸易傳之講天道誠體，回歸到論語孟子之講仁與心性，最後才落在大學而講格物窮理。到了宋室南渡，胡五峰消化北宋儒學而開出湖湘學統（以心著性），朱子遵守程伊川的思路而另開一系之義理（心性為二），陸象山則承孟子（心性為一）而與朱子相抗。理學之分系於焉成立。到了明代，王陽明呼應象山而開出「致良知」教，劉蕺山則呼應胡五峰而盛言心之形著義。蕺山為大明之亡絕食而死，六百年的儒學也隨之而告終結。

宋明儒者之學，通稱理學。這個「理」學當然有其實指，而不只是一般所謂義理、道理的意思。道家講玄理，佛家講空理，而宋明儒所講的則是「性理」。程明道以「天理」二字概括儒家所講的形上實體（天道、天命、乾元、太極、性體、心體、仁體……），程伊川首先說「性即理也」，陸象山又說「心即理也」。後世遂以為程朱講性即理，陸王講心即理。但如此分系，其實是籠統而不切的。伊川朱子只講性即理，而不承認心即理（以為心屬於氣）；而陸王依於孟子「本心即性」之義，既講心即理，也同時承認性即理。在陸王是「即心即性即理」，心性理通而為一。陸王這個義理，程明道也可承認的。另加周濂溪、張橫渠、胡五峰、劉蕺山，也皆可承認。所以最後當如此分判：若認為性即理，而且性只是理（不是心）；如此，便是性理的偏義。若承認本心即性，性是理，心也是理，心性理通而為一；如此，便是性理的全義。不過，系統雖有異，而義理則相通，兩者皆是以心體與性體為主題的心性之學、成德之教。是孔子孟子以後，儒家所到達的另一個高峰。

理學這一套學問，高明、精微、平正、通達，在人類哲學思想中具有極高的地位。而且世界上從十一世紀到十六世紀這六百年中的哲學系統，真能充分顯發人類理性之光輝的，就只有中國的宋明理學。

五、近三百年：文化生命的歪曲、沖激與新生

明清之際，是中國文化學術轉關的時代。顧亭林、黃梨洲、王船山三大儒的思想方向，都是要求「由內聖開外王事功」。可惜滿清入主，民族生命受挫折，文化生命受歪曲，三大儒的思想方向無法伸展，學術風氣一步步走向考據，因而造成文化心靈之閉塞和文化生命之委頓。民國以來，西方哲學流行於中國，但那只是「西方哲學在中國」，並不屬於中華民族的慧命，不能算是「中國的哲學」。馬列征服大陸之後，更使中國文化與中國哲學，進入空前的大劫難中。

近四十年來，臺、港、海外的人文學者，以其持續性的精誠努力，大致做到了下面四件

事：「(1)釐清了中國哲學演進發展的思想脈絡；(2)分判了中國哲學異同分合的義理系統；(3)闡釋了中國哲學的基本旨趣及其價值；(4)開出了中西文化融攝會通的義理規路。」這四件事，其實就是中國哲學中四項重大的問題。這些問題，一直是中國知識界最大的困惑。當代新儒家最卓越的貢獻之一，就是為中國知識分子的「世紀困惑」提供了最根本的解決。同時也為中國文化發展的方向，確定了三大綱領：「一、光大內聖成德之教，重開生命的學問。二、開出法制化的政道，完成民主政體的建國。三、調整民族文化心靈的表現形態，開出知識之學。」

從清末維新變法到辛亥革命之肇造民國，雖或由於外緣環境之激盪刺激，而儒家向來所護持的民族意識文化意識，也當然潛移默運於其中，而實為要求文化新生之內在主因。民國四十七年元旦，由牟宗三、唐君毅、徐復觀、張君勱四位先生聯名發表的「中國文化與世界」宣言，廣泛地涉及存有論、心性論、修養論、學問方法、文化哲學、歷史哲學，還有政治、科學以東西文化之相資相益等等的問題。這是一個全面性的文化大反省，而且在反省之中還指出了人類文化走向新生的路道。三十多年來，這篇宣言發生了持續而深鉅的影響。近年大陸學界之回歸儒學與中華文化，也實以此一宣言為其重大之契機。

二十世紀的中國文化與中國哲學，經歷了人類史上前所未有的嚴酷的考驗，終能從烈火中起死回生。人心不死，理性不死，二十一世紀的中國哲學，必將重新光大而發皇。最後，請以舜廷的卿雲歌作結：

卿雲爛兮　糺縵縵兮

日月光華　旦復旦兮

甲、儒學省察

壹、新儒家與新世紀

一、前言：兩個對比

現代中國的知識分子，從否定傳統而主張全盤西化，到徹底反省文化傳統，並相應了解西方思想文明，這是一個非常驚悸激盪的大轉變。而當代新儒家在二十世紀的奮鬥，雖然不顯轟轟烈烈，而卻精微恢弘，影響深遠。在此，我們先簡單地提出兩個對比，以顯示他們在文化學術史的地位。

㈠當代新儒家與宋明理學的對比

宋明儒者承受前代佛老的刺激（影響）而完成儒學的復興運動。他們是順承先秦儒家的經典，脫開佛老的範域而復活了先秦儒家的形上智慧，樹立了「天道性命相貫通」的義理骨幹，發揮心性之學，光顯成德之教。而當代的新儒家，既省察理學家的心性之學，也正視晚明顧、黃、王三大儒由內聖開外王的思想方向，並融攝西學的精粹，而開展為當代的新儒學。

以當代新儒家與宋明理學作對比，可以簡括為三點：

1.理學家講孔孟，不講荀子；當代新儒家既講孔孟，也講荀子。承認荀子是順孔子外王禮憲之緒，彰顯禮義之統。荀子有名數（邏輯）心靈，又對構造群體（客體）的禮憲特加重視，正表示他有重智精神與客觀精神。

2.理學家闢佛老，當代新儒家只辨佛老而不闢佛老。辨，是分辨異同，老氏的玄智玄理系統與佛家的空智空理系統，都有很高的智慧與價值，但畢竟不同於儒聖「本天道為用」（張子語）的生生之道。所以當代新儒家對佛老的態度，是雖不採取而卻給予尊重，並進而作講解、作論衡。此即所謂「辨而不闢」。

3.理學家雖亦信守仁政王道，並參與現實的政治，但心力集中在內聖一面，外王一面則欠缺積極的講論和落實的體制性之思考，是即所謂「內聖強而外王弱」。當代新儒家則承認在「道統」之外，還有「學統」（科學知識、希臘傳統）與「政統」（政治型態之發展，落實為民主體制），所以在開擴新外王的理路上，甚為用心。

據上三點，可知當代新儒家順承了宋明理學，也同時開擴了儒家學術的規模。

(二)當代新儒家與五四人物的對比

五四運動乃針對巴黎和會之喪權辱國而起，所以當時的口號是「內除國賊、外抗強權」。後來這個愛國運動轉為新文化運動，而提出「科學」「民主」的新口號，這也很正當。但由於當時中國知識界在知己知彼兩方面都很淺薄。以為科學民主都是西方的，中國要求科學，要求民主，就必須拋棄傳統，全盤西化。其實，科學民主乃是人類理性的產物，而儒家精神的本質乃是最平正的理性主義。半世紀來，當代新儒家經過全面的反思和深層的省察，確認中華民族可以經由文化生命的自覺，而開顯知性，發展科技；也可以依於民本民貴的思想而落實為體制，以發展出民主政治。

其次，五四人物欠缺文化的通識，徒然偏取科學民主，而忽視道德宗教。甚至也未能正視文學藝術。而當代新儒家則致力於人文精神之重建，認為依於人文學術以及民主自由和科技新知而應有的政經社會之建設，都是理上應該也事上能夠一步步漸次開展而完成。而儒家中和寬平的性格，及其本乎心同理同而創發的價值系統，也實在最適於作為人類共同的生活原理。

二、當代新儒家的學術貢獻

當代新儒家，既沒有組織，也沒有團體，更沒有任何現實勢力作憑藉。他們只是屈指可數的學者思想家，數十年來持續地講學、著書、寫文章，因而顯出一個大體共同的文化理想和思想立場。他們之所以能夠獲得國際性的承認和尊重，是因為他們的精誠努力，復活了中國文化的精神和中國哲學的智慧。至少就下述六義而言，當代新儒家的確比一般學者盡了更多更大的心力——

一是文化心靈的覺醒　　二是文化意識的顯豁
三是文化生命的肯定　　四是文化方向的抉擇
五是文化理想的提揭　　六是人文精神的重建

不過，這幾句原則性方向性的道理，恐怕不夠具體，現在以牟宗三先生的學思為主線，提出五點簡要的說明。

(一)對中國傳統學術的新詮釋

當代新儒家，全面肯定「儒、道、釋」三教的智慧系統。認為在「終極關懷」的問題上，三教所開顯的生命之道，不但應該繼續傳揚，而且必須引申推擴，以供全人類來借鏡採擇。因此，當代新儒家除了闡揚儒學也同時講述道家和佛家的教義。從梁漱溟氏，熊十力氏以來，莫不如此。到唐君毅先生的《中國哲學原論》和徐復觀先生的《中國人性論史》、《中國藝術精神》中，皆有通貫而深入的疏解。而牟宗三先生更以專著表述三教的義理。他以

《才性與玄理》表述魏晉玄學，這是道家的智慧；以《佛性與般若》表述南北朝隋唐的佛學，這是佛家的教義；以《心體與性體》表述宋明理學，這是儒家的義理。這三大部著作，無論系統綱維的確立，思想脈絡的疏解，義理分際的釐清，都已達到前所未有的精透明徹。

㈡開顯儒家外王學的新途徑

儒家要求由內聖通外王，要求修德愛民，推行仁政王道。但「天下為公」的理想，始終未能體制化；「選賢與能」的原則，也只限於治權方面的科舉。所以，如何開出外王事功，正是中國文化生命的癥結所在，也是當代新儒家面對的客觀問題。對此問題進行全面深入的思考，並開立三統（道統、學統、政統）直接提出解決之道的，首推牟先生。他的新外王三書：《道德的理想主義》、《歷史哲學》、《政道與治道》，正是本於內聖之學以豁醒外王大義，進而解答中國文化中「政道、事功、科學」之問題。這代表當代新儒家的「現實關懷」。

㈢全譯康德三大批判，創造世界新紀錄

當代新儒家的心力，雖以「反省文化、講論儒學」為主，但他們並不忽視西學之重要。康德以三大批判講「真、善、美」，書出之後，未見以一人之力全譯康德三大批判者，而牟先生在望七之年，發大心陸續漢譯三大批判，於八五高齡之時全部出版，這是兩百年來世界

第一人，為學術界創造了新的紀錄，他不但翻譯，而且融貫中西，加寫精確的譯註。註文有時洋洋數千言，其疏通觀念與發明義理，實與康德原書相互印證，相互映發。這份成績，功不下於玄奘、羅什之譯唯識與大智度論。

㈣積極消化康德，為「真、善、美」更進一解

牟先生之譯康德，不但作譯註，而且隨譯隨消化；分別撰著專書以融攝康德。其目的是要藉資康德以建立新的哲學系統，來開擴儒家的義理規模。他以《現象與物自身》消化第一批判《純粹理性之批判》，以《圓善論》消化第二批判《實踐理性之批判》，又以專論長文《真善美的分別說與合一說》消化第三批判《判斷力之批判》。其主旨，是要抉發中國哲學之奧義以融攝康德，並藉資康德哲學以充實開擴中國文化。另外，在他的舊著《認識心之批判》重印之際，牟先生又漢譯維根斯坦的《名理論》出版，這是在康德之外，對另一系西哲思想之消化。

㈤中國哲學之省察與中西哲學之會通

中國哲學所涵蘊的問題，民國以來，尚未見有人作過通盤的省察和深入的探析。牟先生以《中國哲學十九講》綜述各時期思想的內在義理，及其所啟發的哲學問題，使中國哲學得以進入世界哲學之林。又以《中西哲學之會通十四講》，對哲學會通之種種問題，提出層層

的比對和深入的疏解；並借佛家「一心開二門」作為中西雙方共同的哲學間架。真如門相當於康德講的智思界，生滅門相當於康德講的感觸界。中西哲學雖然同樣都是兩門，但兩門孰重孰輕，或是否已充分開出來，則彼此實有不同。順此而涉及的中西哲學之種種問題，在十四講中都已作了比對和疏解。這一個會通的思路，必將對人類文化之融和發展，揭示一個常態的康莊之坦途。

三、儒家思想的教化功能

儒家之學是「生命的學問」，自然會重視「個人修身、家庭倫理、社會風教」的問題，而這三個方面，也正是儒家自始至終努力不懈的重點。過去是如此，現在則有所疏失，將來必當重振而大放異彩。與此相同的，還有一個化入人心的道理，那就是「重德、重人」的人文素養。茲分四節說明如下。

(一)個人修身——智仁勇

先秦儒家以五倫關係為天下之「五達道」，以「智、仁、勇」為天下之「三達德」（見《中庸》第二十章）。朱子註謂：「達道者，天下古今所共由之路。」因為父子之「親」、君臣之「義」、夫婦之「別」、長幼之「序」、朋友之「信」，是人倫關係所共同肯定和共同依循的路道。而「智、仁、勇」三種基本德性，則是踐行五達道的內在根據。不過，人的「智仁勇」雖然是先天稟賦所得，但如不通過自覺的存養擴充，則「本體論上的有」，未必能顯發為「道德實踐上的有」。如此，則人將不能成德成善，甚且不能成器成材。

以是，《中庸》特引孔子之言：「好學近乎智，力行近乎仁，知恥近乎勇。」意思是說：愚者自以為是而不好學，是謂「不智」；自私者溺於人欲而沉迷不返，必將「失仁」；怯懦者甘為人下而不能憤悱，是謂「無勇」。孔子的指點，是修身的第一關，好學雖不即是智，但好學足以破愚；力行雖不即是仁，但力行足以忘私；知恥雖不即是勇，但知恥足以起懦。所以《中庸》接下去說：「知斯三者，則知所以修身。」而修身，正是人文教化的始基。

(二)家庭倫理——孝、弟、慈

傳統家庭的基本結構是三代同堂。增美，則四世或五世同堂亦不嫌其多；簡化，則由夫婦子女兩代合成的家庭也不覺其少。家中的人倫關係，縱軸是父母與子女，橫線是兄弟姊妹。而倫理常道，不外是「孝、弟、慈」的延擴與引申。

諺語所謂開門七件事，柴米油鹽醬醋茶。這是農業社會的生活實況。但人的生活並不只為填飽肚子，所以明儒羅近溪說「家家戶戶，皆靠孝弟慈過日子也。」這句話才真正道出了生活的價值內容，也指點出「人心之同然」，所以無須多作解說。試想想，家庭裡面如果欠缺「孝、弟、慈」，則老者不得其安，少者失其教養，壯者曠其職責，那樣的話，人類還能「過日子」嗎？

儒家之教，不涉玄奇，不尚高妙，它只平平實實指出恆常不變的道理，再加引申推擴，便成為天地間最實在也最懿美的平路坦途。有如〈禮運大同篇〉所謂「故人不獨親其親，不獨子其子，使老有所終，幼有所長，壯有所用，矜寡孤獨廢疾者皆有所養……。」或如《孟子》書中所謂「老吾老以及人之老，幼吾幼以及人之幼」以及「親親而仁民，仁民而愛物」。凡此類話語，皆顯示儒家講的家庭倫理，可以隨順人心之同然而與整個人類社會精誠相感，與整個萬物世界一脈相通。

㈢社會風教——詩、禮、樂

中國自古以來，有「詩教」，有「禮教」，有「樂教」，所以人之成材易。如今「詩、禮、樂」皆已「無教」，人何以堪？文化何以堪？孔子有云：「興於詩，立於禮，成於樂。」

詩，可以興發情志，鼓舞意趣。古人以詩為教，正是見到詩的言語和詩的吟詠，最能感發人的情志以興起人的善心，最能鼓舞意趣以啟動人的生命力，所以將詩列為教化之首。情志既興，進一步便須貞定自立，這就有賴於禮教了。人之立，有身命之立，有人品之立。立身是初步之功，立人品才是生命價值的昭顯。

由卓然而立而再進，便是「成於樂」。生命的完成，必須「才、情、氣」與「心、性、理」融通和一，無分無對；到得生命順於陰陽、和於道德之時，才是孔子所謂「知天命、耳順、從心所欲不踰矩」的境界。

如此看來，現時代的中華大地，亟須新時代的「詩教、禮教、樂教」，否則，還有什麼臉面自稱「禮樂文明之邦」！

(四)人文教養——重德重人與恕道

儒家之教重德，德是通過人的自覺而成就的。因此，中國文化又是「人本」的文化。人本的文化，重德性，重人品，所以中國老社會的人，真心實意地看重讀書人。而讀書人也懂得自重自愛，「為民之望」，而擔負起風俗教化的職責。所以，傳統的社會，大體上算是一個有教養的社會。（清明上河圖的景象，庶幾可為佐證。）

人類文化的基要問題，不外乎——

1. 知識之真（科學技術）
2. 性靈之美（文學藝術）
3. 行為之善（道德宗教）
4. 處世之宜（民主法治）

前三者人皆知聞，可勿論。第四點處世之宜，若是以「權利、義務」為主軸，自然要靠體制化的民主政治。（這一點，當代儒家已有充分認識與肯定，並已視為客觀的文化使命。）但中國傳統政治是本於內聖外王的觀念，而推行愛民之政（教民、養民、愛民、保民），而且崇尚「政簡刑清，政教並流」。因此，所謂處世之宜，主要是從散殊的人際關係上看。此即所謂「明事理，通人情」，在古時的農業社會裡，那也是很合套的。

儒家順「推己及人，推己及物」的思路，建立由內向外感通的通道。一方面消極地謹守「己所不欲，勿施於人」的原則，以免用己之所欲，強施於他人，而造成干擾性甚至侵害性的「強人同己」的災害。一方面也積極地發揮「己欲立而立人，己欲達而達人」的精神，以做到「與人為善」、「遂人之願」。我之所以屢次指出，儒家兼顧消極義與積極義的「恕道」，實比西方「己所欲，施於人」的金律，更王道，更完善，其意正在於此。

四、儒家能為新世紀提供什麼

儒家以常理常道為主，理上超越時空，事上順時制宜，所以萬古無新舊，慧命相續流，當然，針對現時代人類社會的憂念，還得就幾個要點說一說。

㈠天人合一的人生嚮往（消解天人交戰的緊張與焦慮）

天人關係的緊張對立或和諧合一，是道德與宗教的兩個面向。有的要靠天人關係的緊張，來襯顯宗教信仰的力量。有的則將天人關係鬆開放平，以期感應和洽，融通合德。世界各大宗教，大體是前者；而儒家則不走宗教的路，屬於後者。

依儒家的義理，生生之仁，不息之誠，無私之公，乃是天道與人道、天德與人德的共同內涵。順這一系義理而展開實踐，自然可以使「人生與宇宙相通，道德與宗教相通」，以獲致生命心靈的大貞定與大安頓。

這時候，不但天人和合融通，人與人之間、族群與族群之間、教團與教團之間，也全都可以設身處地，將心比心，視人如己，存異求同。因此，人與天、人與神（上帝、真主）之間的緊張性也可以鬆開而放平下來。進一步，由於種族不同、宗教信仰不同而造成的對抗性，也將從「勢不相立」而轉為「互相承認、互相信任」而相悅以解，相融和合。

因此，從儒家看來，中東、巴爾幹、愛爾蘭等處的宗教衝突與種族衝突，都是可以化解的。（但如果只依西方世界的文化真理去想，便將永世難以化解。）

(二)仁智雙彰的哲學模型（調和過於重仁或過於重智的文化走向）

哲學與文化，是人類創造出來的。因此，有各種各類的系統。每一個哲學系統或文化系統，都有專重與特色。因而，每一個哲學系統或文化系統，原則上都不可避免地會有它或多或少的偏向。有偏向，才有特色，這是從正面說。有偏向，就會有拘蔽，就會有誤失，這是從負面看。

中國文化或哲學，是以儒家為主流。儒家講求中正通達，應該極少有偏差。不過，極少有也還是有。譬如中國文化重德，德當然好，但德的對立面的「力」，是否有所虛歉？西方文化偏顯智，智的對立面的「仁」，又將如何存養擴充，是否有所輕忽？這都是應該作深細之省察的。

如以孔子為準，則儒家哲學實以「仁智雙彰」為模型。仁，可以通內外；智，足以周萬物（周，謂周遍、遍及）。由人的感潤通化，而成己、成人、成物，這是從「體」上顯發出來的普遍的善意；它可以感通於人類，通化於萬物，而達於「民胞、物與」的境界。由智的明覺朗照，而知人明理，而開物成務，而利用厚生，這都是「智周於物」而顯示的大用。所以，儒家仁智雙彰的哲學模型，可以調和「過於重德」與「過於重智」的文化走向。值得其他哲學系統作為觀摩反省的借鏡。

(三)心知之用與上達下開（上達以合天德，下開以成知識）

心，可以分為德性層、知性層、感性層。感性層的心理活動，非哲學之所重，哲學家或注意「我思故我在」，這是知性層的認知心之發用。或重視心的不安不忍，感通無隔，這是德性層的實體性的道德本心。

人類的心知，可以「上達」，也可以「下開」。上達的路，是通過良知明覺以成就聖德，以達於「天人合德」的境界。在上達這方面，心知的表現是「與物無對」，是消解了主客對待，而與天地萬物為一體的。

而心知的下開之路，則是通過良知的「自我坎陷」，轉而為認知心，使心知之明「與物為對」，而形成主客對列之局；以主觀面的「能知」來認知客觀面的「所知」，如此則可以成就科學知識，這下開一面，便是今天中國文化必須面對、而且必須完成的時代使命。

由此可知，傳統儒家之所以沒有開出科學知識，只是外緣時機和外緣條件之不充備，並非本質上開不出，三百年前的中國文化，不太會感受到科技的迫切需要。等到西方世界先做出來，中國文化心靈受到沖激而覺醒，今後便自能調整文化心靈的表現型態，一面上達，一面下開，而科技問題自然可以漸次解決。

(四)「時中」原則與日新又新（承先啓後、慧命相續）

儒家的中道，不是固定不變、固執不通的「死中」，而是順時而「因、革、損、益」以制其宜的「時中」。所以孟子特別稱孔子為「聖之時者」。

孔子是時中大聖，所以在世界各大文化系統中，惟獨儒家聖賢，能真正不偏不倚，免於教條主義，而「唯理是從，義與之比」。西方之學，喜歡彰己之說，標榜主義，所以常常偏執一邊而帶來「觀念的災害」。儒家聖賢以「當位、安立」為心，宇宙萬物，人間百姓，都使之「各當其位，各得其所，各適其性，各遂其生。」而在因應事宜上，儒家主張「因襲其當因者，革除其當革者，減損其當損者，增益其當益者」，故能順應「時、地、人、事」之宜，各當其可。

《禮記》有兩句話說得好，一是「禮，以義起」，一是「禮，時為大」。義者，宜也。無論靜態的典制規章，或動態的視聽言動，都要使之合乎時宜。這種「與時變應，日新又新」的時中大道，將永遠是人類行事的準則。一切歸於正，一切歸於常，大道平平，履道坦坦，豈不美哉！

新加坡「儒學與新世紀學術會議」論文，九十年（二〇〇一）十月

貳、當代新儒家的人文關懷

一、當代新儒家興起的機緣

儒家的歷史，可以分為三大階段。第一階段是先秦到兩漢，第二階段是宋明兩代，而從明末顧、黃、王三大儒到現代，則已進入第三階段。兩漢以後，從魏晉南北朝到隋唐這千百年間，儒家雖然守住了「家庭倫常」、「禮樂教化」、「典章制度」這三條陣線，但在思想觀念上卻發不出光采。直到北宋理學家出來，才重新復活了先秦儒家的形上智慧，暢通了民族文化生命的大流，使哲學慧命、思想系統、文教學術，都能返本歸流，光大發皇。但在政治方面，則仍然是一家之私（中國的君主政治雖有治權之開放，但政權則由皇帝把持，所以不同於公天下，也不同於家天下，而是「私天下」），尤其明代的政治，專制而慘刻，雖然有王學遍天下，雖然有東林黨人的犧牲奮鬥，仍然不免亡國亡天下。這表示其中必有問題，是即牟先生所謂「內聖強而外王弱」，或者說中國傳統政治「有治道而無政道」。所以，即使顧、黃、王三大儒本於亡國亡天下之痛來深切反省文化問題，仍然對「改朝換代，治亂相循；君位繼承，骨肉相殘」的歷史困局無可奈何，而只能付之於命，歸之於天。這表示政治上的困局始終未能得到客觀的解決。不過，明末三大儒的精誠並未落空，他們「由內聖開外王」的要求，是對的，而且已經成為今後發展的總綱。

如果從民族文化生命「潛移默運」的意思來看，辛亥革命的精神，正是顧黃王三大儒精神的繼續。可惜當時革命黨人學問工夫有所不足，思想觀念不夠透徹成熟，所以未能完成建國大業。五四救國運動的結局，又轉為全盤西化的思想走向。接下來，馬列共產的思想也乘虛而入，終於造成中國大陸的滔滔紅禍。幸而中華文化的根基畢竟廣大深厚，經過了雪上加霜的文革暴亂，仍然能夠起死回生。這個大轉機的關鍵有三：首先，是明末三大儒「由內聖開外王」的思想方向，已逐漸成為全民族的共識。其次，是西方文明與馬列思想的強勢沖激，固然使中國人喪失文化自信，但也同時刺激華族文化心靈步步甦醒。再次，當代新儒家的孤懷弘識及其精誠努力，業已解開了中華文化的學術困局。

我所謂解開學術思想的困局，主要是二點意思。

第一、是重新認取內聖成德之教的價值，使當前中國人的「終極關懷」有了著落，而可以無須託身於外來宗教。

第二、是看出傳統外王學的不足，認為必須有兩步新的充實與開擴，一步是自覺地調整民族文化心靈的表現形態，由德性主體開顯知性之用，以發展出科學知識。另一步是從傳統的治道轉出法制化的「政道」，以完成民主憲政的建國大業。這二點結論，是對文化問題之「大的認知、大的理解」，表示當代新儒家的文化自省和學術器識，已遠遠地超越五四。

五四時代的人，否定中國傳統文化的價值；當代新儒家則一面肯定文化傳統的價值，一面也省察傳統文化的不足。五四人認為要民主，要科學，就必須拋棄傳統，全盤西化；當代新儒家則已確知民主科學都是人類文化心靈創造的文化成果。西方能，中國也能。儒家與民主科學，不是相逆的衝突，而是「相順的發展」，所以民主科學一定可以從中國的文化生命和文化土壤中生長出來。

以上所說，是當代新儒家在歷史文化的宏觀下所獲致的位分。他們之所以能在二十世紀末葉成為中華民族的肖子，成為中華文化的諍臣，基本上是由於他們能保住「千古不磨」的「本心」，並且持續開顯「心」的功能作用，而啟導了一個真實的思想運動，是即當代的新儒學運動。這第三期的儒學，雖然還沒有做出全面性的文化業績（這本來就不是少數學者思想家的事，而必須全民實踐，分工合作，持續貫徹，乃能完成文化的共業），但就精神器識與義理規模而言，可以說已使得先秦儒家的精神方向（內聖外王，成己成物，正德利用厚生），獲致新的充實和新的開擴。

二、當代新儒家透顯的精神方向

在二十世紀五十年代，牟宗三先生便已指出儒家第三期的文化使命，主要是集中在三個中心點上。一是道統的肯定：肯定道德宗教的價值，以護住孔孟所開啟、宋儒所承續的人生宇宙之本源。二是政統之繼續：認識政體發展的意義，以肯定民主政治之必然性。三是學統之開出：由民族文化生命中轉出「知性主體」，以融攝希臘傳統，建立學術的客觀獨立性。其中第一點，是民族文化之統的承續與光大，這是引發文化創造力的源頭活水，必須使它永遠充沛而暢通。第二第三兩點，則是繼晚明三大儒而推進一步，以期徹底開顯外王事功。

這新三統的承續與開擴，正是當代新儒家所透顯的精神方向。其中的基本大旨，我二十年來也多所申論。而首次較為集中的講述，是在拙著《新儒家的精神方向》（臺北：學生書局）一書之頁一九至二九。今只列目於此，文則省略。

1.道統的光大——重開生命的學問。

2.政統的繼續——完成民主建國。

4.學統的開出——轉出知識之學（科學）。

這新三統可以涵蓋人文世界的全幅內容，所以不只是儒家學者之事，而應該由全體華人異地同心，異業合力，以促其實現。

三、文化意識與人文教化

本論文的題目，是「當代新儒家的人文關懷」，所以要先就文化意識與人文教化，說明一些意思。

民國四十六年，我寫過一篇文章〈激發我們的文化意識〉，主要是順著儒家「人禽之辨、義利之辨、夷夏之辨」來作申論。若干年後，又以「民族精神與文化意識」為題寫文，認為文化意識是由「價值意識、道德意識、民族意識」這三方面凝斂而成。同時，我對王船山幾句話的印象特別深刻。他說：「有家而不忍家之毀，有國而不忍國之亡，有天下而恐失其黎民，有黎民而恐亂亡，有子孫而恐莫保之。」船山的話，正是本於他深厚而強烈的文化意識而說出來。這是他靈魂深處發出來的聲音，也是最能引發共鳴的聲音。現在，我們可以這樣說：

> 不忍家國天下淪亡，不忍民族文化之統斷滅，而思有以保存之、延續之、光大之的仁心悲懷，是之謂文化意識。

一個真正的儒者，必然有深厚而強烈的文化意識。他的生命原則、生命方向、生命途徑，也必能和民族文化生命和諧一致。而某些靈魂有夾雜、有歧出的人，其生命方向另有所託；這些人口頭上也會講說一些儒家的道理，也會使用文化意識這四個字，但他的文化意識不是真的。他對儒家學問也並不真能相應了解，他的不了解，不關乎聰明，也不關乎知識，而是他的生命有隔閡，他的靈魂別有向方。由此可知，生命的學問與知識的學問有所不同。欠缺生命心靈的感通契應，就很難有相應的了解。

從文化意識，到人文教化，正是生命步步落實的過程。

近十年來，大家常到大陸各地旅遊觀光。無論你在大江南北，長城內外，大西北，大西南，以及東北與沿海地區，凡是令人感動眷戀的，全都是天地與祖先留下的自然山水與人文景觀。凡山水佳勝之地，就會有祠廟、寺院、道觀、殿宇、橋樑、寶塔、石刻、雕像以及亭、臺、樓、閣等等的「人文景觀」。有了靜態的人文景觀，就會有動態的禮俗（婚喪喜慶）民俗（歌舞技藝）以及講學論道等等的「人文活動」。這些人文活動正是儒家特為重視的「禮樂教化」之具體表現。禮的精神是「別異」（尊卑上下、親疏遠近、本末先後，皆有界限），樂的精神是「合同」（感人心，通人情，化異為同）。禮與樂的精神正相反，合「相反」的禮樂精神，而達致「相成」的教化效果，這正是儒家所以超越百家的大本領，也即易書所謂「以人文化成天下」。平常單以「禮教」或「樂教」說儒家之教，都只是偏指，必須說「禮樂教化」，方為周延。有了好的教化，人間社會便自然而然地顯發出「人文教養」。

禮樂教化，人文教養，不同於知識教育，而是「生命的學問」之發酵起用。所謂成德性、成人品，都不是學問堆積，而是人文化成。儒家看人，從不把人作動物看，而是把人當人看，而且一定要轉小我為大我。孟子分別大體（心）與小體（身），而要求先立其大，正是這個道理。所以，儒家嚮往的生命境界，是——

通物我，合天人，貫古今，徹幽明。

物我、內外相通，由親親而仁民，由仁民而愛物，以達到「萬物皆備於我」，「仁者渾然與物同體」，此其一。天道生生不息，生化萬物，人道（仁道）也生生不息，生發真美善的價值，此其二。萬物之中，只有人類能創造文化，也只有人類有記憶，有歷史，能夠通古今之變；以見出通貫古今的常理常道，此其三。而人類之有宗教，是顯示一種終極的關懷，但宗教精神大體依他不依自，重客體過於重主體；而儒家則攝宗教於人文，要求宗教人文化。當孔子稱讚大禹「致孝乎鬼神」之時，就已明示人生界（明）與鬼神界（幽）之交感通徹，此其四。儒家將宗教的祭祀轉為人文化之祭禮，又將祭禮展現為「三祭」之禮（祭天地、祭祖先、祭聖賢），這是最純潔、最深遠、最廣大的宗教精神之表現。

但今天的時勢，已非昔比。我們面臨人文精神如何落實的問題。第一是如何落實社會實踐？第二是如何融入風俗教化。第三是如何重開生命的學問？

在傳統老社會裡，有家族倫常，有禮樂教化，在人性善的肯認中，崇尚人品，敦篤人倫，弘揚人道，充實人文。在人心同然的潛移默運中，自然而然地順由「人同此心，心同此理」而表現為平實正常的行為；因此，社會實踐乃是理所當然之事，不在話下。既已成其實，自然泯其名，所以千百年來，根本無須乎「社會實踐」這句詞語。如今時勢事勢，皆已大變，我們將如之何？其實，根本就沒有什麼具體的方案可以直接因應時變，唯一可行的道理，還是孔子那句話：「為仁由己」。一切有關社會實踐的事情，都應該合乎仁道、合乎仁心。而踐行仁道、表現仁心，乃屬個人自己的事，你根本無須注目於別人如何如何，而只須切己自反，問自己能如之何？一切善的實踐，皆從自己開始，碰到困阻艱難，也由自己審察事勢，慎謀善斷，因時因地因事而制其宜。人能回歸主體，自覺自律，便能自定方向，自發命令，與人為善。

至於如何能融入風俗教化？也並無什麼巧訣，基本上這是文化教養的事。人能蘊蓄聖賢智慧於我心，漸漸地便能以聖賢之心為心，以聖賢之用為用，人人如此，民德歸厚，風俗教化自然日起有功。而孔子「興於詩，立於禮，成於樂」的話，更是萬古常新的明訓；個人與文化，皆須有詩的興發鼓舞，禮的貞定自立，樂的圓通融成。近年來，王財貴博士推行兒童讀經（含經、子、詩、文），讓記憶力特強的兒童，儲蓄聖賢的智慧，日後逐年發用，而顯發為善行，凝成為善德。這樣，聖賢智慧與風俗教化自然融為一片。而且讀經這件事，也無須煩勞政府，民間自覺行之，輕而易舉，其功德效用，實在無可限量。

再問如何重開生命的學問？這也是一念自覺的事，而世人總覺其難，實由心之不實，意之不誠，所以流為空談。有人說，當前乃是一個沒有聖賢的時代。這句話可以是深心的感嘆（有如古人所謂天地閉、賢人隱），也可以是非善意的譏刺。其實，我們無須掛慮此時此地有沒有聖賢，只要我們肯認儒家「人皆可以為聖賢」的道理，培養出一個不會妨礙人成為聖賢的生活環境（於此，可以感知開放社會與民主政治之可貴），這便是生命學問的重新建立。道在邇不必求諸遠，隨時起步，便是行仁之方。

四、當代新儒家（現實與終極）的人文關懷

關心人文教化，本是儒家之所以為儒家的基本情懷。無論現實面的關懷或終極面的關懷，都是儒家所眷眷勿忘的。古時如此，今時也如此。唯一的不同，只是時勢事勢之異，措其宜即可。

居今日而論現實面的人文關懷，實莫大於「完成民主政體的建國」和「開顯知性之用以發展科學」。但也正因為這兩件事情太大了，所以一般講人文的人都迴避而不談。其實，民主與科學正是人文大架構中的硬體骨幹，豈可疏而忽之！當代新儒家肯認民主科學之價值，而且確認民主科學皆可從民族文化生命中發展出來。關此，我個人也論之已多，今不贅述。其他方面，有如：

1.古代文物與現代器用的陳列展覽和設計製造，以及恰當相應的解說和評判，都是人文活動的重要項目。

2.人文景觀的整修開放，諸如宮殿、祠廟、寺院、道觀、園林、碑坊、石刻、雕像、橋梁、堰渠、亭、臺、樓、閣……都是先人前烈的遺澤，都是自然人文化留下的軌跡，後人「藏、修、遊、息」於其間，不只是愉怡身心、陶冶性情而已，而且可以抒懷興思，以縱貫

百代之心，橫通天下之志。而人文精神之重建，也就順理成章而可以具體落實了。

3.民生日用中的「衣、食、住、行」，也是現實層上的人文展現。衣冠服飾之美，食品烹飪之巧，屋宇居宅之勝，交通行路之便，便成種種不同的生活方式，多姿多采，各顯風華。再進一層的「育、樂」設施，則是生活的善化與美化。

現實關懷之外，終極面的人文關懷，更是人生的大事。儒家講求慎終追遠，報本返始，無非是要擴大生命的幅度，顯發人生的意義，希望經由理性的路，使安身立命的大事，平平落實。為了便於說明，試分為「人與天」、「人與物」、「人與時」、「人與神」四方面略做申述。

(一)人與天

在「人與天」方面，要求天人合德，是即所謂「通上下，合天人」。孔子說「下學而上達」，是要通過下學工夫而層層上達天德（與天合德）。孟子說「盡其心者，知其性也；知其性，則知天矣」。心性天通貫而為一，故能「過化、存神」，「上下與天地同流」。而《中庸》又從盡己之性、盡人知性、盡物之性，講到贊天地之化育。更從人之「致中和」，通向大宇宙而共期「天地位焉，萬物育焉」。儒家如此而說的天人關懷，全都歸於人的性情，而且自始至終，光暢平和，而無涉神奇。所以最為潔淨而淵懿。

(二)人與物

在「人與物」方面，要求與物同體，是即所謂「通物我，合內外」。孟子所謂「萬物皆備於我，反身而誠」，正指出人類的生命實與萬物通合而為一。而物我同體的境界，首須化小我為大我，此意孟子言之最為親切。所謂「老吾老以及人之老，幼吾幼以及人之幼」。所謂「親親而仁民，仁民而愛物」。這種時時感通，步步推擴的仁愛（大愛），實足以使孟子「萬物皆備於我」這樣的大話，當下落實，得其徵驗。

(三)人與時

在「人與時」方面；要求體常盡變，是即所謂「貫古今，通永恆」。常理常道，不遷不改，順時應變，各措其宜。儒家講求「時中」之道，「中」是不變的原則，「時」是應變的權宜。在歷史的長流裡面，古今同在，常變相需。中華民族的歷史意識，實比其他民族更為深厚，而所謂「時間的永恆連續」，也只有在中華民族的歷史裡，才能獲得具體的印證。

(四)人與神

在「人與神」方面，要求鬼神世界與人間世界一體安頓，此之謂「徹幽明，合陰陽」。人死後的世界稱鬼神世界（常人為鬼，正人為神），生前死後，一氣相通。這個道理平平常常，實無玄奇。故一念精誠，自可徹通陰陽，而人之「慎終追遠」、「報本返始」，也正是人心之同然，情理之大通。從「通物我」到「徹幽明」，從「合內外」到「合陰陽」，正顯示「空間的普遍開展」，暢通無礙。

據此四點，可見順儒家而講「終極關懷」，仍然是「人性」的充擴，與「人本」「人文」「人倫」「人道」的伸張。小我（身）大我（心）通一無二，天地萬物與宇宙（空間、時間）亦通一無二。真理世界與人文世界，是理與事的等價相通；知的世界與行的世界，也是從量到質的同值相貫。而現實與理想，實永遠相需為用（由現實透出理想，以理想貞定現實）。所以，由對比、較量、爭鬥，到存異求同，再到雖不同而能和，竟是人類歷史長相循行的定然之路。到此方知，孔子隨口說出的「和而不同」，真乃人類永恆的福音，也是天地間最平常最落實的一句真言。（試想想，如果世界各色人等，都能服膺孔子「和而不同」的道理，則中東、巴爾幹、愛爾蘭各地因種族和宗教而引發的熊熊戰火，將可隨即熄滅，握手言和——雖不同而能和，豈非人類無窮之庥！）

第六屆「當代新儒學國際會議」論文，民國九十年（二〇〇一）十一月於臺北

參、新儒三統的實踐問題

——從「當代新儒學的發展」說起

第六屆當代新儒學國際會議，已於十一月十三日順利閉幕。三天半的會議，除了四十多篇論文，還舉行了三場綜合座談，主題是「新世紀人文精神之重建」。三次座談的子題，分別為「九一一之後的文化省思」、「新儒學與臺灣的文化前途」、「當代新儒學的發展」。由此可見，這一屆的新儒會議，很能扣緊當前的時代社會而進行省思。

在第三次綜合座談會上，我說了話，認為儒學不同於散列的知識，而是一個整全的文化慧命。所以當代新儒學的發展，應該是不偏不倚的全面發展。當代儒學當然要因應現實，但理想方向不可迷失，基本綱領、基本原則，不可搖動。牟宗三先生提出的新三統，是一個總綱領，可以概括全面，必須持續實踐。

新世紀的儒學，仍將前有所承，後有所開。首先，文化傳統中的「道統」（以儒聖之道為代表的民族文化之統），必須延續光大。這是承先、繼往。其次，以希臘傳統為代表的知識之學，是「學統」之所在（中國以往所說的學統，實指聖賢之學，聖賢之學應該歸屬於道統。所以牟先生主張，「學統」二字，應指知識之學，可以讓與希臘傳統使用）。儒家除了光大道統之外，還須反求諸己以疏通文化慧命，由德性主體開顯知性，發展科學以自本自根地開出學統。復次，政治方面也有所謂「政統」，這是就歷史上的政治形態而說。無論東方西方，都經歷了「貴族政治」、「君主專制政治」這兩種政治形態。而十八世紀以來，西方漸次建立「民主政治」的形態，中國也從辛亥革命開始而走到這一步，可惜到現在尚未全面成功。

道統、學統、政統，可以概括人類文化的主要內容。每一個民族，都必須在這三個方面各自實踐，而儒家所講的「內聖外王」，恰好可以概括這新的「三統」。⑴道統屬於內聖成德之教，⑵學統、政統則屬於外王事功。因此，二十一世紀的儒學，也仍須繼續貫徹，來完成下列三大綱（三統）的文化使命。

一、光大內聖成德之教，以重開「生命的學問」。（這是人人都必須正視的，安身立命的問題。）

二、開出法制化的政道，以完成民主建國的大業。（這是各個民族共同的要求和莊嚴的奮鬥。）

三、調整民族文化心靈的表現形態，以開出知識之學。（這是儒家外王學要求「開物成務」、「利用厚生」所必須具備的知識條件和技術條件。）

以上是原則性的說明。而現實層上的意涵及其實踐的要點，可以進一步再作討論。

一、道統方面的實踐

「道統」屬於終極關懷，是安身立命的根基。在現實層上它包含三個方面。

一是文化教養：

文化教養可以含有三個項目。(1)「經典教育」。任何民族或文化系統都有經典，經典所講，基本上都是常理常道，必須念茲在茲，反覆熟習。以此之故，各大宗教皆有查經、誦經、唸經這一類的定常性之活動。儒家雖然沒有讀經的儀式，但經典的道理也正是安身立命的依據。古人讀書，主要就是讀四書五經。如今實施西式教育，教的是知識之學，而不是生命的學問。所以偏於智育，而德育欲振乏力。因為學子與文化傳統的經典疏隔了，脫節了，不容易接上聖賢的智慧，於是，生命趨於淺俗——無理、無體、無力。據此可知，讀經典以純化生命，深化生命，強化生命，實在是切關人文教養的大事。近年來鵝湖社積極推動「兒童讀經」，已獲得臺、港、大陸以及南洋、美、加各地華人社會之普遍響應。這是為中華文化復興開啟一個善端，希望各界人士，發大心，立宏願，持續支持，擴大影響。

此外，還有(2)生活禮儀，和(3)婚喪儀式。我相信大家都有同感，在東亞漢文化圈內，韓國人、日本人都能在食衣住行、進退應對的生活禮儀上，顯示文化教養，唯獨中國人一般都太過隨意，顯得很疏簡脫略，沒有規矩。而婚喪喜慶的儀式，也失去了成規成矩，顯得雜亂無章，不成禮俗。這些都屬於文化教養而又切關化民成俗的緊要之事。

二是生活倫理：

儒家的五倫，是很基本的人倫常道。(1)父子之間的孝慈，(2)兄弟之間的友悌，(3)夫婦之間的和順（體諒），這三者的道理並無改變，但在表現的方式上則必須順應時代的演變，而作恰當適宜的調整。⑷朋友一倫，最富精神意義，而其關涉也最廣泛。朋友之道，信義為先。而友道精神的擴大，可以伸展到公益事業的推動，社會正義的實踐，文化學術的交流，國際和平的維護。至於⑸君臣一倫，也無須侷限於傳統政治上的君仁臣忠，而應該從權利義務的配合上著眼，衍展為國家與公民、長官與部屬的關係。政府為人民而存在，人民為國家而效忠。這也可以視為君臣一倫所開擴出來的新義。據上所述，五倫關係固可重開生機，持續活潑地運轉，以顯發它應有的功能。另外，「應用倫理的探討」與「全球（世界）倫理的思考」，都可以從實踐面依循事類之需求，而多頭進行。尤其「各大宗教的對話」，也可以落實於倫理，直接從⑴生活方式之相互擬仿，⑵生活理念之相互切磋，⑶價值追求之資益互補，⑷宗教族群之通問交好……等等方面，逐步嘗試，真誠互動。

三是風俗教化：

儒家自古有「詩教」、「禮教」、「樂教」，孔子所謂「興於詩，立於禮，成於樂」，正指出了「生命的興發，生命的自立，生命的圓成」，乃是普遍而永恆的人文教養。古人說「學者，所以學做人也。」如何做人？這不是知識論證的問題，而是生活實踐的問題。而生活行為的表現，直接繫屬於風俗教化。「風俗之厚薄奚自乎？自乎一二人之心而已。」曾國藩這句話真是「直指人心」。存心正不正，動機善不善，顯發出來便會成為「風俗」。而如何端正人心，使人以仁存心，以義存心，則正是「教化」之事。如今，傳統的風俗教化散塌了，而新時代的風俗教化，又還沒有建立起來。此時所可知可從者，只剩下孔子「為仁由己」這句話。一切應該做的事，都從各人自己做起，久而久之，自然「人同此心，心同此理」而相習成風。那時候，便庶幾可以感受「移風易俗」的功效了。

二、政統方面的繼續

人類的政治史，是從貴族政治到君主政治，再從君主政治進到民主政治。這三種政治形態的演變發展，顯示人類史上「政統」的繼續。而民主政體的架構，正可以消解中國傳統政治上的三大困局。（1.改朝換代，治亂相循；2.君位繼承，宮庭鬥爭；3.宰相地位、受制於君。）所以，依據儒家「大道之行，天下為公」的道理，自然肯定民主政治，而從「民本」、「民貴」到「民主」，也正是一步「相順的發展」。所以，完成「民主政體」的建國大業，乃是當代新儒家「現實關懷」的主項之一。其中主要的關切，含有三個問題。

一是觀念的疏導：

中國傳統政治有很好的「治道」（如宰相系統），以安排治權的運作，但對於代表政權的皇帝，卻一直欠缺法制化的處理。君位繼承屬於政權的移轉，而以往的「禪讓、世襲、革命、打天下」，都不是法制化的處理。這表示，政權的移轉沒有客觀的軌道。而近代的民主政治，正好就是這個法制化的軌道。有關這方面的相關觀念之疏導，與思想理論之探究，當代新儒家已經做了全面的從根的反省。（牟先生的新外王三書，可為代表。）

民主政治的推行，一是制憲，一是行憲。中華民國的憲法，從民國初年的臨時約法，到國民政府的五五憲草，都只是過程中的草案。抗日戰爭後期，政府正式成立制憲機制，由當代新儒家第一代人物張君勱氏主稿起草，又經制憲國民大會討論通過，再由政府正式頒佈，宣布行憲。只可惜行憲伊始，國家即陷於動亂。政府遷臺，依憲法臨時條款行事（此乃非常之舉，不合行憲常態）。而前幾年乃又進行脫格失度貽笑大方之所謂修憲，將國家憲法扭成一個四不像的東西，而臺灣政局乃左支右絀，進退失據。須知制憲、行憲，乃是民意之公、國事之公，絕不容許一黨之私、一人之私操縱干犯。所以，第一、必須由大知識分子主持制憲，起草憲法；第二、須有專家學者（與政黨代表）參與討論；第三、須經公民投票或國會表決通過。如此，方能確立典範，使憲法成為國家的常經大法。然後，朝野上下，一體懍遵。

二是行動的模式：

參政有直接的方式，也有間接的方式。直接的方式是投入選舉，或擔任公職。間接的方式是積極論政，譬如辦一個刊物，由成員經常集會評論時政（如英國費邊社）。至於是否「組黨」，則是一個複雜的問題，必須自我考量（張君勱氏之組黨參政，是一現成事例）。但據目前而論，當代新儒家還不具備組黨的條件。然則，日後如何？我看，還是必須厚植基礎，蓄積能量，再順時隨宜，量力而為。

三是參政的門路：

三、學統方面的發展

從中國文化生命中發展出科學知識，乃是當代新儒家「現實關懷」的另一主項。其中含有三步工作。

一是知識之學的開出：

作為德性主體的「道德心」，和作為知性主體的「認知心」，都能顯發心知之明。道德心顯發的是「德性之知」（良知），認知心顯發的是「見聞之知」（認知）。華族文化心靈的表現以道德心為主綱，認知心則一直為道德心所籠罩而未能充分透顯以獨立起用。所以數千年來，是以道統兼含學統。而由認知心擔綱做主的知識性的學問則並未形成學術傳統。所以儘管中華民族也表現了很高的科學心智（李約瑟的中國科技文明史，可以作證），但科學這一套學問卻一直未曾達到「成統」的地步。當代新儒家對於這個問題作了深層的反省。認為「心知」不能只是「上達天德」，還要「下開人文（含知識）」。所以必須調整文化心靈的表現形態，由認知心獨立起用以開出知識之學，是之謂「由德性主體開顯知性之用」。這些意思，歷年來我已多所申述。一般所說的「開出說」與「坎陷說」，我也有專文加以論辨。（參拙著《中國哲學的反省與新生》，正中書局版，頁四七至六六），茲不贅述。

二是知性心靈的上達：

上段順中國文化的性格，指出以往只有德性心開顯的道統（成德之教），今後必須透出知性主體以開顯學統（知識之學）。面對科學知識，又必須即時正視「科學一層、理智一元」的思想偏差。（意即科學之外，還有道德、宗教、文學、藝術……；理智之外，還有情感、意志……。）所以，我特別在此提出「知性心靈的上達」，認為中國文化有了「邏輯、數學、科學」之後，必須由理智思辯進到智慧開悟。智慧可以潤澤思辯，故牟先生曾提出「智潤思」這句話，用來比配於古賢所謂「富潤屋，德潤身」。西哲重思辯，而智慧之豐潤超妙不及東方（儒、道、佛）。若能取資東方以開顯智慧，以智潤思，就可以使知性心靈（理智心靈）上達，而轉識成智，化思為慧。知性文化有了智慧的潤澤，可以由乾冷的理智轉化出溫潤的智慧，使「理智」與「情感、意志」融通而為一。於是，「科學（邏輯）語言、情感語言、啟發語言」三者雖分而不相斥，雖異而可相通，而「科學知識、文學藝術、道德宗教」三者乃可進到「和而不同」（雖不同而能和）的境地。我認為，這樣就可以把「知性科技化」提昇到「知性人文化」。

三是中西哲學的會通：

文化必須交流，思想必須會通。此話人人會說。但一般的意見多屬浮光掠影，泛而寡當。而所謂比較哲學，又常隨意比附，很少真知灼見。會通中西哲學的路數，牟先生的思考要算是最全面的。依康德「感觸界」與「智思界」之劃分，可以比對中西哲學對此兩界之或重或輕、或積極或消極；由此來考量中西哲學會通的關鍵，乃可確知中西雙方都應該各自重新調整：⑴在智思方面，中國哲學很清楚而通透，而在西方則連康德也不夠通透，故必須以中國哲學通透的智慧，照察康德的不足，使他百尺竿頭，更進一步。⑵在知識方面，中國哲學傳統沒有開出科學，也沒有正式的知識論；然則，西方能給中國多少貢獻，使中國能夠積極地開出科學知識？這樣來考量中西哲學的會通，才能使雙方向前發展而更加充實。

為此，牟先生借用佛家大乘起信論「一心開二門」以為說，認為這是中西雙方共同的哲學間架。中西哲學都是二門（真如門相當於康德的智思界，生滅門相當於康德的感觸界），但二門孰重孰輕，或是否已充分開出來，則彼此實有不同。順此而涉及的種種問題，在《中西哲學之會通十四講》，皆已做了層層之比對與透闢深細之疏解。另外，《四因說演講錄》則主要是從亞里斯多德的「四因說」，以對顯出儒釋道三家哲學之要義及其精采。這是牟先生針對中西哲學之會通，再一次提出他深刻的思考。如今路徑已明，接下來的是「工作」。工作的進行，必須是「分工」而「合作」，參與工作的人可以各就「性之所近，力之所能」來分頭進行。成果累積到一定的程度，便自然可以發酵起用。在此，我深深感到沉潛凝聚的心思是甚為重要的。

※　※　※

有人說，當代新儒家講得很多，做得很少。我願意說：此話有理。然而，二十世紀屈指可數的學者思想家們，為中國文化的返本開新，為儒家慧命的起死回生，為中西哲學（人類文化）的會通綜合……作了從根的反省和通盤的考量，並規劃出平正可行的實踐的道路。這樣一份豐厚的學術貢獻，是不是也應該獲得國人（世人）的感念和仰敬。

再說，我們是否也該反問自己：有生以來，到底為國族、為社會、為文化、為學術，做了些什麼？我們的心志懷抱、所作所為，能夠無愧於前輩師尊，無愧於祖先聖賢否？我們是該常常如此反問自己的。五年前，我為第四屆當代新儒學國際會議寫過一篇短文，文中呼籲大家異地同心，來接續前人的精神，各就一己的志趣和專長，分頭進行下面幾件事。第一件，疏導經典性的文獻。第二件，研究專家專題。第三件，講論中西主流的思想。第四件，豁醒文化意識。第五件，落實文化事業。這些年來，我們辦文化講座、學術會議、出版書籍、發行期刊，以及推動兒童讀經……這些都很好，但應該還有其他的工作可以做。譬如人倫日用之間生活禮儀的踐行，生活環境的經營，風俗習慣的改善，凡此等等，都是隨時可行的事。

我認為，「學術」可以歸於大學與研究機構，而「風俗教化」則權屬政府而責在士民。事事仰賴政府或苛責政府，不但有欠公允，也是自身推卸責任。士以天下為己任，豈能一味責人而疏於責己？為此，特捨高論，而提出一些較為具體的事，來和同心同德的時賢君子與社會大眾，共勵共勉。

《鵝湖》三一九期，新世紀第一年十一月二十五日

肆、儒家教育的形而下與形而上

一、前言

十幾二十年前，我在東海大學中國文化研討會上先後講到儒家教育的問題，如「哲學教育的時代功能」、「古典教育與人才」、「儒家的人文教育」（其講錄皆已編入拙著《儒家思想的現代意義》，臺北：文津出版社，頁二九〇—三四五）。三文所講的意思，到現在仍然是我所認同的。

在先秦諸子中，只有儒家徹始徹終肯定教育的功能和價值，而且有一套完整的教育制度（設施），以及合乎理性的教育思想和方法。譬如：

1.「舉一反三」的啟發式的教育方法；❶

---

❶《論語・述而》載孔子之言曰：「不憤不啟，不悱不發，舉一隅不以三隅反，則不復也。」此表示，人在為學過程中，(1)必須有求知的真誠（憤，謂心求通而未得），(2)必須有表達的意願（悱，謂口欲言而未能），(3)必須舉一反三，依類而推。孔子之言，正是啟發式的教育方法。然教者之啟發，又實有待於學者之憤悱知反。否則，言之諄諄，而聽者藐藐，仍將徒勞而無功。

2.「因材施教」的顧及個性的教育原則；❷

3.從學問思辨到力行實踐的「知行合一」的教育理論；❸

4.「學思並重、教學相長」的教學主張；❹

凡此等等，到今天也仍然是非常進步的觀念和思想。至於「有教無類」❺這句話所顯示的德量和襟懷，更是教育工作者永遠「心嚮往之」的典範。

今天，我用了一個很特別的題目：「儒家教育的形而下與形而上」。儒家講求身心修養，「身」一面屬形而下，「心」一面屬形而上，身心合起來，才算是整全的生命。這樣一說，那我這個題目也就並不奇特而歸於平實了。

二、形而下方面的教育傳習

我們的身體，要吃飯、穿衣、居息、行動，人生的過程會經歷婚喪喜慶，還有生活的技能等等，這都需要教育。在今天的社會裡，人從托兒所、幼稚園開始，再到小學、中學、大學、研究所，都隨著人的成長而做了教育的安排，其中還有各種專門職業學校或特種技術的訓練機構。由此可知，現代社會對形而下方面的教育，已經做得相當周全了。

然則，在現代的教育設施之外，數千年間的儒家又有些什麼教育設施？這是需要說明的。

古早的社會比較單純，基本上是農業社會，在「士、農、工、商」之中，農人佔十之八九。工人商人士人的專業性，大多數是不甚固定的。在城市、市集中的生意人，以及作坊和水陸碼頭的技藝勞工之人，也很少和鄉村的農耕完全隔離，至少還有他的近親留在農村，守護祖傳的居宅農地。而士人更非專業，他們是以天下為己任的讀書人，沒有專業專技，在外面為官遊仕，都是不穩定的，隨時準備「歸田」（文的辭官歸田，武的解甲歸田）。如此說來，中國的老社會，的的確確是農業社會，對於農業社會裡的教育，將如何來說明呢？

(一)食衣住行的規矩——主要是順家庭生活自動仿習而來

在人的「生活層」裡，食衣住行是主要的內容。關於食衣住行的教育，在古禮經和論語

❷《論語・先進》記載，子路與冉有同時問孔子「聞斯行諸？」（聽到一個道理，便立刻去做嗎？）孔子告訴子路說：「有父兄在，如之何其聞斯行之？」而對冉有則逕答之曰：「聞斯行之。」何以問同而答異？孔子的解說是：「求也退，故進之。由也兼人，故退之。」子路見義勇為，常若一人可兼二人之事，然而有父兄在，則亦有不可得而專行者，故告之以「有父兄在」以退之。而冉有的資稟，失之氣弱，於進取勇為或有所不足，所以，告以「聞斯行之」以進之。孔子採取的正是顧及個性而「因材施教」的教育原則。

❸《中庸》有云：「博學之，審問之，慎思之，明辨之，篤行之」。學、問、思、辨，屬於「知」，加上篤行，一以貫之，正是「知行合一」的教育理論。

❹《論語・為政》：「學而不思則罔，思而不學則殆。」學與思必須交互並進，教與學也須相輔為用。

❺「有教無類」乃孔子之言，見《論語・衛靈公》。

鄉黨篇裡，都有規定和描述。但那些規定大體都很繁複，一般人民不甚具備遵行的環境和條件。歷來儒者常有「童蒙須知」、「童蒙學則」、「幼儀雜箴」、「居家雜言」、「治家格言」一類的著述，大體適用於士人家庭，而平常百姓有關食衣住行的規矩，卻都是在風俗習慣中，隨順家庭的實際生活，自幼仿習而來。由於長年累月有樣學樣，各種生活規矩便自然薰陶而成。這類薰陶仿習的過程，與其說是教育，不如說是風俗教化。教化是潛移默化而自然功成。它很少有定規，有格套，再加上中國人一般的性格又很隨意，所以生活規矩的謹嚴比不上日本韓國，但也沒有他們那樣的拘執。

(二)婚喪喜慶的禮儀——主要是由禮樂教化約定俗成而來

婚姻之禮，化男女為夫婦，這是人倫之大始。從問名納采到親迎拜堂，自有一套繁瑣的禮儀。而生兒育女與高年做壽，更是人生之樂事。人情往來，禮數規矩，也是必須講究的。其他如成年加冠、學藝有成、生意開張、科舉及第等的喜事，也要送禮以示慶賀。諸如此類，一言一行、一事一物，都必須合禮。如何合禮，自當借助教育。但農村中人多不讀書，不識字，將如何明白人倫之序，如何斟酌人情之宜與禮數輕重？其實，這只是現代人的隔閡所造成的憂慮。在傳統的老社會裡，儒家的禮樂教化與倫理綱常，是普遍地化入人心的。理學家朱子最注重教化，他的弟子後學依順儒家義理與風俗習慣，而編成一本生活禮儀的範本，名之為「朱子家禮」。宋季元明以來，民間婚喪喜慶的儀節，皆依之而行。即使到今天，民間的生活禮儀，仍奉文公家禮為準據。不過，年代久遠，禮俗規儀多已支離零散，而二氏（佛老）雜染的情形，亦在所難免了。

(三)生活技能的學習——隨同親長師傅的起居作息自然就跟出來了

儒家講學，不關生活技能。人民生活技能的傳習，父以教子、師以傳弟而已。農耕是勞力生產，技術性並不高，隨同父兄起居作息，等年歲長大，有了一把氣力，便什麼都會做了。至於各種行業，如木匠、泥水、裁縫、鞋匠、鐵匠、石匠、陶匠、漆匠、廚師、醫師、樂師……各行各業的手藝，社會民間自有一套拜師學藝的規矩。通常三年出師。三年之內，隨從師傅做工習藝，起居作息，視同子侄，愛之深，教之嚴。表面看來，並沒有安排學習的項目進度。而事實上，這門行業的技術，全在工作的過程裡面，你天天跟隨師傅一起生活起居，一同工作，日積月累，自然就跟出來了。手藝漸漸熟練，自己慢慢成材，便可以獨立門戶，開始創業了。

以上三節，說明了一個共同的意思，即、形而下方面的教育，無論食衣住行的規矩，婚喪喜慶的禮儀，或是生活技能的學習，都沒有制度性的強制安排，而是在生活中、工作中，自動仿習，自然薰陶，約定俗成而來。這種教化的力量，顯示了廣大普遍的效果。現代的社會，雖已有了制度的安排，但不假安排、見樣學樣、自然薰習的教化效能，還是人類社會值得重視的教學資源。

三、形而上方面的教育薰陶

這裡所謂形而上的教育，意指心性活動所開顯的教育效果。諸如人品的陶養，人格的完成，人倫之道的維護，人文精神的發揚等等。孔門四教：文、行、忠、信。「文」是文化教養，它的內容是詩、書、禮、樂。「行」是生活教育，從視、聽、言、動到生活起居、待人接物，都是行。行的主要目標是陶養君子人品。「忠」與「信」可以合在一起說。忠信之教屬於道德基礎教育。道德實踐雖然層境很多，但總以忠信為根基。根基不穩，道德實踐必定落空。因此，孔子屢次提到「主忠信」。不過，有了忠信之質，還須加以學問工夫。所以儒家又重經教。經典裡面的道理，無非是發明我的本心；聖人的教訓，也無非是根據我（人）心之同然，而顯發出許多心同理同的道理。因此，經教並非要人被動地接受聖賢教訓，而是通過聖賢的啟發，使我的本心更易於呈現起用，成善成德。

在此，我只提出宋儒張橫渠的四句話，以及儒家的三祭之禮，來稍作說明。

㈠從張子四言看儒者襟懷（教育的最高要求）

「為天地立心，為生民立命，為往聖繼絕學，為萬世開太平。」張子這四句話，最能表出儒者的精神襟抱，也最能開顯儒者的器識與宏願，因而又是人類教育的最高要求。

1. 為天地立心：天地本無心，但天地生生不息，生化萬物，是即天地的心意。所以程明道說：「天地無心，以生物為心。」又說：「天地無心而成化。」因為天地生化萬物，只是生生之德的自然流行，並非有意而生出這個大千世界。所以是「無心」而「成化」。無心而有心（以生物為心），這是人對於天地生生之德的親切理會，通過人的理會指點，天地生化萬物之心便顯立了。

2.為生民立命：命有理命與氣命（或說德命與祿命）兩個層面，這兩層的命都不可傷害，不可廢棄，必須有以安立。儒家聖賢開顯的「安身立命」之道，正是為了生民。有了這個道，「百姓日用而不知」，卻能潛移而默化，加上倫常政教的設施，使生民有了依循，而得以護持生命，貞定活路，這就是「為生民立命」了。

3.為往聖繼絕學：儒家聖人之學，自兩漢以下，而魏晉，而南北朝，而隋唐，千百年間，一直未能善續先秦儒家的學脈。無論生命之光，或哲學之慧，都開顯不出來。尤其唐末之時，華族的文化生命萎縮墮落極矣。直到北宋之初，普天之下竟找不出一位像樣的師表，所謂「學絕道喪」，實未過甚其辭。理學家復活了先秦儒家的形上智慧，使天道性命（心性義理）之學，內聖成德之教，重新光顯於世。思想的領導權既已從佛教手裡拿回來，孔子的地位自然重新顯立。這一步「為往聖繼絕學」的功績，在人類文化史上是獨一無二的。可惜滿清以來，士人心思卑陋，反而詬詆理學，這誠是學術上昧天良的一大憾事。

4.為萬世開太平：儒家「以內聖為本質，以外王表功能」。功能之大者，便是開出太平盛世。而且不止一時，而是為千年萬世開太平。「太平」二字與「太和」一樣，乃是儒家學術中最淵懿莊穆的觀念。不過，儒家雖有開萬世太平的宏願，也能在「道」的層次上講論天下為公的仁政王道，但在體制上則只成就了「治道」，而未能開出「政道」。如今民主政治的體制，卻正是政治層面上的太平軌道，再加上科學，就更可滿足「開物成務」、「利用厚生」的要求。以民主科學配合儒家的禮樂教化以及「太平、太和」的理念，的確將可為人類世界開創無疆之休。

(二)三祭的教化功能（生命之上達與延展）

以儒家為主流的中國文化，不走宗教的路，而是攝宗教於人文。最簡明的例證，便是將宗教的祭祀活動，收攝到「禮」裡面來。此之謂「宗教人文化」。因此，我們可以說，儒家是轉化了宗教的形式，而保存了宗教的功能。在儒家，內聖成德之學與內聖成德之教是合一的。學與教一致，也是佛家的精神，而道家則學強而教弱。（老莊所立，重在學在智而不在教。至於後世的道教，並不能代表老莊。）

儒家有三祭之禮：祭天地、祭祖先、祭聖賢。❻

1. 天地是宇宙生命的本始，祭天地是對宇宙生命之報本返始。
2. 祖先是族類生命的本始，祭祖先是對族類生命之報本返始。
3. 聖賢是文化生命的本始，祭聖賢是對文化生命之報本返始。

人類通接天地，便能昭顯天地生生之德的綿流無盡。人能通接祖先，便能從慎行「喪葬祭」

之禮儀，實踐「慎終追遠」的訓教。人能通接聖賢，便能彰顯聖賢「以人文化成天下」的大德大功。三祭之禮，乃是民間的常禮。傳統的家，也一定有堂屋，堂屋有祖先的神主牌位，那是人與祖先同在的地方。由家庭擴大為家族，由堂屋擴大為祠堂，因而就有了「家訓家風」、「家法家規」，進而形成「家世」，修訂「家譜」，再加上祖塋宗祠，於是乎，「家」便成為安身之所，立命之地。中華兒女，無須尋根，根就在「家」這裡，所以能夠「本立而道生」。

可是，現在人的住家，大多是公寓宿舍的形式。裡面臥室浴廁之外，有客廳、廚房、飯廳，就是沒有堂屋。也就是說，在現代的新家庭裡，沒有祖先的位置了。它只顧生活的舒適，而欠缺文化的內涵。試問：

沒有祖德流芳；

沒有報本之禮；

沒有香火之儀；

這樣的家，這樣的人生，豈不澆薄！面對這種情形，我們應可採取一個簡易可行的方式，在飯廳牆壁上安上「天地聖親師」的神位，再擺上一個小香爐，這樣就可以隨時上香行禮，以

❻ 按、儒家慎終追遠，報本返始，乃有「三祭」之禮。我有一文〈生命的本始：天地、祖先、聖賢〉，編入拙著《孔子的生命境界：儒學的反思與開展》（臺北：學生書局版，頁三五—三八）可參閱。

滿足內在生命「報本返始」的要求。一家大小，朝夕之間都能和天地、祖先、聖賢，相感相親，使人的生命由小我轉成大我，使只供住宿的家轉化為與祖先同在、與天地同在、與聖賢同在的「安身立命」之地。於是，家人、子弟、兒孫，隨時都可以獲得天地生德的流注，獲得祖先恩澤的滋潤，獲得聖賢慧命的啟發。家裡的每一個人，都能經由「人文化成」而成為有文化教養的人，豈不美哉！

四、形上形下的融貫相通

上兩節分說教育的形下面與形上面，不過是大略而論。其實，人的生命不容分裂，身與心，理與氣，也實是相即而不相離的。

(一)身心之學——養氣踐形❼

儒家的修養工夫，平常講論起來，總說是在心上開工夫。而落實地看，心的開悟還須由身來踐行。依孟子，養氣工夫必須「配義與道」。可見形下的氣，不能脫離形上的心性，又何嘗可以脫離形下的形軀生命？身心合一，理與氣融貫相通，孟子便說這是「踐形」。踐形，是將內在的仁義禮智具體顯發於形色動靜之間。反過來說，人的形色活動能充分體現內在的仁義禮智，也謂之踐形。而這樣的修養境界（身心合一、理氣融通），常人豈能企及？所以孟子說「唯聖人然後可以踐形」。這句話是從實踐的成果說，聖人「從心所欲」皆能合乎天理而「不踰矩」，這是真正的踐形。但孟子這句話，並沒有排斥普通人也來做踐形工夫，它只是提醒你，在工夫未達精純之時，人的視聽言動未必完全合乎規矩，存心動念未必始終純乎天理，不到聖人「從心所欲不踰矩」，便不能謂之「踐形」。可見身與心合一，形上與形下融通為一，並不容易，但這卻又正是士君子「必有事焉」而「心嚮往之」的。

(二)下學上達——人天合德

孔子有「下學而上達」之言，一般解釋為下學人事，上達天德。通過形下的人事之歷練，可以與形上的天道天德相通相合，此之謂人天合德。依儒家的義理，人是可以與天地並立的。故天地人謂之三才。

張橫渠的西銘有云：「乾稱父，坤稱母，予茲藐焉，而混然中處。」又說：「天地之塞吾其體，天地之帥吾其性。」天地乾坤乃人之大父母。乾之德，健而無息，萬物資之以為

❼ 「養氣」見《孟子．公孫丑上》知言養氣一章。依孟子，養氣之道有四個要點：一曰「自反」，二曰「持志」，三曰「直養」，四曰「集義」。「踐形」，見《孟子．盡心上》：「形色，天性也。惟聖人然後可以踐形。」踐形工夫，可分為二句來說。一是把人之所以為人的仁義之性，具體而充分地實現於形色動靜之間。所以，踐形與盡性，其義一也。二是把五官百體所潛存的功能作用，徹底地發揮出來，以期在客觀實踐上有所建樹。以是，立德、立功、立言，亦皆可謂之「踐形」。

始；坤之德，順而有常，萬物資之以為生。天地之所以為天地，以成其為萬物之大父母者，正是由於此乾之健德與坤之順德。人以藐小之身，與天地陰陽混合無間而居位於中。依朱子的解釋，乾陽坤陰，乃天地之氣，塞乎兩間，是人與物所資以為形體者。故西銘云「天地之塞吾其體」（塞、是說氣，依孟子義）。乾健坤順，乃天地之志，為氣之帥，是人與物之所得以為性者。故西銘云「天地之帥吾其性」。「吾其體、吾其性」的「吾其」二字，有覿體承當之意。人之所以得為天地之子，正由此二句而得到證實。

天地之子，自當與乾坤大父母合德，以昭顯生命之意義與價值。孟子說：「盡其心者，知其性也。知其性，則知天矣。」由盡心而證知性、天，使「心、性、天」通而為一。這是順孟子義而說的天人合德。以是，孟子又有言曰：「故君子所過者化，所存者神，上下與天地同流。」人的生命與天地同運並流，意即由人德而昭顯的人道之化，可等同天地生德的化育流行。這是儒家之教中形上形下融貫相通的極至。

另外，易傳所謂「窮理盡性以至於命」，也是此一境界的表述。依程明道的闡釋，窮理、盡性、至命，「三事一時並了」（了當之了，非明了、了解之了），自然無有先後次序之分。在此三者之中，「窮理」是重要關鍵。而明道特別指點說「不可將窮理作知之事。若實窮得理，則性命亦可了」。此句已包含有「知行一貫」之義。所以不可將「窮理」作「知」之事，意即不可視窮理為外在之知解。若只視為外在之知解，則與盡性、至命（天命之命）便有了次序，而三事也不能一時並了。只有窮理是究明「性命之理」而徹知之，徹知至極而朗現之，才可以說「若實窮得理，則性命亦可了」。能「了」則「盡」字「至」字皆含在其中。徹知「性命之理」而朗現之，則「性」自然盡，而亦自然可以「至於命」。至於命，正是與天命合一，與天地合德。

五、人文教育與知識教育的兼顧並重

學校教育以傳授知識為主。但所謂「教育」，只是知識而已乎？必不然矣。大家不是常說要「識大體」嗎？如何方能識得大體？這並不是一個知識問題，而是教養的問題，器識的問題。負責教育的人，是否能在知識傳授之外，也來正視人文教育的意義，並時時開擴自己的器量識度呢？如能一念警策，則眼界自高，心胸自寬，志量自大。而未來的教育，也必將是人文精神與知識技能兼顧並重，而可進於篤實恢弘之境。

教育最大的能事，在於誘導青年(1)自動自發地求真求美求善；(2)自律自由地成長、提昇、發展；(3)自立自主地發揮才識智能；如此乃能為國家民族開創新機。

如今學校教育既已西式化，自是以知識為主，其功能是建立客觀的學理，培養專業的學術人才。但知識教育與人文教育，卻也並非矛盾相逆。一個具有人文教養的科技專家，其性情、氣度、胸襟、眼光，必將更溫厚、更恢弘、更廣大、更深遠。在此，我只簡提二點，祈加之意焉。

第一、人文薰陶：靜態方面，各種人文景觀如書院、祠堂、寺廟、道觀，亭臺、樓閣、橋樑，以及墨蹟、題榜、碑刻，楹聯、題詞、畫像等等，如能時往瞻仰巡禮，而「藏、修、游、息」於其間，必可蕩滌生命的污穢卑陋，開拓萬古之心胸。因此，我誠懇希望教育官員多為品格教育創設相應的環境，讓兒童以及青少年浸潤其間，而自然而然地獲致人文的薰陶。動態方面，如琴棋書畫、詩歌吟唱、演禮習樂、戲劇舞蹈、民間技藝、武術技擊……皆可陶冶性情，變化氣質，鍛鍊體魄。

第二、人格膜拜：中國文化中的人格世界，有忠臣、孝子、義士、節婦、英雄、豪傑、文人、雅士、山林隱逸、江湖魁傑，而最圓滿的人格是君子聖賢。人之崇敬聖賢，乃是孟子所謂「中心悅而誠服」，而人格膜拜，也不是偶像崇拜，而是人格的提升，心靈的上達。唐君毅先生說過一句極其誠摯、極其懿美的話。他說大家都知道武訓向老師下跪，請老師盡心教書；又向學生下跪，請學生用功讀書。當武訓向人下跪之時，我們彷彿看見上帝化身為乞丐而匍匐於人的面前而要求人的人格上升。嗚呼！武訓得此一言，乃真可會心一笑而心安理得矣。

上文提到儒家的三祭之禮：天地是宇宙生命的本始，所以「祭天地」；祖先是族類生命的本始，所以「祭祖先」；聖賢是文化生命的本始，所以「祭聖賢」。這三祭之禮，是人類報本返始、最真誠莊美的場景。祠宇中莊嚴肅穆的紀念活動，軒館中的藝文會友、講學論道，以及書卷畫冊的出版發行，也在在都能顯發濃郁采麗的人文氣息和清穆莊肅的人文精神。廣宇長宙、往古來今，都是人格的輝映，都是精神心靈的交感相通。古所謂「以人文化成天下」，我想，我們這一代人有責任不使這句話淪為虛語。

二〇〇二、十二，花蓮「儒家與教育」學術研究會論文

伍、義利之辨與義利雙成

一、通識教育的基本任務——溝通理法界與事法界

二十世紀以來，教育起了根本的變化。傳統的人文教養，倫常教化，全都散塌了。小中大學的學校教育，全盤以知識為中心，突出「智育」，而「德育」不振，「體育」又不能擔綱，至於「群育」、「美育」，則一直處於「言之無物」，或「萎縮無力」的狀態。

將近一百年的新式學校教育，所培養出來的人才，都是專家專業型的，這些人學識有專精，技能有專長。可是堪稱通德達材者則少之又少，縱然有那麼三個五個賢彥，也不受社會重視，以為他們學無專長，不是專家。然而，所謂專家者，實際上乃是知之最少而眼光最窄的人。專家各有專業領域，對於專業領域以外的東西他倒也謹守分寸，不敢妄言，但卻不免器量淺狹，不識大體，關於「立身處世、待人接物」與「經世濟民」的教養，實有所欠缺。他的人生，不過是隨俗因應而已。自己既不能超群拔俗，卓然而立，也無能矯俗勵群、化民

成俗。這是當前教育的真正病痛所在。

不過，知識分子除了具有各自的專門知識，他們畢竟也是一個「人」，作為一個人的人文教養，以及人情、人倫、人事方面的常理常道，雖然所知不多，卻也自有他們的感受。就連西方世界也顯示同樣的問題，譬如多年來所倡導的「科際整合」，便是循此脈絡而來。他們希望整合掉專與專之間的矛盾牴觸，但既以知識為中心，則每一門專科專業都各有他們的偏執而形成自我中心，在人人自以為是而各有堅持的情形之下，科與科之際的差異、牴觸、矛盾、衝突，又如何可能溝通融會而整合為一呢？

如今推動「通識教育」，這倒是一個好名號、好做法。但是否能夠發揮應有的效能，對知識性的教育補偏救弊，進而促成教育功能的從根轉化；使通識與專科專技能在文化精神、人文理想上融貫相通，使現代的教育真正能夠「敦品勵學」，使人的生命真正能夠「理氣充盈」，使人際關係真正能夠「推誠相與」，而達到「理事圓融」的境地。如果能夠這樣，通識教育的目標，就庶幾乎可以漸次達成了。

職是之故，我們認為「溝通理法界與事法界」，乃是通識教育的基本任務。事法界與理法界是佛家的詞語，事法界就經驗事象說，理法界就事象所依之理說。理學家所謂「理一分殊」，也表示理上的一（普遍），與事上的多（差別），是它本來如此，無可改變。但二者的關係卻可以調整。事象的不齊有很多層次，我們既可以自其同者觀之，也可以自其異者觀之，視角與觀點上的不同，也是自然而然形成的。不過，事上的差異，其實並不妨礙理上的同一；理上的同一，也無礙於事上的多樣表現。孔子所謂「和而不同」（雖不同而能和），這種平正寬和尊重別人的精神，是通識教育最應取資效法的。

所謂理法界與事法界的溝通，特為重要的是兩件事：一是情與理的融通，二是義與利的融通。義與利的問題，下節再說。本節先就情與理的融通，略陳所見。

情理融通，首先是「生活、行事、情緒」的合理化。反過來說，「理」也必須合乎人情，合乎事宜，而不可以教條化。所以，人必須「即事以明理」，不可「立理以限事」（王船山話）。而專制獨裁者總喜歡立一個教條化的理，來箝制天下人，限制天下事。雖然這種人終必落敗，但他們一旦得勢在位，卻依然樂此而不疲。甚可感嘆。

「合情合理」，原本就是中國文化的基本要求，也是中國人的生活準則。這一點，英國哲學家懷德海（與羅素合著《數學原理》）也看出來了。他晚年在美國講學，張君勱先生去拜訪他。那時他已經很老弱了，所以說話不多，但有一句話令人印象深刻。他對張先生說：「你們中國很好，很合理。」這句話的意思是指中華民族和中華文化，很和諧合理，情理交融相通。這是西方世界一直達不到的一個境地。（他們對理常太偏執，對情易於激盪。）所以老懷德海自然而然地流露出他的欣羨之情。

然而，中國文化衰微了，中國人的教養也散失了。我們今天必須警策惕勵、自覺自律地來要求：

生活（衣食住行）合理化；

行事（待人接物）合理化；

情緒（喜怒哀樂）合理化。

這三方面的要求，在傳統的社會裡，乃是理所當然的事。譬如俗諺所謂「有理走遍天下，無理寸步難行」，便正顯示出地無分東西南北，人無分男女老幼，隨時、隨地、隨人、隨事，都是以「理」為準據，都是服理服善的。而且這個理字，還須不違人情。人之常情和世間的常理常道，在先天根據上既本自和合為一，後天的活動運作，也不應該違逆它。因此，生活上的食衣住行，行事上的待人接物，情緒上的喜怒哀樂，都必須合理化。總之，經驗世界的一切情事，都必須合理化。反過來說，價值世界的理則，也同樣不可教條化，而必須合情、合宜，使情（事）的世界與理的世界，得以交互融會，和諧相通。

其次，是義和利的問題。

二、價值世界的義利之辨與現實世界的義利雙成

自孔子孟子以來，儒家特嚴義利之辨。因為儒家是道德的進路，是非善惡的界限特別嚴格。陸象山應朱子之請在白鹿洞書院講論語「君子喻於義，小人喻於利」，講得非常警策痛切。朱子特意請他寫成文字，刻石立碑。象山還指出，義利之辨也就是公私之辨。人為公，便是善，便是義；人為私，便是惡，便是利。朱子訂定〈白鹿洞書院學規〉時，特別把西漢

大儒董仲舒的兩句話列進去。董子說：

> 正其誼（義）不謀其利
> 明其道不計其功

就立身成德而言，這是非常具有警惕性的教言。但現代人卻常據此而認為董生只顧道義而抹煞功利，這實在是未得其意而生出來的誤解。須知「正其義，明其道」，是從正面積極地說；「不謀其利，不計其功」，則是消極面的告誡之語，意在提醒人「不可謀求一己的私利，不應計較一時的近功」。

如果再把這個道理推到「家、國、天下」，則又可以轉出兩組話語：

> 「未有義正而不利者，未有道明而無功者。」
> 「義正於人間，其利莫大焉；道明於天下，其功莫大焉。」

凡是合乎義的利，便是長遠之利，公眾之利。凡是合乎道的功，便是廣大之功，天下之功。「道、義」與「功、利」，正可相輔相成，何來矛盾衝突？如果你感覺其間有矛盾，有衝突，一定是你自私自利，只為自己打算。或是眼光短淺，只圖一時之功，而未及長遠之計。這正是應痛切反省，引以為戒的。

真正說來，儒家並不排斥功利，而是要求「利不背義」。因為，人若「見利」而「忘義」，不但在道德上是污點，在現實生活（如經濟行為）上也將「不諒於人」，甚或「不容於法」。所以，經濟上的「利益優先」既不是與「義」矛盾對立，則道德上的「義利之辨」與經濟上的「義利雙成」，不但不會在思想觀念上形成扞格，而且在現實層的具體行為上，也可並行而不悖。

傳統社會的人，在孔孟之教的潛移默化中，大體都能明達事理，譬如「在商言商，不諱言利」，便是一句坦直平恕之言。一個儒者，一個士人，有一天也可能會去「從商」（如孔門大弟子子貢）。商人將本求利以通有無，乃是正正當當的行為。商業行為中的利益、利潤，也是合情合理的。王陽明就說過，士農工商，四民「異業而同道」。行業雖不同，而同屬「生生之道」，只因隨事宜而分工，所以各有偏重。既已從商，便「在商言商，不諱言利」，何等坦然直率。商家有春聯云：「經商不讓陶朱富，貨殖何妨子貢賢」。直是風流蘊藉之至。

十二年前，大陸孔子基金會在曲阜舉辦「海峽兩岸首次儒學會議」，我在所提論文中，對當代新儒家的義利觀作了三點說明，大意如下：

㈠義以導利（利的善化）

價值的標準，不能以「利」為首出，所以要導之以「義」。有了「義」的導引，使得「利」也可以在價值原則的規範之下而達於「善化」。這種「合義」之「利」，才是正當的、合宜的。儒家很重視「正當」與「時宜」，孟子從「心」之好善惡惡說「義」（羞惡之心，義也），中庸便說「義者宜也」。朱子綜合起來以「心之制、事之宜」二語解釋「義」。王陽明也說「心得其宜謂之義」。孔子所謂「無可無不可」，孟子說「此一時也，彼一時也」，也是表示人的行為可以「因時、因地、因人、因事」而措其宜。「措其宜」不只是求其「合理、合宜」，也同時求其「有得、有利」（正當得利，利合乎義）。可見即使是傳統儒家的義利觀，「義」與「利」也不必然就是矛盾的。

(二)利以合義（義的落實）

「利以合義」，可以看做是上文「義以導利」的倒裝句式。雖然這一句的重點在說「利」，但真正的利（既利己，亦利人），本就應該是「合義」的。如果一切事業的利益，都能不悖離義的矩範，這就表示「義」這個道理不再是一個抽象的原則，而是業已落實於生活，落實於事業，隨時都可以有具體的表現和成果。在傳統社會裡，君子與信義之人可以個別地做到「利合於義」。今後則可以轉到企業精神上來表現。如果我們不過於求全責備，就應該可以承認不只是老社會的商人有古風，而今日的工商鉅子，亦常常通過客觀的形式，做出了好多「合義」的善舉。因此，我提出「義利雙成」這句話，絕不是一句空話，而是「應該做到」並且「能夠踐行」的新的經濟倫理。

(三)「義利雙成」的義利觀

由於「君子喻於義，小人喻於利」的教言深入人心，所以南宋陳亮「王霸並用，義利雙行」之言，一直受到貶斥。我們一方面佩服陳亮的才氣，為他的受貶而抱屈；但另一方面又覺得陳亮的話確實有點鹵莽，他似乎抹煞了義利的界限而把兩者滾在一起了。

我今提出「義利雙成」，與陳亮的「義利雙行」雖只一字之差，但意思大不相同。陳亮是英雄主義，不贊成先辨義利。他只要求「做得成」，功成事濟，便是有理，所以認為漢唐英主（漢高祖劉邦、唐太宗李世民）只要加以點化，即可等同於三代聖王。這個觀點，傳統儒家固然不贊成，我們在今天也仍然無法直接苟同。因為道德價值上嚴辨義利，是必然而無可爭議的。而義利兼顧的要求，只能從經濟活動和企業運作上說。這個意思，其實人人都知道，只是其中的分際，十人之中倒有九人時常懵懵然加以忽視。所以，我特意標示：

「道德上」（價值世界）的「義利之辨」；

「經濟上」（現實世界）的「義利雙成」。

前一句是傳統儒家的精神。但從孔子以下，歷代儒家的代表人物也從未有人排斥經濟上的正當得利。後一句可以視為當代新儒家的主張。但既已標明「義利雙成」是從「經濟企業」上說，便自然不同於陳亮之混同義利；而與道德上的義利之辨，也可兩不相礙。

今天，我們必須確認，道德價值原本就有主觀客觀兩方面。主觀面是「成己」，也即前人所謂「做聖賢」。客觀面是「成物」，也即是成就各種事業上的「善」（道、義、功、利，皆在其中）。當代的新儒家必須開廣心胸，確認工商企業方面的「器能之士」，他們所成就的善行善事（善行善事之中，自有善德），比起「道德之士」來，不但在「量」上無所少欠，「質」上也未必遜色。為期道德心性更加鮮活，更加充實開擴，主觀面的自修自立雖然必須重視「義利之辨」，而客觀面的淑世濟民（政法工商農醫等等），便當然要求「義利雙成」了。

三、道德與事功的相反相成

道德以「義」為本，事功以「利」為先。在一般的情形之下，二者是矛盾相反的。但道德的目的，是要成就一切合乎義、合乎善的價值。如果事功的成就，有利於國，有利於民，難道你能否認它是合義合善的嗎？你能站在道德的立場，反對一切事功嗎？顯然不是這樣的。

昔賢有言：「太上有立德，其次有立功，其次有立言。」立德、立功、立言，是之謂「三不朽」。道德與事功，並不是必然地相反相斥的。英雄事功自有夾雜，他服從生命原則，以利與力為首出。在過程中英雄的作為可能違背義與德，但英雄的生命行動，也常能「暗合於道」，他雖未必能自覺的守道以行道，但他成就的功業卻也使「道」終能得到具體的實現和完成。此中應該有對於「道」的不自覺地嚮往，也應該有理性原則的默運。所以，事功的成就，也能有助於道德的實現。二者既相反又相成的關係，其實已很明顯。

通識教育的立場，除了要調適「通」與「專」的問題，也要協調「義」與「利」的問題。此等對比狀態的差異(甚至矛盾抵觸)，都必須隨時自覺地去感受，去導轉，去消解。作為一個學者，既可認同古人或今人，也可以對古人或今人立異。而問題並不在學術主張的異同，而在於所以異同之故。如果所據以認同或立異的態度，是本乎學術之公，他就是義的立場；如果他的主張只是黨同伐異以圖自便，當然就是為利了。

今之學校採取西式化的教育，其重視知識，事屬當然。然而，學校教育以傳授知識為主，是事實如此？還是理當如此？值得大家認真想一想。學校當然要傳授知識，但只此而已乎？人人都說「要識大體」，如何才能識大體？這並不是一個知識問題，而是教養的問題，器識的問題。負責教育的人，是否能在知識傳授之外，也來正視人文教養的意義，並時時開擴自己的器量識度呢？如能一念警覺，則眼界自高，心胸自寬，志量自大。而未來的教育，亦將可進於篤實恢弘，而氣象一新。

四、人文與科技的異質相通

「道德心」是價值之本，「認知心」是科技之本。禮樂教化的根據在道德心(德性主體），而科技之用的根據則在認知心（知性主體）。這一個簡單明瞭的釐清，是當代新儒家重大的貢獻之一。它破除了五四以來西化諸人的誤解，也可以消釋「中學為體，西學為用」的疑團與困惑。簡要言之，每一個文化系統都有體有用，西方文化也自有其體用：知性為體，科技為用。但站在中華民族的立場，傳統文化的「本」（道統）永遠是「體」，而以科學民主為基本內容的文化（學統、政統），對於中國數千年的文化大統而言，則理所當然地是置於「用」的地位。只要大家不隨意拉扯，這個意思自可形成共識。今天，中國既然需要科學知識，就必須從民族文化心靈中透顯知性主體（科技之本）。知性能透顯出來以獨立起用，中國就可以自本自根地發展出科學。

人文要求「理、道」的提振弘揚，這是中國文化大統的主綱。科技則求取「物、事」的落實成就，這是中國文化當前的弱點。人文與科技的性質不同，層次也不同，而同屬文化價值的基本內容。所以人文與科技是異質而相通的。

人文精神與人文理想，古今同在。在此，必須說「返本」。返本不是復古，更不是開歷史的倒車，而是要回歸「以仁為中心」的文化傳統，暢通「以仁為本根」的文化生命。我們如果不能重新開發「源頭活水」，則中華文化的「滾滾江流」便可能會枯竭乾涸。當代新儒家之所以提倡「返本開新」，正是要糾正五四以來「反傳統、全盤西化」的謬誤，以暢通民族文化生命的坦途。根據這個意思，我們可以就「開新」而提出二點說明：

㈠開新，是要開拓新的文化道路

文化價值的內容，可概括為「真、善、美」。而真善美三者的交融會通，必須各適其性，各盡其用，而又交光互映，共成其美。這一原則性的說明，非常重要。有了這個原則，便可以避免宗教上的排他主義，以及學術上的「唯理智」「唯科學」之偏執。而「道德宗教、文學藝術、民主科學」，也因而可以同時成為文化價值中的重要內容。

㈡開新，是要開發新的文化內容

五四救國運動之同時，又有所謂新文化運動，其內容歸結為「民主」與「科學」。但一個國家民族，不能僅僅重視「政治、知識」，而且民主的實踐和科學的發展，都必須以「公益」為目標，以完成人文世界中事業與價值之多元並立。文化的內容，是多層次、多方面的。凡大小、高下、剛柔、動靜……皆須一一成就，這才是易傳所謂「乾道變化，各正性命」的道理。

文化的開新，當然是中華民族自己的事，不能靠外國人替我們去完成。所以新的文化道路與文化內容，都必須回歸於民族文化生命的根源處，才能開得出來。天地間不可能有「無本之新」。沒有本根，何來枝葉花果？凡是從外面拾掇而來的，都是和自己的生命不相干的。不是「根生土長」的東西，絕不可能長久。西方的近代文明，以「民主、科學」為主綱。這是文化中間層的東西，西方先有了，我們也要有，以前沒有，現在我們決定要有，但這不能從別人手中拿過來，而必須自己去成就，你成就它，它才是你自己的，才能成為民族文化的新內容。否則，便只是「稗販」而已。稗販而來的東西，既不是自己生產的，也不是自己創造的，當然更說不上來是文化開新了。

二〇〇三、九、樹德科大「人文價值與生命關懷」學術研討會論文

陸、儒家對個體價值的認同與完成

一、先秦諸子對「個人、社會、國家」的態度

中國在春秋戰國時代（西元前八世紀至三世紀），諸子百家興起，其中特為重要的是儒家、道家、墨家、法家。這四家的思想各有特色，本文不擬多說。現只就「個人、社會、國家」三方面來作一個對比，以顯示四家價值觀的特色。

第一、道家以「致虛、守靜」作為修證工夫，其主要目的是要恢復自在的心境，獲致心靈的自由，以達到逍遙無待，獨與天地精神相往來的境界。他們只重視個體性的精神自由，對於社會的禮樂教化，國家的政治責任，則輕忽而不加重視。所以，道家只重視個人，而輕忽國家和社會。

第二、墨家提倡兼愛、非攻、勤勞、節儉，他們重視社會正義、國際和平，嚮往一個愛無差等的人間社會，但卻忽視倫常教化以及國家的價值和責任。而在墨者集團嚴格的紀律之

下，個體性的價值也很難得到伸張和發展。所以，墨家只重社會，而輕忽國家和個人。

第三、法家特別重視君國之利，在他們眼中，人只有工具性的價值（耕以富國、戰以強兵）。人不過是「耕、戰」的工具。至於人格、品節、才學、藝能，則一概加以貶抑甚至抹煞。對於社會的倫理道德、禮樂教化，也採取敵視的態度，而主張「以法為教，以吏為師」（不以經典為教，不以聖賢為師）。所以，法家只重國家，而輕忽個人和社會。

第四、道家、墨家、法家，既然各有所偏，有得有失，那末儒家又如何呢？「儒家」大中至正，無所偏失。個體方面的人格、品節、思想、才藝；社會方面的人倫常道、禮樂教化、公益事業；國家方面的建國創制、設官分職、典章法令，以及保民養民的政治措施；這三方面皆同時兼顧並重。

以上這些意思，只是大略提一下，無須多說。下文，我們應該進一步考察：在儒家思想中，個體究竟居於什麼樣的地位。

二、「個體」在儒家思想中的地位

㈠從人倫關係看

人倫有五：君臣、父子、夫婦、兄弟、朋友。五倫是人與人相處交往的五條通路，人在這五條通路上往來行走，就必須遵守彼此相處相交的道理。君仁臣忠，父慈子孝，兄友弟恭，夫婦和順，朋友有信，這些都是千古不變的道理。時代雖已不同，君臣也沒有了，但國家與國民的關係還在。而所謂忠於君本來就是忠於國，忠愛國家的道理永遠都必須肯定。問題只在，我們用什麼態度來對國家盡忠，以什麼方式來表現五倫的道理。不同的時代，不同的政治結構，不同的社會形態，還有不同的文化背景，不同的宗教信仰，不同的生活方式，凡此等等，都促使我們在表現五倫之道時，將會順時隨事而調整我們的態度和方式，這是很自然的事情。儒家一向注重「因時、因地、因人、因事」而「措其宜」，就是要把道理本身和表現道理的方式分開來看。道理不會變，而表現道理的方式則必須隨時宜而改變。因此，倫常之道還是要講求的，只要把態度和方式調整得宜就可以了。

至於「個體」在倫常關係中的地位，總結地說，它是處於一個「相對的地位」，又同時是居於「中心的地位」。譬如對君而言我是臣，對臣而言我是君；對父母而言我是子女，對子女而言我是父母；其餘兄弟夫婦朋友也都是這種情形。就這種相互的關係而言，個體取得的是一個「相對的地位」。但如果換一個角度看，在這相對的關係中，每一個「個體」又自然而然地成為一個中心，所有和你有關係的人，都可以歸聚到你這個中心來。於是你可以說，某某人是我的父母，某某人是我的兄弟，某某人是我的老師，是我的同學，是我的表哥、表妹，是我的舅舅、阿姨等等。一切的人都成為你的什麼、什麼，這時候你會發現，在人倫關係中，你自己確確實實是居於「中心的地位」，是一個可以作主的地位。

(二)從人格世界看

人在人格世界中的地位，好像是無形的，但卻是真實的。儒家最重視人品人格，所以講到學問之事，也說「學者，所以學做人也」。做成功一個真正的人，才可以在人格世界取得一個地位，這個地位可以叫做「品位」。品位，不是別人給你的，而是你自己創造的。用孟子的話說，這是「天爵」，不是「人爵」。天爵當然是先天本有的，但如果不能表現它、成就它，也就等於沒有。所以天爵也要「修」（孟子曰：修其天爵）。修的工夫要各人自己去做，所以個人的成就也互不相同。

人的品位，可以分為很多的類別和層級，唐君毅先生在〈孔子與人格世界〉文中，曾分為學者型、事業家型、天才型、英雄型、豪傑型、聖賢型等類。今天我們並不專門討論這個問題。簡單一點說，通常有「士、君子、聖賢」三級，這三級的品位，都是通過人的自覺實踐而成就的。人有充分的「自由」來創造自己的品位。在這裡，沒有種族、階級、貧富、貴賤的差別，也沒有知識才能的限制。所以陸象山說：「我雖不識一字，也須還我堂堂地做個人。」這表示，在「人道」的世界裡，人人都可以自由地來往行走；在人格世界裡，人人都有充分的自由來完成自己的品位。因此，像武訓那樣不識字的乞丐，也能成為一個聖賢型的人物。

按：武訓，生於清代末葉的山東，那時候的中國非常衰微。但中國的文化土壤，仍然能夠產生武訓這樣的人品，可見當時的中國文化並未死亡，仍舊是一個有潛力的文化生命。武訓自己不識字，受人欺侮，他不希望別人像他一樣因為不識字而受人欺侮，於是累積行乞之所得，用來興辦義學。他要請最好的老師來教書，人家不願來，他就向人下跪，拜請他來。學校辦起來了，有的老師教書不認真，武訓便向他下跪，請他認真教書；有的學生讀書不用功，武訓也對學生下跪，請他用功讀書。他開始是一念真誠要辦學，之後是片片真誠，綿綿不盡地請求人好好教書，好好讀書。唐君毅先生說：當武訓頻頻向人下跪時，我們彷彿看到上帝化身為乞丐，匍匐於人的面前，而要求這個人的人格上升。這句話說得非常有靈感，非常懿美，是對武訓的人格精神最好的表彰。

(三)從政治分位看

公侯伯子男，以及卿相大夫士，這些都是人爵，是政治上的分位之等。這些外加的等級，雖然和人的生命價值與德性人格並不相干，但政治上的名分職位，卻也使人在政治組織之中，得到一個表現才能和實現理想的憑藉。

政治的組織，是為了處理公共事務而架構起來的。各種不同性質不同類別的工作，都要有賢德、有才能的人，來負責推行。所以孟子說「賢者在位，能者在職」。賢者決定國家的大政方針，相當現在的政務官。能者執掌各種專門性的工作，相當於現在的事務官。國家設官分職，就是要使人在一個恰當的位分上「各盡其才，才盡其用」。

那末，不擔任公職的人，在政治上又是居於什麼性質的地位呢？歷史上的中國人，乃是「天民」，也是「子民」，處於被保愛、被教養的位置（故曰，保民如赤子）。而作為「權利義務的主體」的「公民」之觀念，則尚未透顯。換句話說，作為「政治的存在」的這個身分，還沒有自覺地建立起來。（因此，必須實行民主政治，以補此憾。）

三、對中國文化精神的新綜析

(一)盡理與盡氣

首先，我們要來反省一下，中國文化所表現的精神，究竟是什麼樣的精神？我們不想舉述「仁愛精神」、「中道精神」、「和平精神」、「大同精神」一類的說法。我們要做一個思想性的反省。牟宗三先生在他的《歷史哲學》書中，曾提出三個詞語。他認為，一個文化的精神表現，有各種不同的形態和原理，在表現的方式上也互有差異。大體而言，中國文化表現「綜和的盡理之精神」和「綜和的盡氣之精神」。西方文化表現「分解的盡理之精神」。這幾個名詞也許不十分容易了解，但了解之後，就會知道這個說法非常中肯。我們最好能讀一讀他的書，在此只能大略說明一下。

1. 綜和的盡理之精神

這是指「由盡心盡性而直貫到盡倫盡制」的精神，或者說，由「個人的內在實踐工夫直貫到外王禮制」的精神。這種綜和的盡理之精神表現到人格形態上，就是「聖賢」以及「聖君賢相」。從學問上講，是「內聖外王之學」，從政治上講，是修德愛民的「仁政王道」。在本質上，它是道德理性直接的、全面的表現。在表現的順序上，是推己及人、推己及物，是親親而仁民、仁民而愛物。在最後的嚮往上，橫的方面是聯屬家國天下而為一體，與天地萬物為一體；縱的方面，是下學上達，上達天德，達到天人合德的境界。

2.綜和的盡氣之精神

這是指一種「能夠超越物氣的僵化固閉，能夠打破物質性的相對制礙，以表現一往揮灑的生命之風姿」的精神。這種綜和的盡氣的精神表現到人格形態上，就是天才，是打天下的帝王英雄。這一方面的表現，並不服從理性，而是服從生命（氣），是生命強度的表現。所謂盡才、盡情、盡氣；才、情也是氣。凡盡氣都是「一往揮灑」的（所以沒有所謂分解的盡氣）。在盡氣的過程中，不受任何限制，一直到發洩完了為止。譬如盡才盡到「江郎才盡」，完了；盡情盡到「春蠶到死絲方盡」，完了；盡氣盡到「英雄氣短」，也完了。完了就完了，要服氣。也就是說，你儘管一往揮灑，但最後必須承認生命強度的限制。在此，不可以強求，也不可以怨尤。在中國歷史上，有二個天才型的帝王英雄。一個是漢高祖劉邦，一個是唐太宗李世民。劉邦的太子是後來的漢惠帝，但劉邦曾經想要換太子，換成他寵妃的兒子。有一天他看到四個老人恭謹地陪侍太子，便問那幾個人是誰，侍臣回答說是「商山四皓」。

劉邦當年也曾邀請商山四皓下山，四皓不理他，如今竟然肯下山陪侍太子，他知道太子的羽翼已成，便立即放棄換太子的打算。此之謂提得起放得下。而李世民卻為太子高宗繼位的事，弄得六神無主，竟然演出拿刀自裁的把戲，實在英雄氣短，有負一世英名。牟先生判漢高祖比唐太宗更能合乎「盡氣」的格，可謂獨具隻眼。（可參閱牟先生《歷史哲學》第三部第一章）

中國文化表現了「綜和的盡理之精神」以及「綜和的盡氣之精神」，但卻未能表現「分解的盡理之精神」。分解的盡理之精神，其最大的特色就是「對列之局」。

㈡對列之局的開出

「分解的盡理之精神」，有二個基本的特徵：

第一、推置對象，使對象外在化，以形成主客之對列。

第二、使用概念，以抽象地、概念地、來思考對象。

這種分解的盡理之精神，最主要的就在顯示一個「對列之局」。它表現到文化上，便使西方文明成就了三方面的成果：

1. 神與人相對的離教型的「宗教」。
2. 以概念分解對象和規定對象的「科學知識」。
3. 通過階級集團向外爭取自由人權，而逐漸形成的「民主政治」。

今天，中國文化面對的關鍵問題，正是要在自己的文化生命裡面，自覺地轉出「對列之局」，一方面開出知識之學，以發展科技；一方面採取民主的政治體制，完成民主建國。在這裡，便又關聯到「主體自由」的問題。

㈢主體自由的形態

「自由」不宜於列舉地講。列舉是憲法上的方式。憲法明文載列人民的自由權利，那就是所謂的「人權清單」。而講文化、講思想，不能只開人權清單，必須歸到主體上來講自由，這是所謂創造性的主體自由。主體自由，有三種基本的形態。（這也是牟先生《歷史哲學》書中疏導出來的講法，可以補一般散列地講自由之不足。）

第一、「道德的主體自由」，使人成為「道德的存在」（人格的存在）。這是綜和的盡理之精神所完成的成果。在這裡，透顯出「人人皆可以為聖賢」的原則。而成聖賢、成人格，即是這種道德的主體自由之具體表現。

第二、「藝術性的主體自由」，使人成為「藝術的存在」。這裡所謂藝術，是取廣義的意思。凡是「才、情、氣」的表現，都有一種藝術的欣趣，都可以欣賞，可以感嘆。像天才、英雄、豪俠、才士、高人與隱逸之流，都屬於這一類。這是綜和的盡氣之精神所完成的成果。

第三、「政治的主體自由」，使人成為「政治的存在」（權利義務的主體）。這是分解的盡理之精神所完成的成果。同時，分解的盡理的精神如果表現於思想，則又顯示一種「思想的主體自由」，使人成為「理智的存在」。「政治的、思想的」主體自由，是同一個形態（分解的對列）的兩種表現，由於同屬分解的盡理之精神，所以合在一起說。

中國文化充分地發展了「道德的、藝術性的」主體自由，西方文化充分地發展了「政治的、思想的」主體自由。

在此，我想介紹兩位德國哲學家對中國所作的批評，一個是黑格爾，他說中國只有「合理的自由」（以有人倫、人道之故），而沒有「主體的自由」。他所謂主體的自由，是指「政治的主體自由」而言。黑格爾不了解主體自由的表現有不同的形態，所以便顢頇籠統地說中國沒有主體的自由。他的話，中國人常不服氣，但又不知如何駁斥他。經過牟先生的疏解之後，你才明白黑格爾的說法有所不足。不過，單就「政治的主體自由」而言，他實在也說得很中肯。中國文化的確尚未做到使人成為一個「政治的存在」，成為「權利義務的主體」。而民主政治之所以成為民主政治，卻正是落在政治的主體自由上來講。

另一位是凱薩林，他在《哲學家旅行日記》裡面，對中國大為稱讚。（請注意，那是清朝末年的中國，是中國衰微倒楣的年代，而哲學家卻能見到那掩沒不了的中國文化精神之優點。）但他也有一句負面的批評，說中國人有很高的智慧，但思想則顯得乏味。為什麼思想會乏味？這其中的關鍵，就是由於「思想主體」（知性主體）未能充分透顯出來，還沒有得到獨立的發展。所以在表達思想時，欠缺思辯性、概念性、論證性，而顯得單調乏味。

這二位德國哲學家的批評，正好指出中國文化所沒有充分發展的「政治的主體自由」和

「思想的主體自由」。而這兩種主體自由，又都是「分解的盡理之精神」所完成的成果。講到這裡，我們該有個總結式的說明了。

四、從三個矢向看「個體價值」的真實完成

所謂三個矢向（矢，箭也。箭的射向，謂之矢向），和上面所謂的三種精神，三種主體自由的形態，當然都有關係。但我想換三個名詞來表示。

(一)從「道統」方面看

道統，即是民族文化之統，當然要加以肯定。舉凡(1)日常生活的軌道，(2)精神生活的途徑，(3)文化理想的透顯，(4)文化生命的方向，都是關乎道統方面的事。要想保持民族文化心靈的醒覺，維護文化傳統的價值，就必須正視道統的問題。維護而且光大道統，乃是引發文化創造的源頭活水，要使它永遠充沛而暢通。唯有如此，我們才能表現「道德的主體自由」，使每一個「個體」在自覺的實踐中，成為一個德性人格，完成其為「道德的存在」。

(二)從「政統」方面看

政統，是事關政治的問題，也就是「政治的主體自由」如何實現的問題。這其中的關

鍵，是要認識政體發展的意義。由貴族政治的形態，到君主政治的形態，再到民主政治的形態，便是所謂「政體」的繼續與發展。我們對於中國的政治問題，不要只是枝枝節節去想，而必須落在政治體制上來看。

中國以往對於治權的安排有很好的軌道（如宰相制度），這是所謂「治道」。而安排政權的「政道」，卻未能客觀法制化。以往的禪讓、世襲、革命、打天下，都不能算是政權轉移的客觀法制，都不成其為一個軌道，此之謂「有治道而無政道」。所謂政統，正是就政道而言，是就完成民主政體的建國而言。這是中華民族當前最大的課題。在民主政體的架構之中，個體的自由人權，才能充分客觀化而獲得法律的保障。而一一的個體，也才能成其為一個「政治的存在」。

㈢從「學統」方面看

學統，是「思想的主體自由」如何實現的問題。在中國，聖人之道與聖人之學，乃是一而二、二而一的事，而道統和學統也本是合一的。在今天，我們一方面要延續道統、光大道統，另一方面還要自覺地從民族文化心靈之中，轉出知性主體，使知性主體從德性主體的籠罩之下，透顯出來單獨起用，以開顯學術知識的獨立性，建立「知識之學」的學統。此之謂「從德性主體開顯知性之用」。

以是，「學統」二字應該讓給知識之學使用。有了這步自覺，才能從中國文化的土壤裡，產生近代意義的科學知識和實用技術，以滿足古人所謂「開物成務」和「利用厚生」的要求。而每一個「個體」也才能透顯「思想的主體自由」而成為「理智的存在」。

按：知識之學的獨立，是相對的獨立（在成知識的過程中獨立）。而如何運用科學的知識與技術，則仍然要由德性主體做價值性的選擇和判斷。在這個意思上，儒家的人文精神，可以補西方文化之不足。

在「道統、政統、學統」三統並建之後，「道德的」、「政治的」、「思想的」主體自由，都能得到充分的發展和表現。至於「藝術性的主體自由」，除了英雄打天下的方式必須消解轉化之外，其餘的藝術性的創造活動，都可以在開放的社會之中、在理性自由的原則之下，得到尊重，得到充分的表現。

五、結語

從上文各節的討論，可以確認儒家思想對「個體價值」是肯定的、認同的。傳統的儒家，成就了個體在人倫關係中的地位，在人格世界中的地位。但在政治上，則只成了「保民如赤子」的赤子，或者說，成為「天高皇帝遠」、「帝力於我何有哉」的羲皇上人，而尚未透顯作為「權利義務主體」的「公民」身分，所以未能客觀地具備「政治的主體自由」。而作為聖賢君子的個體是德性生命，具備了「道德的主體自由」，至於知性主體（思想主體）則為德性主體所籠罩，未能透顯出來獨立起用，所以也還沒有客觀地具備「思想的主體自由」。

「政治的主體自由」是完成民主政治的必要條件，「思想的主體自由」是發展科學的必要條件。中華民族必須獨立地完成民主建國，必須自本自根地發展科學。所以必須使「政治的主體自由、思想的主體自由」，如同「道德的主體自由」一樣，都能充分具備、充分表現。這樣，中國文化、儒家學術才算達到真正全面性的復興。至於藝術性的主體自由，如前所說，除了英雄打天下的方式必須消解，其餘的藝術性創造活動，仍如往常，得以自由表現。

二〇〇三、六，瑞典「國際中國哲學」年會論文

柒、東亞儒學的省察與前瞻

——「漢城東亞儒教文化國際會議」

主題發言

本次大會的主題是「東亞儒學的現在與未來」。所謂「現在」，並不是一個固定的點，而是隨時都在向前推移的。現在是過去的累積，而未來則是現在的延伸。一切的學術思想，都是在浩浩的時間流裡持續演進，不斷開展，而當代的儒學，也是貫串過去、現在與未來的。因此，凡講文化學術，皆應返本而開新，以期慧命之相續流衍。

從孔子以來，歷代儒者所誠心關注的乃是恆常不變的常理常道，是人類所當永遠守護的生活規範與行為軌轍。理與事之間雖不免有落差，但依於儒家的經權原則與時中大義，隨時順事而因之、革之、損之、益之，也自能各得其宜，各得其成。因此，我們相信，順應儒聖之道而為之，必可開創人類世界的光明與福祉。

一、近百年來的儒學之路

對東亞儒學而言，二十世紀乃是一個浪濤險惡的過程。從世紀之初中國五四運動所激起的「反傳統、全盤西化」的意識，造成家庭、社會、風俗、教化、政治、經濟……全面的大變革，傳統的儒教文化乃逐步解體。到中國大陸全面赤化之後，孔子更被打成封建反動的代表者，於是「批孔揚秦、破四舊」的文化大革命，如火如荼地全面展開。這是一場前古未有的大災難，又豈是「十年浩劫」四個字所能形容！

總算蒼天有眼，為中華民族留下了臺灣作為文化復興的基地，使我們有機會在驚濤駭浪中死裡求生，而重新立定腳跟，站了起來，也使儒家從四面楚歌中，生發了四面作戰的能力。而尤可慶幸的，是文革之後，大陸人文學界與知識青年在嚴肅的反思之中，有計劃地研究當代新儒家的著作及其思想，漸漸地恢復理性，回歸正常。循此而行，自將走出一條康莊的文化坦途。

在此，我不能不回溯一下當代新儒家的莊嚴奮鬥。二十世紀中葉以來，在臺、港、海外的新儒家，完全沒有現實上的憑藉，但他們即以中華民族的文化生命為憑藉；新儒家也沒有後臺的支持，但他們即以全體中國人要求民族復興文化復興的心願為後臺。這種憑藉，這種後臺，它雖然不會主動地支持你，但如果我們能自覺地通接這一條源遠流長的主線，匯合這一條浩瀚深廣的洪流，那麼，我們就會感受到一股「沛然莫之能禦」的力量，綿綿不盡地鼓舞著我們，支持著我們。這個力量，足夠堅定我們的信念，足夠開拓我們的前途。這樣的用心，這樣的態度，才真正是熊十力先生所謂「空諸依傍，自誠自明」，「一切依自不依他」，也才算是真正內發的莊敬自強。據我個人的觀察，似乎還沒有見到有誰家比新儒家更能動心忍性而莊敬自強的。當代的新儒家，可以說是在連續摧殘中壓不死的靈魂。

二、當代新儒家的學術貢獻與二個超越

(一)新儒的學術貢獻

當代新儒家，從梁漱溟、熊十力到唐君毅、牟宗三，代表了最核心的骨幹。他們半個多世紀的努力，在文化學術上的貢獻，可以綜括為五點：

1. 闡明三教：表述儒釋道的義理系統

新儒家當然持守儒家立場，但同時也肯定佛老，認為在處理終極關懷的問題上，儒釋道三教所開顯的生命之道，都可以提供全人類來借鏡和採擇。所以，從梁、熊二先生以來，除了闡釋儒聖之道，也同時講述道家和佛家教義，唐先生更以通論通釋的方式，對三教之學作了極大篇幅的講論。而牟先生則以三部專書，來闡明三教的基本大義。以《才性與玄理》表述魏晉階段的玄學，以《佛性與般若》表述南北朝隋唐階段的佛教，前者可以說是講魏晉玄

學的經典之作，後者則是以中國哲學史的立場，來講述佛教傳入中國之後的發展。對於中國吸收佛教和消化佛教的過程及其意義，都有非常深透的詮表。對於宋明階段的儒學，則以《心體與性體》四大冊進行了全面的疏導，有關宋明理學系統分化的關鍵，以及本體的體悟與工夫的進路，都通盤而徹底地做了釐清和衡定。宋明清楚了，先秦儒也可以隨之而清楚。同理，魏晉清楚了，先秦道家也可隨之而清楚。牟先生這三部大著，無論思想綱脈的疏解，義理分際的釐清，以及系統綱維的確立，都已達到前所未有的通透。

2.開立三統：疏通文化生命的途徑

民國以來，學界深識人士，也對文化問題有所反省，但多半是零零散散的意見，說不上是文化建設的藍圖。直到一九五八年元旦，唐君毅、牟宗三、徐復觀、張君勱四位先生聯名發表文化宣言，才算對中國文化生命的「本性、發展、缺點」作了全面性的大反省。而牟先生的新外王三書：《道德的理想主義》、《歷史哲學》、《政道與治道》，其共同的主旨，乃是本於內聖之學以解決外王事功的問題。歸總而言，也就是所謂「三統並建」，承認在「道統」之外，還有「學統」、「政統」的問題。這是對華族文化生命的途徑，進行通盤一貫的疏導。

這「三統」的意涵，在下文第三節「二十一世紀的文化使命」，將有統括的說明。

3.暢通慧命：抉發中國哲學所涵蘊的問題

由於二十世紀的中國人對自己文化傳統的隔閡與無知，誤以為中國文化是一個停滯不進的封閉系統。其實，在二千多年大開大合的發展中，中國文化不斷有義理的開新。中國哲學史上至少有十次以上的義理諍辯，每一次諍辯都含有義理的開創性。一是儒墨的諍辯，二是孟子對告子「生之謂性」的諍辯，三是魏晉玄學家之會通孔老，四是言意之辯，五是神滅不滅的問題，六為天台宗山家與山外關於圓教之諍辯，七為陳同甫與朱子爭漢唐，八為王龍溪與聶雙江的「致知議辯」，九為周海門與許敬菴「九諦九解」之辯，十為當前中國文化如何暢通發展的問題（內含破共、辨耶、立本、現代化四個問題）。這些諍辯，不只是反省地述古，而更是前瞻的開新。而如何暢通中國哲學的慧命，使之能真正進入世界哲學之林，為人類的人文世界盡其主導性的貢獻，則牟先生的《中國哲學十九講》，實已開啟了新路。

4. 融攝西學：康德三大批判的譯註與消化

中國曾經融攝印度傳來的佛教，這是文化生命浩瀚深厚的徵驗，也是文化心靈明敏高超的表現。今後，我們能否像當初吸收消化佛教一樣，也來吸收消化西方哲學和西方宗教？其中有一個重要的關鍵，就是現代中國人能否像晉人唐人一樣，也有意願和心力來翻譯具有代表性的西學經典。

牟先生以三部專著表述儒釋道三教之後，又進而翻譯康德之書。他不只是翻譯而已，同時還作「註」，一條註文有時洋洋數千言，無論疏解觀念或發明義理，都可以和康德原典互相印證，互相映發。這種「精誠貫注，譯解雙行」的工作，實可媲美於玄奘、鳩摩羅什之譯唯識論與大智度論。

譯、註之外，牟先生又特別撰寫專書來消化三大批判。以《智的直覺與中國哲學》、《現象與物自身》消化第一批判，以《圓善論》消化第二批判，以一百頁之長文〈真美善的分別說與合一說〉消化第三批判。這裡所顯示的智思與學力，自康德書出以來，也鮮有比倫。

5. 疏導新路：中西哲學會通的道路

中國哲學和西方哲學的會通，乃是一個大題目，一要通學術性，二要通時代性。西方哲學發展到康德，是一個大的綜結。康德批判地消化了在他之前的西方哲學之傳統，通過康德可以了解西方哲學的來龍去脈。因此，牟先生認為康德是中西哲學會通的最佳橋樑。他借用佛家「一心開二門」以為說，認為這是中西雙方共同的哲學間架。中西哲學皆是二門（真如門相當於康德的智思界，生滅門相當於康德的感觸界），但二門孰重孰輕，或是否已充分開出來，則彼此實有不同。順此而涉及的種種問題，在他的《中西哲學之會通十四講》中，皆已作了層層之比對與透闢深細之疏解。

中國文化發展到今天，不但原先的儒釋道三教和諸子之學要融通，而且更要和西方文化傳統相結合，要求一個大綜和。根據自己文化的命脈，來和西方希臘傳統所開出的科學、哲學，以及西方近代開出的民主政治來一個大綜和。（對基督教則不是綜和的問題，而是判教的問題。判教，是對不同的系統提供妥適的安排，使之各當其位，各盡其分。）

(二)新儒的器識開擴：二個超越

1.超越宋明

一般的論調，總以為當代新儒家是順承宋明理學作講論。其實，宋明理學家與當代新儒家的時空背景根本不同，面對的文化問題也不一樣。當代新儒家的心態與表現，在下列三點上都是超越宋明理學家的。

首先，宋明儒闢佛老，而當代新儒家則「辨佛老而不闢佛老」。儒家是道德的進路，佛老則否。但佛老的智慧也很高，佛家之緣起性空與道家之清靜無為，代表他們的生命途徑與價值取向，我們可以不贊同，不採取，但應客觀給予尊重。所以只辨異同，而不排斥。這是超越宋明的第一點。

其次，宋明儒弘揚孔孟，而貶視荀子。當代新儒家既講孔孟，亦講荀子，既講程朱，亦講陸王。理學家以為荀子言性惡，本源不透，但氣性也是人性的一個層面，應予正視。而性理之學有不同的義理系統與工夫進路，也應當兼權，不宜偏尊。故當代新儒家對於孔孟荀，對於程朱陸王，皆一體加以表述。而客觀的表述，自然會有持平的批判。這是超越宋明的第二點。

再次，宋明儒尊立「道統」，功莫大焉。但一個大的文化系統應該不只是道統問題，在生命的學問之外，還有知識性的學問，還有政治建國的問題。前者屬於「學統」（希臘傳統的知識之學），後者屬於「政統」。當代新儒家深知文化必須充實與開擴，所以主張三統同時並建（說詳下文第三節）。這是超越宋明的第三點。

2. 超越五四

「五四」是現代中國一個重要的關鍵，為了要科學，要民主，五四人物主張拋棄傳統，全盤西化。這是前所未有的大翻轉。當代新儒家不走五四的路，而要返本以開新。歸結而言，他們在下列四點上超越了五四。

(1)不反傳統。（積極肯定傳統，通盤反省傳統，因革損益，以得時中。）

(2)不取全盤西化之說。（西學之長必須融攝，但儒聖道統無可取代，華族文化生命，不可西化。）

(3)確認科學民主，皆可從文化心靈（理性）中開顯出來。（中華文化不反理性，當然也不反科學，不反民主。）

(4)開擴儒家的外王學。（外王不只是仁政王道，必須加入科學、民主，乃真能「開物成務」、「利用厚生」。此之謂儒家新外王。）

三、二十一世紀的文化使命

上文言及，新儒家的學術貢獻之第二點「開立三統」，已對文化生命的途徑作了疏導，而完成這「三統」的實踐，便正是東亞儒教的文化使命。

㈠內聖成德之教的承續與光大（道統的光大）

每一個文化系統，都有它的安身立命之道。這個安身立命之道，包括日常生活的軌道和精神生活的途徑，同時也決定生命的方向和文化的理想。在印度，在西方，在回教世界，安身立命之道是由他們的宗教來提供，而在中國，在東亞，則由孔子的仁教（內聖成德之教）來承擔這份責任。

這安身立命的內聖成德之教，是文化生命中的常道——定常的骨幹。在西方，文化創造的靈感是來自宗教。在中國，則來自儒家。儒家的仁教，不但⑴能建立一個「日常生活的軌道」（如人倫生活的規矩，婚喪喜慶的儀節，以及報本返始的祭祀之禮等等），而且⑵能夠開出「精神生活的途徑」（就主觀面而言，是人格的創造，成君子，成聖賢；就客觀面而言，則是歷史文化的創造）。這主客兩面的創造，乃是維持生命方向與文化形態的問題，必須世世代代永續永繼。所以內聖成德之教（道統）的承續光大，在東亞文化未來發展的過程中，乃是最為首要的根本大事。

㈡從德性主體開顯知性之用（學統的開出）

以儒教為主流的東亞文化，偏重德性一面，而知性一面未能充分彰顯。所以自古以來雖也表現了很高的科學心智，但卻沒有發展出知識性的科學傳統。因此，必須自覺地調整文化心靈的表現形態，使知性主體從德性主體的籠罩之下，透顯出來獨立起用。

儒家傳統的學問，雖然是順「道德心」（德性主體）而發展，但也同樣有講論「認知心」（知性主體）的端緒，像荀子和朱子所講的心，就是認知心。而朱子「即物窮理」的格物論，也透露主智主義的傾向，只要作一步轉化，就可以成為「從儒教文化心靈中開出知識之學」的現成線索。

儒家在「生命的學問」（道統一面）之外，再開出「知識的學問」（學統一面，亦即希臘傳統），這是順應時宜，極為自然的事。其中並無本質性的困難，「顧力行如何耳」。

(三)由民本民貴落實於民主體制（政統的繼續）

儒家「民為邦本」、「民為貴」以及「尊民意」（好民之所好，惡民之所惡）、「重民生」（為民制產，養生喪死無憾）的思想，如能落實於體制，就可以形成民主政治的架構。儒家的仁政王道、宰相制度，都是好的。但那只是治權的行使，至於政權的轉移，卻欠缺一個法制化的軌道，此之謂「有治道而無政道」。因此，中國傳統政治的三大困局，（一是「改朝換代，治亂相循」，二是「君位繼承，宮廷鬥爭」，三是「宰相地位，受制於君」。）數千年來，一直得不到法制化的解決。而近代民主政治的體制，正好提供了「政權轉移、治權運作」的軌道，可以消解這三大困局。所以，民主政治的體制，正乃儒家求之而不可得的法寶。（五四時代的人以為儒家反民主，可謂器識淺陋。）

人類史上的政治形態，首先是貴族政治（西方希臘時期與中國春秋時代），再來是君主政治，到近代則發展出民主政治。就政治形態而言，民主政治是最後的形態（如有更高的形態，便是超政治的境界了）。至於民主政治的內容，則因各個國家的歷史背景、文化傳統、生活方式、社會情態、宗教信仰、風俗習慣……等的不同，而會形成「量」上的差異，但從「質」上看，則權利義務之對等，與三權分立相互制衡的政治設計，乃屬基本的架構。因此，它是任何國家任何民族都必須自我完成的客觀實踐。

民主政治，不只是保障人權，也是實現各種價值的基礎。諸如人性的發揚，人品的尊重，人格的完成，以及人道精神的維護，乃至文學藝術、道德宗教等等方面的精神價值，都必須在民主體制中，才更能獲得充分的發展和實現。

四、總結儒教文化的基本旨趣

十六年前，我應邀赴日本東京出席東方思想前瞻年會，在會上我曾揭示儒家思想的基本旨趣八大端。今天我願意將語句形式稍作變換，條列於下：

1. 道德動源：人性本善（善出於性，理由心顯）。
2. 超越企向：天人合德（下學上達，與天合德）。
3. 倫理思想：孝弟仁愛（敦親睦族，仁民愛物）。
4. 生活規範：情理交融（以禮為綱，以法為用）。

5.人生智慧：生於憂患，死於安樂（據理逆勢，以理造勢）。

6.歷史原則：因革損益，日新又新（守常應變，與時俱進）。

7.政治哲學：以民為本，修齊治平（好民所好，惡民所惡）。

8.文化理想：內聖外王，天下為公（己立立人，世界大同）。

第一句肯定人有本善之性，自然也就可以擴充為善的言行。此一道德動源之開發，正足以使康德所講的自律道德當下落實。第二句，天人合德，可以使人從塵凡中振拔而上達天德，以提升人類生命之意義。第三句，孝弟仁愛乃是人類之常性，不容間斷。第四句，情理交融的生活，才是人的生活常態，也才足以顯立生活的規範。第五句，指出憂患意識可以使人通徹生死的道理，進而顯發人生的智慧。第六句，指出人類歷史的演進，必須因襲好的、革除不好的、減損多餘的、增益不足的；如此乃能日新其德，開發新生命。第七句，指出政治不應陷於權力之爭逐，而應該以民為本，以順成修己治人的目標。第八句，指出文化之理想，在於推己及人，內外交修，以達致世界大同，天下為公。

據此可知，上面所提揭的，並不是幾個通泛的觀念，而是在東亞歷史上，在傳統的社會裡，有過長時期的實踐徵驗，有過全面性的功能表現，證明這八句話所含的道理，確實可以作為「人類生活的基本原理」和「人類文化的共同基礎」。不但二十一世紀可以行之有效，今後一千年二千年，也仍將可以顯發它的意義和表現它的功能。而東亞儒學的未來，正可以從這個基礎上引申發揮，光大發皇。

※　※　※

壬午之秋，四度訪韓，有詩抒懷，敬獻大會：

1. 儒道萬古常新

年屆古稀曾訪韓　推移三載復登壇
恢弘聖道無今古　永續馨香萬世看

2. 新紀光明在望

吾儒浴火又重生　耿耿精光彌自珍
傳語東邦賢哲士　相期過化共存神

3. 附錄三年前訪韓五古一首併呈

三訪高麗國　相隔恰十春
天涯共肝膽　念載歷苦辛

友朋勤切琢　學思見精神
心性通寂感　儒道意轉新
憶昔少年時　七海逐征塵
歲月何匆匆　轉瞬古稀人
願同漢江水　激濁又揚清
穆穆心未已　大宇耀天明

二〇〇二、一〇、漢城儒學會議論文

捌、關於邊緣儒學與非漢儒學

今按：此篇文字，乃九十三年三月十六日，在臺大「邊緣儒學與非漢儒學」研討會之發言。

一、儒學在邊緣地區的傳播

上月下旬，潘朝陽教授打電話給我，說這次會議的綜合討論由他主持，希望我能出席，擔任綜合討論的引言人。我說我對邊緣儒學並不熟悉，不知道該說些什麼，恐怕不適合做引言人。但潘教授再三誠懇督促，使我不好推辭。過了幾天接到大會召集人黃俊傑教授的邀請函，上面有一段「會議說明」，寫得非常好。他對邊緣儒學提出五，六個問題，都很深入而中肯。例如他提到，儒學在邊緣地區的傳播，⑴它突顯了那些普世價值的內容？⑵它如何被吸納與呈現？⑶它表現怎樣的「風土化」特性？⑷它與非漢民族原有的文化有何互動融合的關係？⑸是否影響他們的文化認同與政治認同？⑹它是否涉及亞洲歷史中權力結構的變遷與融通調和？這些問題必須通過專門研究，才能做出具體的解答。我雖然也研究儒家，但對邊緣儒學沒有下過功夫，我寫的關於韓國儒學的幾篇論文，也限於心性義理的評述，文獻方面涉入不深。而今天以內蒙和琉球的儒學來對比臺灣儒學，這方面我尤其知之甚少，加上我未曾參加各場論文的討論，更使我失去發言的資料。因此，我只能就儒學「向邊緣地區傳播」這件事，提出一些通泛的說明。同時對臺灣是否定位為邊緣儒學，我想要借題發揮一下。

二、儒學傳向非漢地域

儒學的傳播，有的是傳播到同樣是漢民族漢文化的邊遠地區，譬如西北地區、西南地區、東北地區、東南海隅。有的是傳播到非漢民族的地區，如內陸邊緣的內蒙、海洋邊緣的琉球，這種非漢地區的儒學，和漢人邊遠地區的儒學，其傳播的情形是有所不同的。非漢地區，民族不同，語言（文字）不同，其生活方式、價值標準、宗教信仰……也有所差異。當儒學傳播過去，必然會形成各種各類的對比。這時候，就要看受傳播者原有的文化，對儒學的傳入究竟有多大的容受度？這裡面自然就含有文化認同和政治認同的問題。

由於儒學是一個寬平深廣的大系統，在東亞地區居於「先導性」的地位。它四周的文化狀況，都不足以和儒學相匹敵，所以儒學的傳播是一種優質文化的自然傳佈、自然散播。非漢地區對儒學的吸收消化，完全出於心悅誠服。因而也自然而然地把儒學融入到他們的生活行為和政教實施中。例如韓國李朝以朱子學作為治國的理念、作為生活行為的規範。日本德川幕府也以朱子學的理念作為立身處世和國政實踐的準據。當然，在李朝之前，漢文化也早已漸次傳入韓國，而德川幕府之前，也早有仿傚唐文化的大化革新。另外在越南方面，北越河內一帶曾經內屬，漢文化和儒學也早經傳入。不過經歷法國統治之後，越南儒學的情形，我們不太清楚，只怕不免疏疏落落、若有若無吧。

三、臺灣儒學不是邊緣儒學

至於漢民族漢文化邊遠地區的儒學傳播，和非漢地區的儒學傳播，應該有基本上的差別，不可一概而論。而把臺灣儒學說成「邊緣儒學」，我尤其於心不忍、不安。當然，地理上的空間位置，常因首都或文化核心而形成四面八方的邊緣，這個事實必須承認。但這種先天的限制，並非不能超越、不能突破。譬如邀請書的「會議說明」，提到清代的臺灣屬於中國海洋邊緣的漢人儒學，但到了今天，卻能以當代新儒家的「創造性轉化」而具有「當代儒學重鎮」的趨勢。從「邊緣」的性質轉為「重鎮」的地位，這個講法，非常持平。但另一句說到「邊緣的」儒學，「未必能出現鴻儒鉅著」。這句話，我希望生活在臺灣的人不要輕易接受，而應該加一個字，把「未必能」改為「未必不能」，未必不能出現鴻儒，未必不能寫出鉅著。而且，不只是中年來臺的牟宗三先生、徐復觀先生等前輩，可以在臺灣寫成鉅著，成為鴻儒；只要假以時日，只要發憤努力，土生土長的臺灣人，一樣可以在中華民族的國史上、文化史上、學術思想史上，做出可堪追蹤先賢先儒的大的成就。

四、儒學中心多元化

我這樣說，不是誇大膨風，更不是不知艱苦，而是我們確認，「人格的完成」、「生命價值的上達」，以及「學術慧命的承續光大」，都可以超越時間和空間。而文化學術的中心，也不是單一的、固定的。山東的鄒魯，雖然永遠是儒學的聖地，但歷代儒學的中心，卻並非定著於山東鄒魯，而可以移轉到南北各地。當福建的朱子學鼎盛之時，就有所謂「海濱鄒魯」之譽。這表示，濱海的福建，也可以成為某一時期的鄒魯之鄉。同理，臺灣也可以成為「瀛海鄒魯」，東南亞也可以成為「南洋鄒魯」。中心不止一個，可以很多個。如果中華大地能夠形成三、四個、五、六個、七、八個儒學中心，東西南北，交光互映，豈不更為漪歟盛哉！

尤其現代交通發達，資訊便利，文化學術的交流轉換，早已是「四海一家」、「天涯若比鄰」了。在古代「山川阻隔，千里萬里」的情形之下，尚且可以文教四播，人文化成。神州大地到處留存的名賢遺跡，人文名勝，千百年來，令無數的人流連忘返，興感興思。例如唐代的韓愈，因為上書諫阻皇帝往迎佛陀的遺骨，而被貶放到邊荒的潮州做刺史，短短八個月的任期，他留下的教化惠澤，竟能使得潮州的百姓，世世代代感念不已。他們把從福建經粵東而流入潮州的大河，命名為「韓江」，同時建立祠堂來紀念他。潮州韓文公祠堂裡有一副對聯：

天意啟斯文，不是一封書，安得先生到此？

人心歸正道，只須八個月，至今百世思之！

寥寥兩行，簡要中肯。類似韓文公的情形還很多，像他的朋友柳宗元在廣西柳州的遺愛，也同樣深厚久遠。前幾年，大陸舉辦柳宗元的學術會議，就是在柳州召開。柳宗元是山西人，卻在廣西開會紀念他。可見時間空間的架構，是可以用人文價值加以轉換的。我常常想，古代的貶官制度，或者正是一項「理性的詭譎」。正人君子在朝廷當政，是好的。但如果賢者都在朝中，而邊遠地區沒有好官，那麼邊區之地就永遠不能開發、不能進步。於是乎，上天用了一個很奇特的手法，通過貶官制度把朝中的賢能之士，紛紛貶放到邊遠地區去，於是政治、禮樂、文教，也隨之而及於四面八方，而平衡了邊遠地區與中原（核心）地區的落差。這不是天假之手而遂行了公平公道嗎？

五、作為新儒重鎮的臺灣

從明鄭開臺，到甲午割臺，不過二百多年。你看臺灣各地的學塾、書院、文廟、祠宇、碑亭，以及經典文獻的刻印出版，文史典籍的編纂和著述，還有科舉中式、民間處士各種各類的人才……比之內地，也不遑多讓，有的地方，還可能有過之而無不及。而二十世紀的後五十年，我們不必誇張，就知道當代新儒家的貢獻，事實上就是以臺灣（含香港）為基地而影響到海外、影響到文革以後的大陸。記得五十年前牟宗三先生在臺北師大主持「人文友會」時，就說過一句話，說「今後人類文化的光明，就從我們這裡開始」。這表示他的講學，是要為人類的理性放光。作為中華兒女，應該有這樣的心胸和志氣，而且必須發大心、立大願，來使這句話真實化。這樣，才真正能夠造成華夏之光、臺灣之福。

乙、理學論評

壹、二程異同及其學術影響

弁言

程明道（一〇三二—一〇八五），名顥，字伯淳，世稱大程子。程伊川（一〇三三—一一〇七），名頤，字正叔，世稱小程子。兄弟皆北宋之大儒，合稱「二程」。籍河南洛陽，故二人之學又稱「洛學」。

《宋史．道學傳》說明道「資性過人，充養有道，和粹之氣，盎於面背」。後儒也常將他與顏子相提並論，認為都是天生的完器。明道卒，當時的元老大臣文彥博為他題墓，曰：「明道先生」。伊川特為撰一短序，附於後，文曰：

> 周公沒，聖人之道不行；孟軻死，聖人之學不傳。道不行，百世無善治；學不傳，千載無真儒。無善治，士猶得以明乎善治之道，以淑諸人，傳諸後；無真儒，則天下貿

> 貿然莫知所之，人欲肆而天理滅矣。先生生乎千四百年之後，得不傳之學於遺經；以興起斯文為己任，辨異端，闢邪說，使聖人之道，煥然復明於世。蓋自孟子之後，一人而已。然學者不知道之所向，則孰知斯人之為功；不知所至，則孰知斯名之稱情也哉？

伊川以孟子以後第一人推尊其兄，而天下後世服其言，可見這段話並非虛譽。

現在是二十一世紀的第一年，也可以視為中華文化重開新運的極佳時機。因為二十世紀的中國知識分子，上承清代之餘勢，往往氣格卑瑣，德慧不彰，對於代表人類「十一至十六世紀」理性獨顯的宋明理學，大多懵無所知。如今新世紀既已來臨，儒門聖哲的潛德幽光，理所當然地應該加以顯發，加以表揚。否則，我們真要成為中華民族的不肖子孫了。

本文將分為「二程異同」、「二程思想之綱領」、「二程洛學之傳衍」、「二程思想之學術影響」，進行討論。尚祈海內外賢彥方家，不吝指教。

一、二程異同

二程是親兄弟，又一同講學，一同授徒，他們留下的言教文字，稱為《二程遺書》或《二程集》。遺書中的語錄，很多都分不清楚是大程所講，或是小程所說，因為自始以來都未作分別而合標為「二先生語」。如此說來，二程等於一程，分不開了。但按其實，似乎並非如此。其中的原委，必須加以釐清。茲分三點，作一簡要說明。

㈠二程之性格

《宋元學案》明道學案（上）本傳之後，黃百家案語有云：

> 二程雖同受學濂溪，而大程德性寬宏，規模閎廣，以光風霽月為懷。小程氣質剛方，文理密察，以削壁孤峰為體。其道雖同，而造德自各有殊也。

所謂「德性寬宏」、「氣質剛方」，是二人性格上顯示的不同；而「光風霽月」、「削壁孤峰」，則是對二人生命性情的譬喻形容。《程氏外書》第十二有二條云：

> 朱光庭見明道於汝，歸謂人曰：「某在春風中坐了一月」。
>
> 明道偶有謔語，伊川則無。明道渾是一團和氣，伊川則嚴毅。

而明道學案（下）附錄有一條云：

明道先生與門人講論，有不合者，則曰「更有商量」。伊川則直曰「不然」。

又伊川學案（下）有一則記載：

二程隨侍父親遊僧寺，明道從右門入，「從者皆隨之」；伊川從左門入，「獨行」。到法堂相會時，伊川嘆曰：「此是某不及家兄處」。

另外，《上蔡語錄》（二程門人謝良佐之語錄）有云：

某日，伯淳謂正叔曰：「異日能尊師道，是二哥（指伊川）；若接引後學，隨人才而成就之，則不敢讓焉。」

據上引各條，可知二程在性格、性行上的差異，連他們自己也有所覺察。這是討論二程異同時不可忽視的參證資料。

㈡二程之講學

古人講學，或在學校（如太學、國子監），或在書院。時地不必限定，方式也無常規，寓教學於儀容言談與生活舉止之間，顯得活潑隨機，無有滯礙。儒家之學，重在生命的開悟，而不專在知識的累積。程明道甚至「以記誦博識為玩物喪志」，也非偶然。他的弟子謝上蔡熟記史事，常引據以為言，明道警示他，說「賢卻記得許多」！這輕輕一言，卻勢同當頭一棒。因為多識前言往行，乃為印證心之同然，以明事理之是非，並非為了「博聞」。否則，便不免有玩物喪志之累。

明道在講論經典時，也有他獨特的風格與活脫的啟發性。上蔡有云：「明道先生善言詩，他又渾不曾章解句釋，但優游玩味，吟哦上下，便使人有得處。」又云：「伯淳常說詩，並不下一字訓詁，有時只轉卻一二字，點掇地念過，便叫人省悟。」（上引，皆見上蔡語錄。）

明道不只是如此談詩，講論語、孟子、中庸、易傳，也活潑潑地，無呆氣，無學究氣。如遺書第十二，有一條云：

> 「純亦不已」，天德也。「造次必於是，顛沛必於是」，「三月不違仁」之氣象也。又其次，則「日月至焉」者矣。

《中庸》為詩經維天之命一詩解義云：「維天之命，於穆不已」，蓋曰天之所以為天也。「於乎不顯，文王之德之純」，蓋曰文王之所以為文也，純亦不已。（見第二十六章之末）《中庸》以天命之穆而不已，說天之所以為天，意在指出儒家所講的天，是指天道、天命、天德而言。天地以生生為大德，故天道生生，天命不已，實乃儒家言天之常義。而天人合德，人德如天，故文王之純德，亦如天道生德之流行不已。天命穆而不已，人德純亦不已，「道」一本而現，「天人本無二」也。明道甦活先秦儒家的形上智慧，深徹和易，自自然然，實在是第一等的人物。至於「造次、顛沛」二句，是孔子順「君子無終食之間違仁」說下來，君子隨時隨地皆應存仁、為仁（不違仁），即使倉卒匆遽之時、顛沛流離之際，也必緊緊持守仁而不違失。所以明道指點說：這就是孔子說顏回「三月不違仁」的生命氣象。總之，聖人（如文王）純亦不已，與天合德。其次是賢者（如顏子）守仁而不違。又其次則如孔門一般弟子之踐仁，只能「日月至」而不免有間斷，尚未達到「純」而「不已」。據此說明，便可看出明道不是以言語講道，而是以生命體道。他如此講經，才真正是儒門「生命的學問」。

《程氏外書》第七，有一條記二程講「忠恕」：

明道曰：「維天之命，於穆不已」，不其忠乎！「天地變化草木蕃」，不其恕乎！伊川曰：「維天之命，於穆不已」，忠也。「乾道變化，各正性命」，恕也。

二程的意思，其實是一樣的。但明道表達意思的情味，及其說話的意態，可謂從容綿邈，意味深長。蓋天命不已，乃是實理流行，實德昭顯，豈不是盡己之謂忠嗎？天地之大德曰生，生德流行，陰陽變化，草木（萬物）蕃息，大生廣生，這正是天道發用，及於萬物，豈不是推己之謂恕嗎？明道的講說，何等蘊藉而從容。而伊川的解說，便顯得太質實而執滯。將「天地變化草木蕃」這麼自然順適的句子，換成「乾道變化，各正性命」，也仍不免太典實、太拘執，而不甚合乎「充擴得去」的（恕道）氣象。上蔡語錄又有一條云：

> 或問明道先生，如何斯可謂之恕？先生曰：「充擴得去，則為恕。」心如何是充擴得去的氣象？曰：「天地變化草木蕃。」充擴不去時如何？曰：「天地閉，賢人隱。」

不過，朱子卻不喜歡明道的方式，認為明道言語渾淪，說得太高。蓋朱子心態近於伊川，故比較喜歡伊川的分解表述。

(三)二程之異同

二程一起講學時，伊川是配合兄長，所以主動的靈魂在明道。明道五十四歲卒，之後，伊川有二十二年的時間，一人獨立講學，自己的生命與思路便漸次透顯出來。

伊川質實，比較看重下學上達，循循有序。而其下學或下面著實工夫的途徑，是落在《大學》的致知格物上。因而，對於道體與性體的體悟，不自覺地有了義理的轉向。對於「性即理」這句話的表述，也走向「性只是理」（性是理，不是心。心性二分，乃至心性情三分）。如此，乃顯示伊川在內聖成德之教上有了義理的轉向。而這個轉向，便正是二程異同的關鍵所在。（有關伊川的義理轉向，見下文第四節之㈡伊川的影響。）

二、二程思想的綱領

平常講程朱之學，都以居敬窮理為要點，這是伊川和朱子的講法，裡面幾乎沒有明道的義理。明道那些風光話頭，大家雖也常加引述，但明道的義理，卻沒有人講得出來。這個問題的解決，必須回到文獻上找根據。

《二程遺書》二十五卷，是朱子編輯而成。前十卷標為二先生語，第十一至十四卷，為明道先生語。第十五至二十五卷，為伊川先生語。

第一卷「端伯傳師說」，為二程早期弟子李端伯所記。伊川嘗謂：端伯才識穎悟，所記明道語錄，不拘言語，卻得其意。據伊川所說，可知端伯所記，雖標為二先生語，主要當為明道語錄。第二卷「元豐己未呂與叔東見二先生語」，此卷分量特多，故分為上下兩編，上編前三分之一各條，大多標一「明」字或「正」字，表示為明道或伊川（正叔）語，而後三分之二則無標示。下編「附東見錄後」亦呂與叔所記，無標示。第三卷「謝顯道記憶平日語」，為謝上蔡所追記，前半標為「右明道先生語」，後半標為「右伊川先生語」。第四卷「游定夫所錄」，未標示各條係何人之語。第五、六、七、八卷，無標示，也不知何人所記。第九卷「少日所聞諸師友說」，無標示，也不知記錄之人。第十卷「洛陽議論」，乃張橫渠過洛陽與二程會晤之議論，蘇季明錄。這是前十卷的情形。第十一至十四卷，乃二程早期弟子劉質夫錄，皆明道先生之語。（其中第十一卷為「師訓」，第十二卷「戌冬見伯淳先生洛中所聞」，第十三卷「亥八月見先生於洛所聞」，第十四卷「亥九月過汝所聞」。）自第十五卷「入關語錄」以下，至第二十五卷，皆為伊川之語。

據此看來，簡別二程文獻的關鍵是在前十卷。但這十卷大多無標示，將如何分別呢？這是大難題。然而，若不能簡擇而別之，則二程的思想綱維，將永遠無法明確而知。這個問題，在牟宗三先生撰寫《心體與性體》第二冊時，費了很大工夫，終於將二程文獻，各類編為八篇，使二程的義理綱領，從含混沉晦中朗現出來。牟先生此步工作，經再三之斟酌，而後決定：

第一、以二程性格之不同為「起點」；

第二、以遺書中劉質夫所錄的明道語四卷為「標準」；

第三、以二先生語中少數標明為「明道語」者為「規約」；

如此，即可確定出「鑑別明道智慧」的線索，又經過三數次的抄錄對勘，最後將「明道語錄」類編為八篇（見後）。明道清楚了，伊川也隨之而清楚，故亦類編為八篇（見後），於是，伊川的思路也確然而可辨。

(一)明道思想之綱領

牟先生類編明道語錄為八篇，其目如下：（參《心體與性體》第二冊，第一章第一至第八節。）

(1)天道篇　(2)天理篇
(3)辨佛篇　(4)一本篇
(5)生之謂性篇　(6)識仁篇
(7)定性篇　(8)聖賢氣象篇

明道順依《易傳》之思路，說明「道」之常存義、遍在義，點出：(1)道，無始無終，恆古常存，永遠呈現生化之用。(2)道，自存自有，不是因著什麼而有而無。(3)道，超有無而遍在，無所謂「有處有，有處無」。（參遺書第十二）進而指出：「生生之謂易」，是天之所以為道也。天只是以「生」為道，繼此生理（生生之理）者即是善也。（遺書第二上）

「天道」觀念自古有之，而「天理」二字，卻是明道「自家體貼出來」（程氏外書第十二）。依明道的疏釋，古經典中的「天、帝、天道、天命、太極、誠體、神體、中體、性體、心體、仁體」以及「於穆不已」的寂感真幾，皆統攝而為「天理」。這是明道之圓融智慧所徹悟的義理，所以鄭重表示「天理二字是自家體貼出來」。如此而說的「天理」，與「誠、心、神」融而為一。(1)本體論地說，天理是靜態的實有、存有；(2)宇宙論地說，天理是動態的生化之理。所以同時是形而上的存有，亦同時能妙運氣化生生不息。牟宗三先生判之為

「即存有即活動」（參《心體與性體》綜論部），最為明當。

此外，論及道與器時，明道指出圓融與截分之不相礙，化境上的道器圓融，並無礙於概念上的道器截分。所以說到究極處，遂有一本之論。道一本而現，一體而化，不容相隔相對，這是「天道性命相貫通」必然要顯示的義理境界，所謂「天人本無二」、「心性天是一」、「先天後天是一」、「聖心與天地之化（天心）如如為一」，凡此一系列的話語，在明道都是稱理而談，非常順口（順理，故自然順口）。先秦儒家的內聖成德之教，到明道乃真可謂達於圓頓之境。（以上的綜述，請參閱拙撰《宋明理學北宋篇》，第九章。）

至於明道工夫論的進路與型態，可以從「識仁與存養」、「定性與定心」、「純亦不已的『敬』之直貫工夫」簡作說明。

明道《識仁篇》開端第一句，便是「學者須先識仁」，「識得此理（仁理），以誠敬存之而已」。「識仁」是體證本體，以端正實踐的方向。「以誠敬存之」是存心養性的工夫，存養仁心，存久自明，「不須防檢，不須窮索」，這是直接以「體證本體、存養本體」為學問工夫。到了「實有諸己」，便能「反身而誠」。

而《定性書》中所講的，是道德實踐的關節。性體本是常貞定的，但性體潛隱自存而卻不能自現，必須通過心覺而表現。所以儒者的心性工夫，並不直接就性說，而是落在「心」上說。性體無所謂定不定，定不定是從心上說。依孟子，本心即性，本心呈現作主，則「動亦定，靜亦定」（依理而動，動不失度；淵然貞靜，靜非寂滅。）心既定，性亦定。這就是明道所講的積極的定性工夫。天地之常，心普萬物而不偏注；聖人之常，情順萬事而不著意。所謂「廓然大公，物來順應」，自然能夠通物我，合內外，而達到「內外兩忘，澄然無事」的大貞定。

其實，這定性工夫，亦就是純亦不已的敬之直貫。「純亦不已」的「敬」，直接通貫（落實）於生活行事，這豈不是最平正最順適的工夫？明道有言：「某寫字時甚敬，非要字好，即此是學。」敬，是「勿忘」；不求好，是「勿助長」。在心為敬，「敬以直內」；在事為義，「義以方外」。明道又說「敬則無間斷」，無間斷即是「純亦不已」。這豈不正是通貫內外，理事圓融的直貫工夫？

另外，明道辨佛之言，亦鞭辟入裡。而品題聖賢氣象，尤為千古絕唱。拙撰《宋明理學北宋篇》第八章第四節，曾依類錄列，可供省覽。

(二)伊川思想之綱領

伊川語錄，牟先生亦類編為八篇（參《心體與性體》第二冊第二章一至八節）

(1)理氣篇　(2)性情篇
(3)氣稟篇　(4)才性篇
(5)論心篇　(6)中和篇
(7)居敬集義篇　(8)格物窮理篇

《二程遺書》第三，有一條云：

> 「一陰一陽之謂道」，道非陰陽也，所以一陰一陽，道也。如一開一闔之謂變。

陰陽乃是氣，不是道。一陰一陽分合變化的所以然之理，才是道。這是由陰陽氣化之「然」（實然），以推證其「所以然」的理（道）。形下的實然之氣（如陰陽、開闔、動靜、感應……），與形上的所以然之理，層次不同，當然有差別。感者應者是「氣」，而所以感應則是「理」。遺書第十八又有一條對理氣與心性情的關係做了說明：

> 陽氣發動處，卻是情也。心譬如穀種，生之性便是仁也。

這個講法，非常有代表性，所以朱子特加重視。《朱子語類》卷五有云：

> 程子曰，心譬如穀種，其中具生之理是性，陽氣發動處是情。推而論之，物物皆然。

朱子又就新的總持義而極賞張橫渠所謂「心統性情」之言。在朱子看來，伊川所說「性即理也」，「仁是性，愛是情」，以及張子此句「心統性情」，都是顛撲不破的法語。此一思路，可用表式顯示如下：

心（穀種）
- 具生之理（所以然）——性（仁是性）
- 陽氣發動處（然）——情（愛是情）

心統性情（心性情三分）

據此，伊川所講的「心」，乃屬實然的心氣之心。實然的心，有已發，有未發。心，是情之未發，由靜斂（寂然不動）見心之自體；情，是心之已發，由發露（感而遂通）見心之動用。動用之情，有善有不善，故不在心之發用上說心之善，心之善只在未發的渾然狀態說（未接於物，思慮未起）。但心氣之心並不能決定它自己必然為道德地善（當其發時，常有善惡之分化）。因此，必須「涵養、居敬、窮理、致知」，使心發用時能夠「順性、合理」。於是乎，在伊川系統中處理善惡的問題，必然要重視「氣稟」與「才性」。

依伊川的分解，「性出於天，才出於氣。氣清則才清，氣濁則才濁。」（遺書第十九）性即是理，理無不善，故性無不善。氣有清濁，賢愚斯分，故才有善惡。《程子外書》第七又有一條云：

氣清則才善，氣濁則才惡。稟得至清之氣生者，為聖人，稟得至濁之氣生者，為惡人……若夫學而知之，氣無清濁，皆可至於善而復之本。所謂「堯舜性之」，是生知之，「湯武反之」，是學而知之也。

人的氣稟不齊，才性各異。氣稟的「清濁、厚薄、剛柔、緩急」，與才性之「智愚、賢不肖」及其才分、才能，皆是生來如此，是即所謂「氣質之性」。不過，先天生成的氣稟才性，卻又有可變可移之理，所以伊川承張子而也重視「變化氣質」。人可以養其氣以化惡，盡其才以成善。可見變化氣質乃是進德之學，而進德工夫的落點是在心氣上面。

伊川所謂「居敬、致知」，是心之「起用」的問題。他先論閑邪以存誠，從「動容貌、正思慮」上講居敬主一，這不是從先天的本心說，而是從後天的敬心說，故曰「涵養須用敬」。涵養久，則天理自然明。接著又說，「進學則在致知」。他是以致知來助強道德的力量。這種由知入德的路，可以見其所當為，也能為其所當為，但仍然不是發自本心之「純亦不已」。所以不同於康德所說的「自律道德」，而是屬於「他律道德」。

至於「格物、窮理」，則是心之「明理順性」的問題。格物以致知，是要窮究事物之理（應事接物之理），以致其德性之知。其目的在使吾人「依理而發，依理而處」，敬心起用，乃能明理順性。這是為了成善、成德，而不是為了成知識。而所謂德性之知，也不是空知（觀解地知）那超越的所以然之理，而是在集義上實踐地證知超越的天理（性理），以達到心與理合一。如此，乃能完成聖德工夫的實踐。

依照伊川的講法，凡「存在之然」皆是「物」（事物），所以「灑掃應對、讀書明理、家國天下、天地萬物」，皆各有理，皆須窮究。日日而格之，物物而窮之，隨事之難易，隨人之深淺，「但得一道而入，便可」。這樣的格物，雖不是定要窮盡天下之物，但即物而格，亦不容間斷。所以終於成為泛格物論。

三、二程洛學之傳衍

二程的門人很多，最早期的有劉質夫、李端伯，二人生質明粹，才器宏遠，可惜皆短命而死（後明道一二年、三數年而卒）。伊川為文哭之，有「傳道失輔」之痛。後來傳衍二程洛學的，主要是楊龜山和謝上蔡。

(一)明道與前期閩學及湖湘學

楊時（一〇五三―一一三五）字中立，學者稱龜山先生。福建南劍州將樂縣人。二十四歲中進士，調官不赴，以師禮見明道於潁昌，明道喜甚，每言楊君會得最容易。當其南歸，明道目送之，曰：「吾道南矣」。明道卒後，龜山又見伊川於洛陽，年近四十，而事伊川愈恭。所謂「程門立雪」，便是他和游定夫侍立伊川的故事。

據《宋元學案》卷二十五，龜山學案所載，胡安國嘗稱龜山所見在《中庸》，並說是

「自明道先生所授」。龜山言「中」，主張驗之於喜怒哀樂未發之際，這是靜復以見體。龜山的門人羅豫章以及豫章門人李延平，亦皆教人於靜坐中見喜怒哀樂未發氣象。朱子所謂「龜山門下相傳指訣」，正是指此而言。在楊、羅、李三代相承的工夫指訣中，含有一種「本體論的體證」。這體證中體（性體）的工夫，亦即李延平所謂「默坐澄心，體認天理」。這是順明道體貼天理的路而來（與伊川論中和之意不同，亦不是伊川格物窮理的路），所以黃梨洲在《宋元學案．豫章學案》的案語中，特別指出這是「明道以來，下及延平，一條血路也」。

1. 南宋前期閩學

龜山門下甚盛，其中以風節顯於世的，首推張九成（字子韶，號橫浦），而另一門人（龜山之婿）陳淵（字幾叟，號默堂），亦顯於一時。但龜山的學脈之傳，終歸於羅從彥（字仲素，學者稱豫章先生，一〇七一——一一三五，與龜山同年卒，六十五歲）。默堂與豫章相交四十年，每見豫章，必竟日乃返，謂人曰：「自吾交仲素，日聞所不聞，奧學清節，真南州之冠冕也。」黃梨洲謂龜山門下，豫章最無氣燄（謂名氣不大，聲光不顯），而傳道卒賴之。又引他老師劉蕺山的話，說：「學脈甚微，不在氣魄上承當，證之豫章而益顯。」豫章是一篤志躬行之人，從學龜山，摳衣侍席二十餘載，推研義理，必欲到聖人止宿處。而他教人最切要的工夫，是在靜中看喜怒哀樂未發時作何氣象。可見這「靜復以見體」的工夫，是豫章真得力處。

豫章門人李延平（一〇九三——一一六三），名侗，字愿中，與龜山豫章同為福建南劍州人，人稱南劍三先生。延平二十四歲從游於豫章，家居四十餘年，簞瓢屢空，怡然自適。其學從默坐澄心入手，以徵驗喜怒哀樂未發之前氣象為如何，久之而知天下之大本真在於是也。按《中庸》云：「中也者，天下之大本也」。這作為「大本」的中體，即是「不睹不聞」的獨體，亦即「天命之謂性」的性體。延平篤守龜山豫章之進路，而養成「如冰壺秋月，瑩徹無暇」的人品。他樂道不仕，亦不講學，不著書，因朱子的叩問乃有《延平答問》，其學始見知於世。

不過，朱子（二十四歲見延平，二十九歲再一見，三十一歲始正式受學，三十四歲而延平卒）四十歲以後，終於直承伊川而另走蹊徑，並未貫徹延平的學脈徑路。所以，承自明道的龜山閩中一系，只到延平而止。我認為，八百年來，朱子學傳衍於漢文化地區，可謂非常昌盛，不必再佔用閩學之名。「閩學」一名，應該歸返「楊龜山、羅豫章、李延平」三賢。如朱子學仍然使用「閩學」二字，也只是後期閩學，而「楊、羅、李」三家則乃前期閩學。前期閩學「默坐澄心」或「靜坐觀中」的工夫進路，是聖門中一條「超越的逆覺體證」之路。

「超越」，是超越現實生活，也即採取靜坐的方式，暫時隔離現實生活，澄顯心之明覺以體證本體。而「逆覺」之逆，反也，如孟子「反身而誠」之反，簡言之，也即反省自覺之意。「逆覺體證」是儒門本質性的實踐工夫。而「靜坐」的方式，則可用可不用。需要者採行之，是謂「超越的」逆覺體證，如覺得無此必要，則不必靜坐，只須內在於現實生活而就良心發現處，直下體證之以為體（體仁之體），進而存之養之，充而大之，當下即是，直接起用。孔子欲仁仁至，孟子求放心，擴充四端，以及明道之識仁，皆是此路。而與延平同時的胡五峰，正好是此一進路的承續者，是謂「內在的逆覺體證」。

2.南宋湖湘之學

南渡以後，洛學人物見用於朝廷者，楊龜山、尹和靖之外，有胡安國與朱震。朱震是謝上蔡（名良佐，字顯道）之弟子，但於洛學血脈，似無實得。而胡安國（文定）則與楊龜山、游定夫、謝上蔡，皆義兼師友（文定少上蔡二十四歲，少龜山二十一歲）。《南宋學案》卷三十四，武夷學案，全祖望案語，謂文定乃「私淑洛學而集大成者」，並說「南渡昌明洛學之功，文定幾侔於龜山」。文定二十四歲中進士第三人，出任湖北荊門教授，龜山接替他的職事，從此二人相識。後再出任湖北提舉，上蔡正在湖北應城做知縣。文定尊師道，特請楊龜山寫介紹書，以高位修後進之禮與上蔡相見。入縣署，見吏卒如木偶恭立於庭，心中肅然起敬，於是正式問學於上蔡。朱子曾說：「上蔡英發，故文定喜之，想見與游楊說話時悶也」。蓋文定氣魄甚大，不易收拾，在楊、游、謝三人中，他對上蔡是比較更欽慕的。黃梨洲亦說，文定之學「得力於上蔡為多」。

文定以春秋學名於世。對洛學而言，他的功績是學脈之護持與承續。而真能消化北宋諸儒之學而有所發明者，是文定的季子胡五峰。五峰少年時，曾隨兄長致堂問學於龜山，後數年二程門人侯師聖避亂荊州，五峰又奉父命從之遊，這是他早年與洛學的直接淵源。後來他優遊衡山二十年，「玩心神明，不舍晝夜」，「卒開湖湘學統」（參宋元學案四十二卷、五峰學案）。胡氏本福建崇安人，因為文定數度為官於荊湖，而得親接於上蔡，晚年又隱居於衡山。文定既卒，五峰家居不出，專事講學，五峰弟子門人，亦多從五峰隱跡湘衡，故五峰一脈，稱湖湘之學。

五峰著《知言》一書，確能承北宋前三家之規範而繼續開發。他承張橫渠而發揮「盡心以成性」之義，開顯「以心著性」之架構；又承程明道而言「欲為仁，必先識仁之體」。「一有見焉，操而存之，存而養之，養而充之，以至於大，大而不已，與天同矣。此心在人，其發見之端不同，要在識之而已。」就良心發見之端而警覺之，此正是逆覺體證的工夫。從逆覺體證之充盡上，以彰顯人心之本來如此的真體，即是仁者，即是大人。明道云「學者須先識仁，仁者渾然與物同體」，五峰承之，從逆覺而言「識仁之體」，可謂善於紹述矣。五峰門下胡廣仲、胡伯逢等，對上蔡「以覺訓仁」之義亦頗有發明。於此可知，明道、上蔡言仁之旨，甚為湖湘學者所鄭重。（關此，本文不能詳。請參拙著《宋明理學南宋篇》第一章第二節論湖湘學統，與第二章胡子《知言》大義綜述。）

㈡伊川與朱子學（後期閩學）

伊川在明道去世之後，獨立講學，漸漸地順自己的心態與思路而有義理之轉向。這轉向的要點，一是把性體、道體體會為「只是理」，只存有而不活動；二是特重居敬窮理。不過，這義理的轉向，在伊川是不自覺的（他並不以為自己之所講，與大程子明道有何不同），而二程門人也未覺察，所以洛學傳承皆循「以明道之義理綱維為主的二程學」而發展，並無人走格物窮理的路。即使專從伊川（不及師事明道）的尹和靖，也只持守居敬工夫，而並不以格物窮理為學的。可見從北宋到南宋之初，伊川義理之轉向，一直只是一條伏線，並未明朗出來。

朱子四十以前，雖已注意二程文獻，但對於伊川義理的系統尚無清晰明徹的辨識。他三十七歲參究中和問題，一直無法有的實之見。到四十歲中和論定之後，才建立自己的義理間架。這義理間架的基本綱領，歸結而言，亦不過二大端：

1. 心性情三分。
2. 靜養動察，敬貫動靜。

三數年之後，朱子又有關於「仁說」的論辯。他依據伊川「仁性愛情」之說，把仁體支解為心性情三分、理氣二分，而以「心之德、愛之理」的方式說仁，故曰：「愛非仁，愛之理是仁；心非仁，心之德是仁」（語類卷二十）。經過中和問題之參究論定，以及「仁說」之論辯之後，朱子又以《大學》為定本而建立他的義理規模。他順承伊川以「窮理」訓解「格物」的思路，重新改訂《大學章句》，並作「格物致知補傳」。又作《論語集註》、《孟子集註》，和《大學章句》、《中庸章句》，合而為四子書（今稱四書）。同時又編《近思錄》，編「二程遺書」，並為周子之《通書》、《太極圖說》與張子之《西銘》、《正蒙》作解義。在中庸章句序中，又提出明確的道統說，認為堯舜禹湯文武周公下及孔子、曾子、子思、孟子之道，唯河南二程夫子能接續之。這個講法，因為宋明儒學之昌盛，而取得天下後世的認同，尤其朱子學盛大流行於中、韓、日，到清代康熙皇帝，更升朱子於孔廟大成殿十哲之位，於是以朱子繼承道統之意，也庶幾乎確然而立矣。伊川之學因朱子之始終貫徹，而得以長遠流傳，光大於世。這是很有道福的。

四、二程思想的影響

二程洛學，源遠流長，就儒家內聖成德的「性理學」而言，當然有普遍而永恆的意義。在此，擬分為「明道的地位」與「伊川的影響」二節，提出簡要的說明。

㈠明道的地位

先秦儒家內聖之學的學脈（譬如孔子之言仁，孟子之言心性，中庸、易傳之論性命天道），兩漢諸儒皆欠缺恰當相應的契會和體認。魏晉是道家的玄學，南北朝隋唐更是佛教在中土光大發皇的時代。千年之間，儒聖的光輝及其形上的智慧，隱伏沉晦而不顯光采。要到北宋，才有儒學的復興，而重新光顯了孔子之大道。

北宋之初，有胡瑗、孫復、石介三先生開風氣之先，又有范仲淹倡導儒聖之文教，但宋明理學的開山人物，畢竟要推周濂溪。儒家的形上智慧，由他首先恢復，是即所謂「默契道妙」。他以《中庸》之誠，合釋《易傳》之乾元、乾道，使天道誠體的義蘊，朗然而現。接著，張橫渠思參造化，貫通天道性命，直就道體說性體，而且對孔子的仁與孟子的本心，亦已有了相應的理解。到了程明道，更以他圓融的智慧，盛發「一本」的義理，而完成了儒家「心性天是一」的圓教模型。道，一本而現：無論從主觀面或客觀面說，都只是這「本體宇宙論的實體」之道德創造，或宇宙生化之立體直貫。於是，客觀面的「天道誠體」與主觀面的「仁與心性」，全都是——

1.靜態地為本體論的「實有」；

2.動態地為宇宙論的「生化原理」；

3.同時亦為道德創造的「創造實體」。

明道所謂「自家體貼出來」的「天理」便正是兼此三義而說。所以，「天理」乃是一個含義最為深邃而豐富的名詞，其他如像：「天道、天命、太極、太虛、誠體、神體、中體、仁體、性體、心體」，皆可以用「天理」這個有創生性與覺用性的實體加以綜括。

明道如此體悟天理本體（道體、性體、心體），遠而言之，是存在地呼應先秦儒家的生命智慧，使「論語、孟子、中庸、易傳」的原始型範，重新開顯而獲得貞定。近而言之，是順承周濂溪，旁通張橫渠，而完成的一個圓滿的義理結穴。後世稱宋明階段的儒學為「理學」或「性理學」，正是以明道所體悟的「天理」觀念為根據。而天理這個本體，不僅只是「理」，同時亦是「心」，亦是「神」；因為它是一個「寂然不動，感而遂通」的寂感真幾，是「於穆不已」的奧體，亦即有創生性與覺用性的實體，是「即存有即活動」的。（活動，是就它能引發氣之生生，有創生性而言。）

明道為宋儒一大家，在北宋儒學復興運動中，有非常顯赫的地位。可以說他是「儒學的宗子」。他提出「天理」二字，更是宋明理學（無論性即理、心即理）的核心。他那創闢性的智慧，尤非他人所可幾及。但自從朱子承接伊川而完成一系之義理以後，後世言「程朱」者，大體只是紹述伊川與朱子。而對於明道，則只泛泛稱讚他的人品造詣，和他如「春陽之溫」「時雨之潤」般的零碎風光，或者引述他幾句有高致、富玄趣的話頭，而深致歎賞。至於明道的義理綱維，在牟宗三先生《心體與性體》書出之前，實未有人曾經確切地講出來。

朱子對伊川之言，無所不悅。於明道所說，則曰太高，學者難看。實際上是對明道有所不滿，只因明道有顯赫之地位，不好意思批駁，便推說太高，表示為賢者諱而已。凡朱子較明確之觀念，皆來自伊川，他實是將二程作一程看，而以伊川一人概括二程；如此，則明道乃成一朦朧之隱形人物，彷彿無足輕重。黃梨洲雖指出「朱子得力於伊川，於明道之學未必盡其傳」，但他編明道學案，仍只是抄錄一些零碎話頭，其中並無原則與條貫，明道之義理綱維，依然無法看出。明道之學既不能充實挺立出來，則二程之異同終將無由判明，而朱子何以對二程兄弟採不同的態度，亦將無從明其所以然之故。唯一的辦法，只有回頭重看二程遺書。（關此，上文第二大段已有簡要之疏理，請覆按。）

㈡伊川的影響

明道提出「天理」二字，伊川接著說「性即理也」，表示儒家思想中的「性」字即意指天理本體。伊川這句話，當然是極為重要的「法語」，明道與所有的理學家（包括陸王）都是認同的。但明道既卒之次年，伊川為侍講，在他二十年獨立講學的時間裡，終於使他自己的生命與思路漸次透顯出來。

伊川順自己質實的直線分解的思考方式，把道體性體，皆體會為「只是理」。既然只是理，就表示它不是心，不是神，亦不能就道體性體說寂感。道體的「心」義「神」義與「寂然不動，感而遂通」義既已脫落，則道體乃成為「只存有」而「不活動」的理，而本體宇宙論的創生義，亦因之泯失而不可見。講道體是如此，講性體亦然。伊川又將孟子「本心即性」離析為「心性情三分」，「性」只是理，是形而上的；「心」與「情」則屬於氣，是形而下的（後來朱子即承此而說「心」是氣之靈，「情」是氣之變）。理（性）上既不能說活動，活動義便落在氣（心、情）上說。於是，性體亦成為「只存有」而「不活動」。

由於伊川對道體性體的體悟發生偏差，乃形成義理上的轉向。如前所說，這個轉向，伊川當時並不自覺，二程門人也未覺察，所以並沒有人順此轉向而走下去。一直要到朱子四十歲「中和參究」論定之後，才真正明朗出來。這時上距伊川之卒，已經六十多年了。朱子的心態，幾乎和伊川一樣。但他走上伊川的路，卻也經過幾番出入和曲折。如果以朱子後來所完成的義理系統為準，則他四十歲以前的問學，都只是學思過程中的經歷，算不得「的實見處」（朱子自己語）。到四十以後，才順著他同於伊川的心態，而自覺地順成了伊川的轉向，終於開出了一個新的義理系統。

儒家的心性之學，雖然內容繁富，而又實可約為兩大基型。第一基型：心即性，性即心，心性是一。這「心性是一」的系統，含有四個主要論點：(1)心是實體性的道德本心。(2)本心即性，心同理同。(3)心性天（理）通而為一，即心即性即理。(4)仁是心，亦是性，亦是理，亦是道。第二基型：性乃形上之理，心屬形下之氣，心性為二。這「心性為二」的系統，也含有四個主要論點：(1)心是虛壹靜的「大清明」，是氣之靈、氣之精爽。(2)性是理（只是理）：可以講性體、性理、性分，而不能說性覺、性能。(3)心性情三分（理氣二分）：心統性情。(4)仁是性，是理，是道——但仁不是心（而是心之德）。

第一基型「心性是一」的系統，可以概括先秦的孔子、孟子與宋明的陸象山、王陽明（其實，程明道與周濂溪、張橫渠，以及胡五峰、劉蕺山，亦皆屬之）。這恰好是德哲康德所謂的「自律道德」之系統，用儒家的話來說，仁義之理，內在於心，故自主自律。譬如孟子既講「仁義內在」，又說「由仁義行」，人能順由內在於心的仁義之理（道德律則），而順適表現為合理的生活行為，豈不是自主自律的自律道德！

第二基型「心性為二」的系統，則正指伊川與朱子（亦可上通荀子），這是康德所謂的「他律道德」之系統。因為心性為二，心不是性，也不是理。仁義之理並不內在於心，故道德律則在於心氣之外的「道體、性體」處，必須通過涵養、察識、居敬、窮理，然後攝理歸心，心與理才得以通合而為一。到得此時，道德實踐乃可達於順適，而成就善、成就德。在他律道德的系統中，人必須先認知客觀外在（在他）的道德律則，然後遵依而行。就朱子的工夫論而言，靜時（無事時）要涵養心知之明，動時（應事時）要察識好惡喜怒哀樂之情變，而無論靜時動時，都要居敬，進而還要即物而窮其理（事事物物的所以然之理，應事接物的理則律則之理），然後攝理歸心，使心與理合一，於是心氣之發乃能「順性、如理、合道」。到這地步，自然也可以完成道德實踐。

朱子順承伊川的思路，在儒家正宗大流（自律道德）之外，完成一個新的「他律道德」的系統，實在非常偉卓。「自律」與「他律」，都是道德學的系統。二者可以並行而不悖，可以「和而不同」（雖不同而能和）。作為人類世界最大最久遠的學統之儒家，同時兼具自律道德與他律道德的系統，正顯示其學術生命深廣而宏博，源遠而流長。

五、結語

經過以上的分節討論，可以看出河南二程先生前有所承，後有所開，而奠立了在儒學史上極其重要而顯赫的地位。孔子以後，孟子順孔子之仁而發揮，開出心性之學的義理規模。荀子則順孔子外王禮憲之緒，彰顯禮義之統。前者是作為德性主體的仁心道德心之充分發揮；後者是作為知性主體的智心認知心之高層開顯（由知物、知事象，而提升到知「道」、知「統類」）。故孟、荀二家正好開顯了儒家心論之兩層：

㈠一為德性層的道德心，孔子、孟子、中庸、易傳，以及宋明儒中的周、張、大程、陸、王與胡五峰、劉蕺山，皆屬之。

㈡二為知性層的認知心，荀子以外，最著者為北宋小程子與南宋朱子。

前者將「心」等同於「性」，心性是一（性即理與心即理，同時承認）。性理（道德理則）內在於心，故為自主自律的「自律道德」之系統。後者將「心」與「性」對列，心性為二（性即理，心不能即是理，只能窮究理以明理）。性理既在心外（荀子義的禮義之統、禮義之道，亦然），自是主智主義的道德學（故荀子必言知類明統，伊川朱子必言格物窮理）。這正是「他律道德」的系統。

十八世紀的德哲康德，以其極強的智思，判定西方文化傳統都是「他律道德」，而道德之所以為道德，則應該歸到自律上來講。康德這個分判，極其高明。我們借康德的分判，來省察中國的文化，發現在儒家的內聖成德之教中，既有「自律道德」的系統，又有「他律道德」的系統。而且二者並行不悖，相輔相成。尤其令人驚異的，是北宋二程兄弟，既同心同德，合力倡導儒學復興運動，又各因生命性情與心態思路之差異，而自然地彰顯了「自律」與「他律」兩大系統。兄弟二人，各張一軍，而又相互輔成，殊途同歸。在世界哲學史上，應無第二例證。這真可說是獨一無二的千古嘉話了。

二〇〇一、五，北京「二程國際學術會議」論文

貳、宋明理學分系問題論衡

一、「濂洛關閩」之說無關義理系統

當代名儒馬一浮先生，十一歲喪母，十九歲喪父，二十歲喪妻。親朋勸他再娶，他答道：

> 孔子子孫，是濂洛關閩，不是衍聖公。

濂指周濂溪，洛指程明道、程伊川，關指張橫渠，閩指朱夫子。衍聖公指山東曲阜孔府歷代嫡長子孫，朝廷封為「衍聖公」（民國改稱「奉祀官」）。馬先生說孔子子孫是濂洛關閩的周、程、張、朱，講的是孔子的慧命。慧命的承續光大，名之為道統。慧命有後，道統延續，這是全中華民族的大事，比起孔氏家族的血胤傳承，其意義當然重大得多。馬先生注意文化慧命，而不屑於個體生命之有後無後，他的心志非常高尚，他的性情非常恆毅，值得我們敬重。

今天我提起這件事，是想用它做個引子，使我們更周延地來了解學術的真相。「濂洛關閩」的說法，是元明以來的官學系統所確定。他們依循道統來說話，認為「周、程、張、朱」是儒聖道統的繼承者，上通二帝三王與孔子孟子而一脈相承。順著這個線索講下來，朱子被稱為是「集北宋理學之大成」的人，因而也成為官學系統的權威者。而陸（象山）王（陽明）則被排於正統（道統）以外。於是韓國李朝五百年的儒學，以朱子為唯一的標準，日本三百年的德川幕府，也以朱子學為官學正宗（後來陽明學傳入日本，雖然也很風行，但不能動搖朱子的正宗地位）。這樣的說法，從元而明而清，早已成為士人普遍接受的常識，所以馬先生也隨口說出「孔子子孫是濂洛關閩」的話。

馬先生的話，並無不對，只是「不盡」。他可以這樣說，但人們是否把他的話視為典實，認定孔子慧命的傳承者，只是「濂洛關閩」而已？這就應該再加檢討了。須知宋明理學中的陸王，實乃孔孟之真傳，排除陸王的宋明理學是不完整的。而且「濂、洛、關、閩」只是地區名，周、程、張、朱分別生息活動於四地，因而形成「濂洛關閩」的說法。其實，濂洛關閩之分，與宋明理學義理系統之分判，是並不對應的。（如前所說，當初提出「濂洛關閩」的說法，只是認定四處五人一脈相承，為道統的繼承者，而並不認為它們有義理系統上的派分和異同。）

濂洛關閩，漸漸簡化為程朱。下及明代，王陽明的良知學風行天下，王學承陸學而張大，故合稱為陸王。於是「程朱陸王」並稱，又成為通用的名號。

二、「程朱陸王」二系說之分判有不盡

一般而言，程朱講「性即理」，陸王講「心即理」，因而便稱程朱之學為「理學」，陸王之學為「心學」。但陸王的「心學」，同樣也是「理學」，而且陸王雖然著重講「心即理」、「良知即天理」，但也同時承認「性即理」。依陸王，「心、性、理」三者是相等同的：本心即性，性即理，心亦即理。而程伊川與朱子則只承認「性即理」，而且認定「性只是理」，而心則屬於氣，故不承認「心即理」。可是「程朱」中的程明道，自家體貼出「天理」二字，並將先秦儒家所講的天道、天命、乾道、乾元、太極……諸詞，皆統稱為「天理」。他順孟子盡心知性知天之義，而直說「只心便是天」。❶在孟子，是「心、性、天」通而為一；在明道，則轉換為「心、性、理」通而為一。故依明道，心性是一，「性即理」與「心即理」是同時承認的。據此可知，程明道與陸王的義理系統可以融會相通，而與程伊川和朱子的「性即理」「性只是理」（心屬於氣）的系統，則有所差異。

然而，數百年來的程朱學，基本上都是伊川和朱子「格物窮理」的路數，其中幾乎沒有

❶《二程遺書》第二上，有云：「只心便是天，盡之便知性，知性便知天。當處便認取。更不可外求。」

明道的義理。因此，判宋明理學為「程朱」、「陸王」二系，乃是有漏而不盡的。

第一、平常所講「程朱學」，實指程伊川和朱子，並未包含程明道，以一程概括二程，此甚不可。

第二、周濂溪、張橫渠二人屬於那一系？既不屬程朱，也不屬陸王，二人無有著落。

第三、南宋之初的胡五峰，甚至李延平，應該屬於那一系？此將如何講說？

第四、明末劉蕺山，屬程朱，還是陸王？如何安排？

據此可知，分理學為程朱、陸王二系，並不能盡學術之實與義理之全。「程朱」之學不講大程子的義理，成為名實不符。大程子套在「程朱」裡面而又變成無足輕重的隱形人物，此尤不可。而胡五峰的湖湘之學，實承北宋前三家（周、張、大程）而發展，乃屬北宋儒學之嫡系，其「盡心以成性、以心著性」之義理間架，有本質上的必然性與重要性，故明末劉蕺山雖與五峰時隔四五百年，而猶然呼應「以心著性」之義。可見心性關係，不只是「為一」、「為二」的差異而已。

三、宋明理學三系說的省察❷

儒家言「心」，有是實體性的道德本心，此屬德性層，名為道德心。如孔子言仁，孟子言四端之心、本心、良心，皆是。有是知慮思辨之心，此屬知性層，名為認知心或理智心。

如荀子、程伊川、朱子所言之心，皆是。至於感性層的心理學所說的心，非儒家之所重，可勿論。

儒家所言之「性」，有是德性、理性之性；有是才性、氣性之性。為了道德實踐，孟子反對告子的「生之謂性」❸。因為，從自然生命看人性，只有「生物本能、生理欲望、心理情緒」三串，這裡看不到「人之所以異於禽獸」的仁義之性。孟子提出人禽之辨，肯定人有仁義禮智而講性善（本善之性，指德性、理性）。到漢代，出現「才性、氣性」觀念。氣性中含有清濁厚薄的氣稟，與剛柔緩急的氣質，才性中含有材質、資質、才能之異、與智愚賢不肖之分。宋儒合氣性才性而名之為「氣質之性」，氣質有偏有雜，站在成德的立場，當然要變化氣質之性，使之中正而不偏，純一而不雜。理學家是道德的進路，道德實踐的勁道，是用在正面的存心養性、盡心盡性上，對於氣質之性，便只是施以變化和調適的功夫，使它不會成為道德實踐的阻力。

北宋前三家（周、張、大程），由《中庸》、《易傳》之講天道誠體，回歸於《論語》、《孟子》之講仁與心性，到程明道而完成了儒家內聖成德之教的基本模型。在周、張、大程，只有義理之步步開展，而並無義理之分系。明道卒後，其弟伊川有二十年獨立講學之時

---

❷ 本節依據牟宗三先生之疏導而作說明。參閱其《心體與性體》第一冊綜論部，臺北：正中書局，冊一。聯經全集版第五冊。

❸ 按：以下講說之心性問題，乃儒家之通義，間或引據經籍詞語，亦屬一般習熟之言，不煩一一作註，特此說明。

間，乃依其質實的直線分解之思考方式，將道體性體皆體會為「只是理」，又將孟子「本心即性」析而為心性情三分，性是形上之理，心與情則屬於形下之氣。理上不能說活動，活動義落在氣（心、情）上說。道體、性體皆成為「只存有」而「不活動」。如此，乃形成義理之轉向。

不過，此一轉向，在伊川是不自覺的。二程門人也沒有順伊川的轉向而趨，而南宋初期的胡五峰且能上承北宋前三家的理路而發展，開出「盡心以成性」、「以心著性」的義理間架。到此為止，伊川的轉向，還只是一條伏線。直到朱子出來，因其心態同於伊川，所以四十歲以後便自覺地順成了伊川的轉向，而另開一系之義理。接著陸象山直承孟子出而與朱子相抗。於是，象山、朱子，加上五峰之湖湘學，乃形成三系之義理。到了明代，王陽明呼應陸象山，劉蕺山呼應胡五峰，至此，宋明六百年儒學的義理系統，乃全部透出而完成。

依牟先生《心性與性體》書中之判定：

(一)北宋前三家：周濂溪、張橫渠、程明道為一組，此時未分系。

今按：二程門人楊龜山，依明道之指點從《中庸》入手，主張靜坐以驗喜怒哀樂未發之中，經羅豫章而至李延平，確定「默坐澄心，體認天理」之路。此是靜復以見體，屬於超越的逆覺體證，與胡五峰之內在的逆覺體證，皆是上承北宋前三家而開出的義理間架和工夫進路。朱子四十以後，放棄前期閩學（楊、羅、李）之路，而直承伊川之轉向而發展。故楊羅李三人的逆覺之路，宜繫屬於明道，而與伊川朱子的順取之路並不相同。

㈡北宋前三家以下，分為三系：

1.伊川朱子系（心性為二：性是理，心屬氣）。

2.象山陽明系（心性是一：即心即性即理，心性理通合而為一）。

3.五峰蕺山系（以心著性：心與性是形著關係）。

這三系之分，是依據心性關係而判定。但「心性是一」的象山陽明系，與「以心著性」的五峰蕺山系，到究極處仍可合為一大系。此一大系所講的道體性體，乃「即存有即活動」者，其工夫為「逆覺體證」（逆者，反也。如孟子「反身而誠」之反，意謂反省自覺以體證天理本體）。而「心性為二」的伊川朱子系所體會的道體性體，則是「只存有而不活動」者（不活動，是說其道體性體只是靜態的實有、形式的標準，不能妙運氣化而生生不息。朱子自己亦說理無計度、無情意、無造作。故無創生性），其工夫為「順取之路」（順心知之明以認知攝取事物之理）。

「心性是一」與「以心著性」合成的大系，到最後，「心、性、理」通而為一，乃為「縱貫系統」（縱貫是就創生說。天道創生萬物，心性本體創造價值，都是縱貫關係）。而伊川朱子的「心性為二」，則為「橫攝系統」（心知之明與事物之理，主客相對，是橫列的認知攝取之關係）。儒家的內聖成德之學，必以縱貫系統為主幹，而橫攝系統是以知識的路講道德，只能居於輔助的地位。（附識：若從全面的文化問題而考量朱子學的價值，則是另一回事。分際不同，層面有別，而評價自可隨之而有升降。故三系之分判，只是還宋明理學的義理真相，並無褒貶揚抑於其間。）

四、一系三型說（天道觀、本性觀、心性論）的問題❹

宋明理學的分系，是要從義理綱維、思想脈絡、工夫進路等處，疏導出同中之異，以顯示各家爭議的意義和癥結。而真正說來，宋明理學的分系，問題並不在「二系、三系、一系」的一二三上。若有明徹相應的了解，說三系可，說兩系也可（伊川朱子是橫攝系統、他律道德系統；其餘皆屬縱貫系統、自律道德系統），就是說一系並未嘗不可（皆是在一道德意識之下，以心體與性體為主題，而完成的一個「內聖成德之學」的大系統。）據此可知，分系的目的，是為了明辨學術之異同，並不是為了標新立異，特意自立一個說法。

勞思光先生的《中國哲學史》，講到宋明理學，他不取「三系」「二系」的講法，而認為宋明六百年的學術，沒有義理系統的不同，只有理論效用的高低，所以只把「周張、程朱、陸王」看做是直線演進的三個階段，而分別判為「天道觀」、「本性觀」、「心性論」，是即所謂「一系三型」之說。

他這個說法，實際上是以他撰寫中國哲學史的基本立場做背景。譬如「自我境界」之說，以及分儒家為「心性論中心」、「宇宙論中心」二大類型，便是他很基本的觀點。由於勞先生把《中庸》、《易傳》的年代硬往後拉，拉到與西漢董仲舒的宇宙論中心之思想相提並論，所以根本不承認《中庸》、《易傳》在先秦儒學中的地位。這個觀點，直接影響甚至決定他對宋明理學分系的論斷。

《中庸》是《禮記》中的一篇，《易傳》指易經卦辭爻辭以外的十篇文字（十翼）。漢儒的說法，以為《易傳》是孔子所作，《中庸》是子思所作。這個說法是否可靠，自可重新加以估量。但這兩部文獻，都引述了不少孔子的話，這些話不是秦漢間人所嚮壁虛造得出的。至於這兩部書何時成為定本？由於文獻不足徵，業已無法確考。其實，這也並非十分重要之事。（先秦文獻成書的過程，都有這種情形，其成書的年代，亦多半難以考定。）我們只要明白這兩部書不是秦漢人的「作品」，而是孔門累代傳承下來的義理（所謂孔門義理），這樣，就可以承認它是先秦儒家的文獻（義理），是《論語》、《孟子》以後的一步引申發展。

然而，勞先生根本不承認《中庸》、《易傳》在先秦儒家的地位，所以對周張二人順承中庸易傳「講天道誠體、講性命天道相貫通」的思想，皆判為「與孔孟原旨相距最遠」。其實，孔子言「天、天命」，亦言「天道」（子貢明說：夫子之「言」性與天道）；孟子言「盡心、知性、知天」，言「過化、存神、上下與天地同流」，更直言「誠者，天之道也」。然則，孔孟之學為何不可以向《中庸》、《易傳》的天道論發展？推求勞先生的用心，似乎是一定要把孔孟的「主體性」與超越客觀面的天道生德之關聯，加以截斷；所以總不承認：超越地說的「天道」，可以與內在地說的「心性」通而為一。這是他講儒家之學很根本的立場。而所

❹ 一系三型說，參閱勞思光先生《中國哲學史》三上、第二章，臺北：三民書局。

謂宋明儒學「一系三型」，亦正是從這個立場而引出來的一種說法。

這一系三型所涉及的問題，大致有下列各點：

㈠「性命天道相貫通」，是先秦儒家本有的原義，亦是宋明儒者所共許的義理骨幹。周、張、大程、五峰、蕺山固然如此，陸王二人亦然（只因陸王之學著重於一心之朗現、申展、遍潤，所以這方面的話說得比較少而已）。而伊川朱子雖然對於道體性體的體悟有歧異，但也不悖於「性命天道相貫通」的大義。這樣重要的一個綱維性的義理，豈可置之而不顧！

㈡勞著以二程朱子為「本性觀」。「本性」一詞的意指，嫌太寬泛籠統。雖然勞先生以「性即理」來規定它。但他對於「性即理」一詞之不同的意指，卻又欠缺明確的辨識：⑴在伊川朱子，「性即理」與「心即理」是相對而不相容的。性是理，心則屬於氣，不是理。結果，心與性分而為二，心與理亦隔而為二，所以只能說「性即理」，不能說「心即理」。⑵在明道，則心性天是一，所以他說「只心便是天」。天，即意指理（天理），所以在明道的系統裡，「心、性、理」實通而為一，性是理，心亦同樣是理。明道講性即理，是意指性理的「全義」（兼含心性理）；伊川朱子講的性即理，則屬於性理的「偏義」（性只是理而已，心義、神義、寂感義，皆排於外）。

㈢伊川朱子對「性即理」一詞的理解，既與明道有「偏全」之異，如何能混同地強合三人為一型（本性觀）？勞先生對本性觀的解釋是以伊川之意為準，然則，明道的義理如何安放？而且，「性即理」一語，實際上乃全部宋明儒者共許之義，陸王雖著重講「心即理」，卻亦同時肯定「性即理」。如今勞先生卻「偏」用「性即理」，只將他單配在「本性觀」一型之中，自不妥當。

(四)假若真能正視明道與伊川朱子之不同，則同時也可了解濂溪、橫渠、明道三人「由中庸易傳之講天道誠體而回歸於論語孟子之講仁與心性」，正代表著宋明儒學第一階段之完成。尤其由於明道圓融之智慧，盛發「一本」之論（天人是一，心性天是一，先天後天是一，道、一本而現；至誠之「形、著、明、動、變、化」，即是天道之化；窮理、盡性、至命，三事一時並了）；客觀面的天道誠體與主觀面的仁與心性，皆充實飽滿而無虛歉，兩面直下通而為一，即心即性即天，而完成了內聖成德之教的圓教模型。如果對北宋前三家發展完成的這個義理模型，欠缺真實相應的了解，則有關伊川之轉向，洛學之南傳，以及南宋以後義理分系的線索關節，皆將難有明徹的了知和確切的把握。所以講全部宋明儒學，雖然須以朱子為中心（但不能以之為標準）；而要講明宋明儒學在創發階段的義理開展之理序，以及在開展中挺顯的義理模型，則程明道才更是一個重大的關鍵。而勞著忽視於此，實覺遺憾。

依上所述，可知一系三型之說，(1)判周濂溪張橫渠二人為「天道觀」，而不知由周張到大程，乃是聯貫地顯示「由天道誠體回歸仁與心性」的義理之開展。而宋明儒學「性命天道相貫通」的義理骨幹，正是由北宋前三家所接續完成。(2)判二程朱子為「本性觀」，而不知明道之義理綱脈，實與伊川朱子有所不同。同時又「偏」用「性即理」而將之單配於「本性觀」一型之中，而不知「性即理」乃是宋明儒者的共許之義，今只取其「偏義」而忽其「全義），自非妥當。(3)對南宋儒學義理系統之分化欠缺明確之了解。對湖湘學派「以心著性、盡心以成性」之義理間架，及其「先識仁體」之逆覺體證，未有客觀之認識。對明末劉蕺山言「形著」之切義未加正視。(4)對陸王之學雖加推崇，但不知陸王之「心即理」，與「性即理」並不相礙。與「天道性命」亦固相貫通。(5)總之，「一系三型」這個說法，對於宋明六百年儒家的義理網脈及其異同分合之關節，實在很難達到相應疏導之目的。

五、三本論（性本、心本、氣本）立名之檢視

二十多年前，我第一次應邀到韓國「東洋學會議」作專題演講，曾對韓國儒學界使用「主理」「主氣」與「理氣一元」「理氣二元」諸詞，表示意見。我認為，這是不得已而用之的偏顯之詞。我的話引起韓國學界普遍的不快，認為我不尊重韓國儒學的傳統。這當然是誤會，後來，他們漸漸明白我說話的真實意指，本來的隔閡也多半消除了。

其實，我也提到中國本土方面的用詞。譬如有人說程朱是「唯理論」，陸王是「唯心論」，而張橫渠則被派為「唯氣論」，這些全都是不明學術之實而胡亂混濫的說法。我們應該「慎於立名」，盡可能地減少因名詞用語而造成的隔閡與誤解。如此，才能開出一條暢達無礙的學術研究之途轍，以達成弘揚學術之目的。

自西方文化東來，亞東各國（中、韓、日本皆然），總喜歡拾取西人名詞以論東方之學。

「一元、二元」，尤其隨意泛用。今考儒家之學，實無所謂「二元論」的思想。二者平行而各自做主，方為二元。朱子的「理氣二分」，只是「形上形下」之判，理自為「主」，而氣為「從」，既然有主有從，當然不是「理氣二元論」。而從另一方面說理與氣相即而不離，亦只表示二者關係之密切，並不是要泯除形上形下之別，而視為混然一物。因此，「理氣一元論」也並非諦當之詞。凡「理即氣，氣即理」、「神即氣，氣即神」，以及「太虛即氣」一類的詞語，皆只是從實踐境界（或生化過程上）說的圓融語，而並不是從概念斷定上泯除理氣之差別而視為一物。然則，韓儒指李退溪為理氣二元論，李栗谷為理氣一元論，恐怕不能算是妥當的講法。

「即」這個字，在中國哲學裡面是一個很麻煩的字。因為古人對詞語概念的用法，大體都是主觀的「運用的」表現，而鮮能作客觀的「架構的」陳述。當人的學養工夫成熟時，他對於義理的分際、思想的理路、詞語的意涵，心中自有準衡，自有尺寸。所以古人講學，自能論道明理，以衡定是非得失。但今之學者，一般的文字工夫與義理素養都有所不足，因此在解讀古人的文句詞語時，便很難達到中肯而精準。因而對於「即」的用法，一般很不容易恰當地做出解讀。例如：

甲、「心即理」、「性即理」、「良知即天理」。

乙、「道即器，器即道」、「理即氣，氣即理」、「神即氣，氣即神」、「太虛即氣」。

甲乙兩行的語句形式是一樣的，「即」字的用法在形式上也是相同的。但古人對於這兩行的意涵，都能有個分別，而做出正確的解讀。

甲行的「即」，乃「即是」之意，表示概念之斷定。「心」（道德心）即是「理」，心與理二者相等同。「性」與「理」、「良知」與「天理」，亦同解。

乙行的「即」，卻是「相即不離」之意，是實踐境界（或生化過程上）的圓融語。形上的「道」與形下的「器」，形上的「理」「神」「太虛」與形下的「氣」，在生化過程上，在實踐境界上達到相即不離、圓融相通的境地。

然則，同一形式的詞句，我將如何分判孰為概念斷定之「即」？孰為實踐圓融語之「即」？以今語作解：其實也很簡單明瞭。甲、「即」字兩端之詞，如果都是實體字（如：心、性、理、良知、天理），這個「即」字便是概念斷定語，乃「即是」之意，表示兩端相等同。乙、「即」字兩端之詞，如果一端是形上實體字（如：道、理、神、太虛），一端卻指形下之物（如：器、氣），則這個「即」字，便是實踐圓融語，乃二者「相即不離」之意，表示實踐上（生化過程上）形上形下之圓融相通。

此外，還有第三種意義的「即」，如「即體即用」、「即存有即活動」、「即心即性即理」，可謂「雙即」或「三即」。如此併用的「即」，猶如今語「同時是」。同時是體，亦同時是用；同時是存有，亦同時能活動；同時是心，亦同時是性，亦同時是理。又如「即本體即工夫，即工夫即本體」，是表示「體用不二」。前句是「承體起用」，活靈的本體自能起現工夫，起現作用。後句是「即用見體」，工夫之用由本體起現，自可在工夫之用中見證本體。

說到這裡，可以來檢視一下大陸學界頗為通用的「性本論」、「心本論」、「氣本論」的說法了。首先，我們對於「主」「唯」「本」「元」這幾個字，都要特別提高警覺，因為這些字都很強勢，甚至很獨斷，不可輕易使用。否則，便會很容易造成偏頗、傾斜。

在儒家的義理系統裡，道、理、心、性以及太極、太虛，都是形上字，意指形上實體，所以都可以為「主」、為「本」、為「元」，因此，「主理」、「唯理」、「性本」、「心本」等詞，應該是可以這樣講的。但對形下之氣，也說「主氣」、「唯氣」、「氣本」，便不合於儒家的義理。形下之氣，如何能作「主」？能用「唯」？能為「本」？在儒家思想裡，是不能這樣說的。

抑有進者，形上實體雖可以為「主」為「本」為「元」，但這些字最好只在陳述義裡有必要時使用，盡可能不要用做「標題字」（如主理派、唯理派、性本論、心本論）。至於張橫渠的「太虛即氣」之「即」，正乃上述「相即不離」之即，「通一無二」之即，是圓融之即，不是等同之即。又如「虛空即氣」「虛無即氣」諸語，實與他另一句「太虛不能無氣」❺的意

---

❺ 張子「太虛不能無氣」一語，見《正蒙・太和篇》第二段。「太虛即氣」、「虛空即氣」、「虛無即氣」；皆見《正蒙・太和篇》。張子在同篇又有「太虛無形，氣之本體」之語。氣以太虛為體，氣屬形下，自不能為「主」、為「本」、為「元」，更不可「唯」。又，張子所謂「虛空」「虛無」，實意即是「太虛」。只因佛老講「空」、「無」，故特意各加一「虛」字而說成「虛空」「虛無」，意思是要把佛老的「空、無」融攝到儒家的「太虛」中來。牟先生說：「這是張子對佛老的一箭雙雕。」

思相同。「不能無氣」，意即不能離氣，是說太虛神體之妙用不能離氣而見。因為清通虛體之神，即在氣化之不滯處見，即在氣之聚散動靜之貫通處見。凡儒者在宇宙論處的詞語，都不是將氣化之不滯看做自然既成之事實，而是提起來將氣化過程看做天道創生之過程。而天道創生之過程，即是仁體感潤創生之過程，或神體妙運之過程。在此氣化之不滯中，自有神體虛體（性體）以貫之；因而亦可以說，即在此氣化之不滯處見神體。是故，「虛空即氣」此種神體氣化之宇宙論的圓融詞語，乃是道德的理想主義之詞語，而不是自然主義唯氣論之實然的陳述。必須念念提醒此義，對於儒者言天道性命之宇宙情懷，乃可不生誤解。

另外，有如「盈天地皆氣也」之類的話，不過指說天地萬有，皆是氣化流行之周遍充滿，而不是說天地宇宙只是一氣，別無理、道、太極。氣總是形下的，不可「唯」，也不能為「本」為「主」為「元」。順「氣」觀念可以講論儒家的「氣論」、「氣學」，❻但不宜以「唯氣」「主氣」「氣本」立名。此乃義理之定然，不應違逆。除非宋明理學家不言「道」、不言「理」、不言「仁」、不言「心性」，否則，「唯氣、主氣、氣本」之論，皆不屬儒家義理。

再推極而言之，立「性本」「心本」之名以分系，也欠妥貼。因為所謂程朱的「性本」，雖與陸王的「心本」有差別，卻也不是「截然不同」。陸王順承孟子「本心即性」之義，「性本」與「心本」是兼通的。只是伊川朱子的「性本」有所偏指（以為「性只是理」，心屬於氣，為氣之靈），而不能與「心本」相通耳。

六、結論

總結而言，宋明六百年所講的儒學，乃是內聖成德之教（是教，亦是學。在儒家，是學與教通合為一者），這套學問，通稱「理學」、「性理學」。其實，此二名並不能概括「心學」，故不如名為「心性之學」，始最順當。「心性之學」可以兼含「心即理」與「性即理」。而無論「心性為二」的伊川朱子系，「心性是一」的象山陽明系，以及「以心著性」的五峰蕺山系，皆講「心性之學」。而北宋前三家由《中庸》、《易傳》之言天道誠體，回歸於《論語》、《孟子》之言仁與心性，其義理開展的趨勢，也是心性問題。因此，順心性關係而作義理系統之分判，如牟先生的三系分判實最妥恰順當。何況三系又可統括為「縱貫系統」（自律道德系統）與「橫攝系統」（他律道德系統）兩大系。儒家之學有縱有橫，❼兼顧自律與他律，實乃人類文化系統中，真正能夠「尊德性而道問學，致廣大而盡精微，極高明而道中庸」❽的圓融貫通之大系統。值得中華兒女異地同心，共勵精誠，來承續之、弘揚之、光大之。

❻ 按：形下之氣不可以為「主」為「本」，不可以「唯」。故儒家無「唯氣論」的思想。但「氣」是形下世界一個總稱之詞，是很重要的觀念。歷代儒者也常有論及。學者若能講出一套儒家的「氣論」或「氣學」，當然有客觀的學術價值。但「氣」之上必有「道、理、太極」，不可排除「理、道」，而唯「氣」是論也。

❼ 按：儒家有縱貫系統，又有橫攝系統，兼顧自律與他律，可謂博大而精深。若問縱橫兩大系統如何配合？依牟先生之衡定，應該「以縱統橫」，有如「乾坤並建，以乾統坤」。而不可「以橫代縱」。如韓國李朝與康熙皇帝皆尊朱過甚，便有以橫代縱之嫌。

❽ 語見《中庸》第二十七章。

之。

二〇〇四、八，《哲學與文化》「宋明理學專題」（三六三期）

參、研究宋明理學的新思考

一、緒言：世界史的檢視——人類理性的放光

從十一至十六世紀這六百年間的世界思潮，無論佛教系統、印度教系統、回教系統或基督教系統都只停在維持的狀態，缺少鮮活之氣，更說不上有什麼創發性的表現，唯一的例外，是中國儒家的復興。從北宋、南宋到元代、明代這六百年間的學術思想，自以理學（心性之學）為主潮。理學家們在傳統六經（五經）之外，又突顯出「論語、孟子、中庸、易傳、大學」這五部新經典，重新光復了聖人的大道，使中華民族的文化大統得以承續而光暢。在中世紀人類理性進入長期停滯、閉塞；人類生命進入暴亂、狂飆，人類世界陷於動盪不安、悲苦無明的時候；唯獨孔子的德慧在東亞（中、韓、日）重新昭顯，為人類理性生命獨顯光輝。所以，宋明理學乃是十一世紀至十六世紀人類世界的真正肖子。

於此，我們可以從三個視角，來作省察和評判。第一、從對治佛教的態度，可以看出宋

明理學家恢弘的世界情懷和高貴的和平精神。第二、從講學論道，可以看出理學家對思想開放和學術自由的真誠實踐。第三、從文教藝能之美，可以看出理學家所表現的文化意識和教化功能。（請參閱拙著《孔子的生命境界：儒學的反省與開展》卷下〈宋明理學與當時的世界思潮〉頁三七二—二七四。）

但滿清三百年中，民族生命受到挫折，文化生命受到歪曲，乃造成中國文化的封閉、停滯、僵化。十八世紀以來，歐西文化上升，中國文化下降，一升一降，乃使文化差距越來越大。進到二十世紀，辛亥革命又未能完成政治建國和文化建國的使命。於是，五四救國運動迅速轉化為反傳統的新文化運動。當時的人認為，要科學，要民主，就必須拋棄傳統而全盤西化。在此思想混亂之際，馬列共產主義乘虛而入，終於造成中國大陸的滔滔紅禍。幸而中華文化的根基畢竟廣大深厚，在經歷了人類史上前所未有的「文革暴亂」之後，仍然能夠浴火重生，而開顯當代的新儒學（見下文），這真是人類文化史上的大奇蹟。

二、學術心量的開擴

㈠從反省中突顯新的思考

文化是一條生命之流，在它發展的每一個階段，都不免在正面的成就之外，還會發生一些偏差。對於宋明理學，我們可以提出五點省思：

1.宋明理學排斥佛老嗎？

2.宋明理學貶斥荀子嗎？

3.宋明理學忽視經世嗎？

4.宋明理學輕忽知識嗎？

5.宋明理學抹煞才性、貶視氣性嗎？

這五點問話，看來並不難回答。但要講得相應中肯，卻也很不容易。譬如第一個問題，你可以用現成的「闢佛老」三個字做答案，這是無庸置疑的，但理學家為什麼要闢佛老？他們闢佛老的什麼？這就不容易言之中肯了。簡而言之，理學家是站在道統（民族文化之統）的立場，為顯立孔子的主流地位而闢佛老。佛老有很高的智慧，佛學和玄學都是高級的系統，但理學家持守儒家的生生之道（仁道），不贊成以道家的「無為」或佛家的「緣起性空」作為人文價值世界的主綱。這是基本的分水嶺。

至於第二個問題貶斥荀子，是因為荀子言性惡，本源不透，這個評斷是對的。但因為講性惡而全面抹煞荀學的價值，便失之偏頗了。第三個問題，質疑理學家忽視經世，此卻是誤解。基本上理學家都以天下為己任，而經世之學應以內聖之道為本，他們持守「本立而道生」的原則，不曾積極地講論經世之學，這只是牟先生所謂「內聖強而外王弱」，並非有意忽視外王經世。至於第四個問題，說理學家輕忽知識，那只是現代人的觀點，是與西學對照出來的觀感。儒家之學是生命的學問（與希臘傳統的知識之學之性質不同），而理學家更向內收斂於心性，他們講學的重點不在知識的問題上，所以自然而然地對知識採取消極的態度。但理學家決不「反智」，更不是排斥知識。如果他們處於二十世紀，當然也會順時代與社會的現實，而正視知識，而且如同當代新儒家一樣，會去思考如何從儒家學術中疏導出開顯知識的途徑。最後第五，是才性氣性的問題。

「性」有三個層面，一是德性，二是知性，三是感性。這是我們現在的講法。在中國哲學史上，首先是孟子反對告子的「生之謂性」。從自然生命看人性，只有「生物本能、生理慾望、心理情緒」三串，這裡看不到「人之所以異於禽獸」的仁義之性。為了道德實踐，孟子提出人禽之辯，肯定人有仁義禮智而講性善（本善之性指德性、理性）。到漢代，出現「才性、氣性」觀念。氣性中涵有清濁厚薄的氣稟，與剛柔緩急的氣質，才性中涵有材質、資質、才能之異，與智愚賢不肖之分。宋儒合氣性才性而名之為「氣質之性」，氣質有偏有雜，站在成德的立場，當然要變化氣質之性，使之中正而不偏，純一而不雜。理學家是道德的進路，道德實踐的勁道，是用於正面的存心養性、盡心盡性上，對於氣性才性，便只是消極地施以變化、調適之功夫。如有人因此便說理學家「抹煞」氣性與才性，當然是不相應不中肯的說法，不只是過甚其詞而已。

(二)當代新儒的學術態度

當代新儒家既對宋明理學有所承續，自然要接下他們的問題，此節先就傳統學術作一說明。

1.理學家闢佛老，當代新儒家則「辨佛老而不闢佛老」。因為第一，道統歸儒家，已屬定論，不必再為爭道統而闢佛老。第二、佛家「空」的智慧與道家「無」的智慧，皆是高級的系統，儒家可以承認肯定而進行客觀的研究，但佛老之道，終不同於儒，故儒家不能加以採取。第三、三教合一雖有所不能，但「和而不同」（雖不同而能和）卻正是孔子的教言。據此三點，故當代新儒家對佛老持「辨而不闢」的態度。

2.理學家弘揚孔孟而貶斥荀子，是道的立場。荀子之言天言性，皆與儒家主流不合，但他以智識心，論解蔽正名，論禮義之統以及天生人成，化性起偽之言，也自成系統，不宜拒斥。故當代新儒家既講孔孟、亦講荀子。

3.宋明理學是心性之學，是成德之教。依心性義理的脈絡而分，當有三系（見下節）。傳統的講法是二系（程朱系、陸王系），而二系之中，尊程朱而抑陸王，此不應理。故當代新儒家，既講程朱，亦講陸王，並依據心性義理的間架，分判理學為三系。

(三)義理系統之新判（三系）

分理學為程朱、陸王二系，並不能盡學術之實與義理之全。(1)平常所謂「程朱」，實指伊川與朱子，而明道變成無足輕重，此大不可。此其一。(2)明道即心即性即天（理），其學可講性即理，也可講心即理，而伊川朱子則不能講心即理。將明道與伊川朱子合為一系，義理上有刺謬。此其二。(3)胡五峰之湖湘學，實承北宋前三家（周子、張子、大程）而發展，乃屬北宋儒學之嫡系；其「盡心成性」、「以心著性」之義理間架，有本質上的必然性與重要性，故明末劉蕺山雖與五峰時隔四五百年，而猶然呼應「以心著性」之義。據此，理學分系一事，義當如此判定：

1.北宋前三家，濂溪、橫渠、明道為一組。此時未分系。

2.以下，伊川朱子為一系（心性為二：性即理，心屬氣）；五峰蕺山為一系（以心著性：心與性乃形著關係）；象山陽明為一系（心性是一：性即理，心乃實體性的道德本心，亦是理）。

3.象山陽明系與五峰蕺山系，到究極處仍可合為一大系。此一大系所講之道體、性體乃「即存有即活動」者，其功夫為「逆覺體證」。而伊川朱子所體會之道體、性體則「只是理」，是「只存有而不活動」者（不活動，意謂不能妙運氣化而生生不息），其功夫為「順取的路」（順心知之明，認知攝取事物之理）。（關於理學三系之衡定，請參閱拙作〈牟先生研究宋明理學過程之探析〉，收入《孔子的生命境界：儒學的反思與開展》，學生書局版，頁二七七—二九一。）

三、文化意識的深廣化

㈠道德意識與文化意識

儒家是道德的進路，所以自孔孟以來，歷代儒者皆重義利之辨。西漢董仲舒有二句話，最能顯示道德意識：

正其誼不謀其利，明其道不計其功。

正其義（誼），明其道，是正面意思。不謀其利，不計其功，是告誡之詞，並非排斥利與功。蓋立身行事，必須從正面著力，而不應謀求一己的私利、計較眼前的近功。在儒者看來，未有義正而不利者，未有道明而無功者。義正即是利，而且是公利，是國家社會之利。道明即是功，而且是大功，是惠及久遠之功。十一年前，我為「海峽兩岸首屆儒學會議」寫一篇論文，題目就是「道德上的義利之辨與經濟上的義利雙成」。「義利雙成」，可能嗎？我的回答是，在經濟企業上說，當然可能。

自孔子以下，傳統儒家的代表人物從未有人排斥經濟上的正當得利。而道德價值的成就，原本就有主觀客觀兩方面，主觀面是「成己」，也即前人所謂「做聖賢」。客觀面是「成物」，也即成就各種事業上的「善」（道、義、功、利，都含在內）。工商企業方面的「器能之士」（專技專家），他們成就的善行善事（善行善事之中自有善德），比起「道德之士」來，不但在「量」上無有少欠，「質」上也未必遜色。為期道德心性更鮮活、更充實、更開擴，主觀面的自修自立，雖然仍須重視「義利之辨」，而客觀面的淑世濟民（政法工商農醫……），就當然必須「義利雙成」了。

由此可知，儒家的道德意識也必須有所開擴，事實上，一切文化價值都涵有道德的善。因此，我曾用下面這句話來顯示文化意識的具體意涵。

> 不忍「家國天下淪亡、歷史文化斷滅」，而思有以「保存之，繼述之、光大之」的仁心悲懷，是之謂「文化意識」。

(二)新外王的開顯

文化意識，必須通貫內聖與外王，而儒學的基本綱領，也正是「以內聖為本質，以外王表功能。」不過，傳統儒家由內聖通外王的方式，是直接的：以仁心行仁政。仁政王道雖然很好，但現實上那能每個時代都有聖王呢？二千年來，儒家對付處於權力核心的君王，一直欠缺權力制衡的設計，所以有關「改朝換代、治亂相循；君位繼承、骨肉相殘；宰相地位，受制於君」的情形，始終不能得到體制上的解決。而近世西方發展而成的民主政治的體制，卻正可消解中國傳統政治的困局。

依當代新儒家的衡量，儒家的外王學必須有新的充實與開擴。昔時的外王只通向政治

（治道一面），現在則必須由治道開顯政道，使政權的移轉有客觀的軌道可以遵循；而民主政治的架構（體制），正是這個客觀的軌道（政道）。政治之外，還有知識一面，儒家經典中本有「開物成務」（易傳）、「利用厚生」（書經）的古訓，這二句聖訓的充分實踐，非「科學、民主」不為功。所以，經濟企業上的實用性的科技，和規範權利義務的客觀法制，都必須融攝進來而成為儒家新外王的主幹。

這一步新外王的開顯，正是中國現代化的關鍵所在，而一直困擾儒家的所謂「事功精神」，也可以在此得到落實的解答。

(三)尊德性而不貶氣性

中庸有言：「君子尊德性而道問學。」尊德性的「尊」，是尊顯、尊立、顯立之意。道問學的「道」，由也，猶言經由、通過。這句話的本意，是說君子應先尊顯德性主體以立其大，而又經由問學功夫以培養知能。這原本是德智（仁智）兼備的意思。可是由於朱子的誤導，以為自子思以來，教人之法原有二路，一路是尊德性，一路是道問學。同時還點出陸象山是尊德性，自己則偏於道問學，因而想要「去兩短，合兩長」。可是，朱子這番好意（不恰當的好意）到陸象山那裡就碰了壁（因為象山不認為自己有什麼短要去，也似乎不認為朱子那裡有什麼長可以合）。從此以後，天下學者紛紛擾擾，都在「尊德性」和「道問學」上做文章，其實這是很無謂的。（二年前，我出席江西、福建二處朱子逝世八百年之學術會議，其中一文討論「朱陸異同與象山實學」，編入拙作《哲學史與儒學論評》，學生書局，頁二二〇—二三八，文中曾對「尊德性」與「道問學」有所論評，可參閱。）

於此，我只指出，理學家重視道德實踐，當然要「尊德性」。而「氣性」一面不能作為道德實踐的依據，而且往往成為道德實踐的麻煩，所以有「變化氣質」一類的要求，但這只是儒家道德進路形成的採擇，並非全面排斥氣性。如果擴大文化的視野，在「尊顯德性以成善成德」之外，也同時肯定「才藝之美、情用之真、器能之利」，則文學藝術、音樂戲劇、雕刻繪畫，乃至武術功夫……皆是文化價值的內容，而各有可觀可賞之處。於是「表現才性的光采」、「發揮氣性的功能」，也可與「完成德性的價值」相提並論。而同時肯定而且完成「德性、知性、感性」三個層次的生命意義，豈不正是人文世界的富麗光暢！

四、生活實踐——心靈凝聚，精神開放

「心靈要凝聚，精神要開放」，這是任何人都該信持的道理。人在生活上的實踐，雖有不同的內容和情態，也有不同的想望和目的。但下列三點，則正是凝聚心靈，開顯精神的落實之地。

(一)尊崇經典

世界上每一個文化系統都尊崇經教。各大宗教的信徒，或誦經、或念經、或講經、或讀經、或查經；對於經，主要是尊崇、信持、實踐，而理解或通經義，反倒成為其次的事。而哲學系統或思想系統，則特重知慮思辯、論證推理，而踐行、信守則可能並非切關緊要。哲學是為了思想，經教是為了文化。

朱自清是散文名家，曾編寫過一本《經典常談》，在序文裡他說了一句話：我們讀經，不是因為它有什麼用，而是為了文化。這句話很普通，但卻是非常通情達理的信實之言。經典裡的常理常道，既不是特殊的知識，也不是專門的技術，直接地看，它並沒有什麼具體的功用，但在人文教化上，經典是先民智慧的結晶，是民族靈魂的泉源。一個沒有經典的民族，它的生命是龐雜的、貧薄的、枯澀的。反之，一個有經典可供尊崇的民族，卻是何等的福命超勝、恩澤綿長啊！

(二)看重人品

人品，是一個非常懿美的詞語。人能成為一個人品，便是人生的不朽。陸象山說：「上是天，下是地，人居其間，須是做得人，方不枉了。」又說：「今人略有些氣焰者，多只是附物，原非自立也，若某則不識一字，亦須還我堂堂地做個人。」科名、知識、權爵、富貴，皆是物。「附物」者只是依他力，只是氣焰薰炙。世上唯有真能「立志」（志於道、志於仁）的人，才真能持守自立，才有堂堂地做個人的精神氣概。

儒家講學問，都要歸到人身上。一個不成人品的人，是不足以言學問的。象山有云：「諸處方譊譊然談學問時，吾在此，多與諸生說人品。」人品是自足的價值，有如孟子所謂「仁義忠信、樂善不倦」的「天爵」以及「人人有貴於己者」的「良貴」。每一個人都有「天爵、良貴」（本善之性），這是品行的根基，必須存之養之，擴之充之，以光大自己的生命，完成自己的人品。

一個看重人品的社會，必能崇禮尚義，必不趨炎附勢。傳統民間很看重所謂「讀書人」，因為讀書人明道理，有人品。數千年來，儒家護持倫常教化，所謂禮樂薰陶，人文化成，這份成就，其實是非凡的。可惜近百年來，在西方強勢文明的衝擊之下，人不像樣，行不成款，反倒是日本韓國古風猶存，還能像個樣子。這是中土華裔應該痛切省悟的。

㈢重開教化

教化，通常都歸屬為宗教的義務，而一般的學派無須擔負教化的責任。但儒家不只是一個學派，它亦是一個教。因為中國文化不走宗教的路，所以中華民族的教化責任，必須儒家來擔負。在此，我們願意多費一點篇幅採取古今對比來進行省思，看看教化的內容和形式，會有一些什麼樣的今昔異同。

甲、朱子當初的著力點

1.在日常教學上——落實書院講學

朱子一生，為官之日短，講學之時長。而講學的場所，基本上都在書院。福建學者方彥壽所著《朱子書院門人考》，登錄和朱子相關的書院總共有六十七所。其中(1)朱子創建的有四所：寒泉精舍、雲谷晦庵草堂、武夷精舍、考亭書院。(2)朱子復修的有三所：白鹿洞書院、岳麓書院、湘西精舍。(3)朱子讀書的書院六所：如南溪書院、屏山書院等。(4)朱子講學的書院二十所：如瑞樟書院、濂溪書院、東山書院、懷玉書院、藍田書院、螺峰書院等。(5)朱子講學之地後人所建之書院二十一所：如紫陽書院、晦庵書院、鵝湖書院、包山書院、五峰書院等。(6)朱子題詩的書院七所：如鄴侯書院、石鼓書院等。(7)朱子題額的書院六所：如臺溪書院、龍江書院等。

朱子在各處書院短期講學論道之時，前來從學的學生，無法確切統計，單就從學於朱子自己所創建的書院之弟子，據方書的登錄，寒泉精舍創建前後的弟子有二十二人。武夷精舍創建前後的弟子有九十一人。考亭書院創建前後的弟子有一六三人。（雲谷晦庵草堂，只三間屋，主要是著述論學之所，經常相從者，大率三五個人）

據以上簡單的記述，朱子書院講學的規模與盛況，已可想像而知。

2.在經典教育上——確立四書五經

儒家傳承的經典，是詩、書、禮、易、春秋，稱「五經」。禮衍為三（儀禮、禮記、周禮），春秋有三傳（公羊、穀梁、左傳），加上詩、書、易，稱「九經」。後又加爾雅、孝經、論語、孟子，為「十三經」。這是朝廷功令，屬官學系統。而民間講學，可以自由發展。因此，朱子在五經之外，建立孔子以下的道統系列。他為「論語、孟子」作集註，為「大學、中庸」做章句，合起來稱為「四子書」，簡稱「四書」。

朱子權威建立之後，朝廷的科舉考試即以四書五經為典據。其中四書固然採用朱子的集註，五經的本子亦都是朱子學：詩用朱子的「詩經集傳」，易用朱子的「周易本義」，書用朱子弟子蔡九峰的「書經集傳」，禮用朱子後學元儒陳澔的「禮記集說」，春秋則是原三傳（有時加上胡安國的春秋傳）。如此一來，四書五經的經典教育，全歸朱子一系。其影響至今猶存。

3.在生活禮儀上──凝成朱子家禮

作為經典的三禮，既是國家的典章制度，也是家庭生活社會教化的禮儀規範。但那太典實、太古雅，未必完全通用於民間。朱子教學義理，亦重倫常教化，他門下的弟子與再傳後學，深受影響，於是逐漸將婚、喪、喜、慶以及親朋相與往還的各種禮儀，分類編輯成冊，而特名之為《朱子家禮》。由於朱子的聲名，文公家禮不但行於中土南北，而且延及韓國、日本與南洋華人世界。直到今天，雖已散佚、式微，但民間的婚喪之禮，仍然視為準據。

4.在人文景觀上──處處顯示儒家教化的影響

儒家的教化，除了書院講學、家廟祭拜、祠宇奉祀，還有碑碣牌坊、亭臺樓閣、摩崖石刻、題榜畫像……皆顯示禮樂倫常、人文化成的風教。再加上道家的道觀，佛家的寺院，更顯出三教相輔相成的景象。朱子是理學家中最關切人文景觀的，他在閩、浙、湘、贛等地留下的行蹤遺跡，宛若處處都是朱子的身影和教化。

乙、當代新儒的省思

二十世紀的儒學，雖經五四與文革的摧抑破壞，而仍能歷劫重生，不愧是華族壓不死的靈魂。目前在教化層上最應深切省思的，是下列五點。

1.生活規矩與婚喪喜慶之禮的改善

據我的印象，韓國人、日本人，在與人相見交往之時，都能彬彬有禮。而中國人則太隨意，而已失去生活的規矩了。至於婚喪喜慶之禮，更是零散雜亂，失其體統。有宗教信仰的各自依從他們的教規儀節，非宗教徒則隨俗行事，有的還能保存一些古體，有的則隨從中西混雜的新方式，有的甚至任由商人擺佈，把莊重的婚喪之禮，弄得惡俗不堪。前些年政府也曾頒布「國民生活須知」與「國民生活禮儀規範」，立意都很好，可惜宣導不力，推行無方，幾乎沒有人理睬，甚可慨歎。

2.慎終追遠的具體表徵

曾子說：「慎終追遠，民德歸厚矣。」孝順父母和追念遠代的祖先，乃是中華民族報本返始的原初實踐，後來擴大為儒家的三祭之禮：祭天地、祭祖先、祭聖賢。天地是宇宙生命的本始，祖先是族類生命的本始，聖賢是文化生命的本始，所以三祭都是報本返始的表徵。

現在我們的住宅，已經沒有傳統的堂屋了，我們的「家」已經沒有祖先的位置。家，空洞化了，不足以安身立命了。然則，如之何則可？我的做法是，在飯廳的板壁上安上「天地聖親師」的神位，配上一副對聯：「天生地養，盛德廣大；聖道師教，親恩綿長。」再擺上一個小香爐，每逢年節或特殊的日子，全家上香行禮。這樣，一家人都可以面對「天地、祖先、聖賢」而感到自己不再是一個孤零零的生命，而是可以和天地相通，和祖先相通，和聖賢相通的一個有廣度、有厚度、有深度、有高度的大生命。這種感發的力量，可以綿綿不盡，使我們受惠無窮。

3.兒童讀經的宣導與落實

這些年來，臺北鵝湖社與東方人文學術研究基金會的王財貴博士，推行兒童讀經運動，卓著成效。他的做法，方便自然，平實易行。在大大小小的社區（村莊）裡，只要有一二位媽媽、大姐姐出來作志工，每週選定二小時，聚合七八個、十來個乃至二、三十個小朋友，在一間屋子裡，輕聲誦讀有注音的經典（論語、孟子、大學、中庸、詩經、周易、老子、莊子選本、唐詩三百首……）。課本由善心人士或財團法人捐印，免費供兒童使用。平時隨機抽點，由兒童背誦進度中的章節，每月或相關節慶，還可以舉行比賽，給予獎賞。

因為兒童記憶力特強，這時專力背誦，不必講解。就如銀行存款，先且不斷儲蓄，不斷積存，日後會用錢時便有錢可用了。兒童讀經是儲蓄聖賢智慧，隨著年歲增長，自能漸次將默誦在心的聖哲話語，應用到生活行為上去。這樣一來，人人都自然而然地成為有經典教養的高品質的國民。不費政府一毛錢，不必借助學校的師資，也不必加蓋教室，就能順適自然、輕而易舉地完成淵懿優雅的經典教育。天下之善事、美事、樂事，孰大於此！

如今，不但臺灣地區、港澳地區、南洋華人地區、美加華人社區，以及大陸南北各省區，從大都市到農村，都已普遍掀起兒童讀經的熱潮。看來中華文化的復興運動，要數兒童讀經最為簡易易行，而人文教育的效果，也要數兒童讀經最能綿綿無盡了。

4.責成政府多設人文基金，重視文化遺產

中國是一個文明古國，山川河嶽，壯麗雄奇，人文遺跡，遍地皆是。政府應該配合民間，多設人文基金，作為維護人文景觀與人文活動之用。聯合國對於各國各地自然遺產與文化遺產之申請，經實地審查後，予以備案註冊，甚至給予經費補助。近年來，大陸積極進行雙遺產的申請事宜，而大有所獲。臺灣地區也應積極規劃，蒐集資料，進行申請，無論成功與否，皆可使文化遺產得到適當的維修與重視，以發揮人文薰陶的功能。

5.人文景觀與人文活動

人文景觀顯示靜態之美，人文活動彰著動態之美。東亞地區的人文景觀本就普遍而豐富，日本韓國維修得很好，中國大陸則慘遭文化大革命之暴亂，受到嚴重破壞。總算還好，近十年來，大陸各地也在加緊修復人文景觀，而到處成立研究中心與管理機構，有了靜態的人文景觀，自然就會出現動態的人文活動。假以時日，人文教養也會逐漸顯出成效。

臺灣社會開放，政治民主，經濟繁榮（近年也不景氣了），本可大有利於人文景觀的建設和人文活動的推行，無奈朝野上下，忙於爭逐權利，漫忽人文陶養。媒體工作者又欠缺文化意識，人文素養也甚為薄弱，只知道一窩蜂似的追逐八卦新聞與情色暴力事件，公眾人物與政府官員，大多蒙蔽良知，不講誠信。如果不是社會民間還蘊蓄一股清流，經常有傳統藝能、美術繪畫的展覽，有古詩詞的吟唱與古典歌舞的表演，以及文化學術的研討會、座談會、演講會，還有紀念先賢先哲的各種形式的活動……，如果沒有這些可愛可敬的人士，如果沒有此類養護靈魂的活動，臺灣社會便不只是淪於「貪婪之島」而已。

五、歸趨：發揮「推愛」，完成大我的全幅價值

儒家講「仁愛」，仁愛也可說是「博愛」，但卻不同於墨家無等差的「兼愛」。孔子說「己欲立而立人，己欲達而達人」。由己推到人，有先後之序。禮運大同章說「不獨親其親（也要親人之親），不獨子其子（也要子人之子）。」由親其親到親人之親，也同樣有先後之序。孟子說「老吾老以及人之老，幼吾幼以及人之幼」，也是先由吾而後及於人。這先後之序，便是行愛的差等。

愛是一個行為，行為有過程，有順序，它總是推己以及人，推己以及物。所以孟子又說「親親而仁民，仁民而愛物。」「親、仁、愛」其實都是愛，但其中既有先後之序，也實含親疏厚薄之等。儒家是同時兼顧普遍性與差別性的。理上的普遍性與事上的差別性，本屬義理之當然（也是天理之自然）。理貫於事，必須步步落實，步步推廣，理事圓融，通而為一，而後乃能充盈圓滿而與萬物為一體。儒家的仁愛，由人類愛推擴到宇宙愛，這才真正是愛的真

諦。

儒家之學是「人」學，是「生命的學問」，化小我為大我，這是儒家的基本旨趣。從一己的「人品、人德」，通到家庭的「人倫」，社會的「人道」，政治的「人本」，再到世界的「人文」。這一步步的推擴，一層層的開顯，都必須由「小我」通到「大我」這個普遍的人格上，才有真實的意義，才有圓滿的價值。我們接續宋明理學來講論儒家的學問，到此，才是正法眼藏。

《東海哲學研究集刊》第九輯，二〇〇四、五

肆、朱子在人文教化上的影響

——從呼喚新儒出世說起

文化理想的落實，方面很多，而最根本的還是教養問題。分而言之，有所謂家庭教育、學校教育、社會教育，合起來都屬於文化教養。而當前中國（無分臺灣、香港、大陸）的種種問題，本質上都可以歸根於文化教養。而細數歷代儒者，在人文教化方面貢獻最大、影響最深遠的，應以朱子為首選。於是，我們對於「朱子型」的儒者，乃油然生起思慕之情，而引發「新儒出世」的想望。

一、性理學、成德之教與人文教化

朱子的成就是多方面的。他遍注群經，對經學的貢獻和影響，遠過於東漢的鄭康成。同時，他在史學、文學上的成就也非泛泛，而卓然不群。再從性理學方面看，朱子是「元、明、清」三代的官學正宗。在韓國李朝，更把朱子學奉為治國的理念。凡講經學、講做人、講教化，必以朱子為典範。在日本，朱子學也是德川幕府的官學。後來陽明學傳入日本，雖然風行一時，仍然不影響朱子的正宗地位。由此可知，朱子在性理學上影響之深遠，是無與倫比的。

儒家不只是一套精深博大的哲學，它在人文教化上顯示的功能作用，比起世界各大宗教在各自的文化領域中所盡的責任，也是有過之而無不及。中國文化不走宗教的路，而是「攝宗教於人文」。儒家的「禮」，有祭禮，這是很特殊的。祭祀本是宗教活動，而儒家把祭祀納入到「禮」裡面來，這是「宗教人文化」最明顯的徵驗。儒家三祭（祭天地、祭祖先、祭聖賢）所涵蘊的，不只是文化的意義，同時也是宗教的意義。❶

但儒家這個「大教」，沒有教會組織，沒有僧侶制度，沒有特殊儀式（如入教受洗、出家受戒），沒有教條和對獨一真神的義務，沒有權威性的教義（如明確的來生觀念、決定的罪惡觀念、特定的救贖條件等）。因此，從形式上看，儒家不像一個宗教。然而，宗教的形態本來就是多樣性的，並沒有理由一定要採取某種形式。有一天，人類或許會發現，儒家這一個最不顯「形式相」的「道德的宗教」（人文的宗教），才是最純淨圓熟的宗教形式。❷如果人類真能認取儒家之教的形態，而各自調整其流於僵硬的教條，則數千年來各大宗教造成的災害，皆可一一化解（故中國歷史上從來沒有宗教戰爭），而歸於「太和」之境。（不是大同，而是「和而不同」，雖不同而能和的太和。）

二、朱子在教化層上的大貢獻

大家不妨沉下心來想一想：一個人從幼童而少年，而青年，而壯盛之年，而中晚之年，在這個漫長的人生過程中，無論你為士、為農、為工、為商，也無論是立身處世、待人接物，你所奉持的規矩，所踐行的道理，畢竟從何處來？我們可以回答：從家教來，從師教來，從禮教來，從經典來……具體而言之，「視、聽、言、動」的規矩，是「禮」。孔子說，非禮勿視、勿聽、勿言、勿動。但禮儀在那裡？若說在「三禮」裡面，那就顯得太高深；若說就在《朱子家禮》裡面，便感到自然而親切，而且也很具體。朱子家禮並非朝廷功令，而是民間自然依循而形成的禮俗。數百年來，儒家文化地帶（涵蓋中、韓、日、越以及南洋華人社會）在婚喪喜慶與人倫日用上，皆共同採行，視為生活寶典。如今，朱子家禮的功能性、權威性，已經散塌失落（民間雖保留一些，也是零落狀態），所以中華大地婚喪喜慶的規矩儀節，也隨之而不成體統、難成套數了。在新的時代、新的社會、新的生活方式裡，實在需要一套新的禮儀規範，這是「制禮作樂」的大事業。何時可以做出來？不曉得。但，終必有之。

---

❶ 蔡仁厚《孔子的生命境界：儒學的反思與展望》（二〇〇一年六月，臺北：學生書局）頁三五—三九〈生命的本始：天地、祖先、聖賢〉一文，對儒家三祭之禮有簡要之說明，可參閱。

❷ 參蔡仁厚《孔孟荀哲學》（一九八四年十二月，臺北：學生書局）頁一三八—一四二〈略說儒家的宗教性〉。

其次，人必須讀書，尤其要讀「經典」。❸各大宗教，或誦經、唱經，或講經、查經，因為經典是智慧之海，無人可以忽視。我國自宋季元明以來，士人所讀的經典，是「四書五經」。四書是用朱子的集註本，而五經中的《周易本義》（朱子）、《詩經集傳》（朱子）、《書經集傳》（朱子門人蔡沈奉朱子遺命而撰）、《禮記集說》（朱子後學元儒陳澔撰），都是朱子學的系統，再加上原古的《春秋》三傳（左、穀梁、公羊），乃構成完整的基本教典。這在人文教化的文獻根據上，發揮了極其普遍而深遠的影響。今後，中華民族的經典教育，將採取何種形態？何種方式？這是不能不全心關注的。（原則上，當然仍將以四書五經為本，而「子、史、詩文」的精粹，也不可忽視。）

復次，就人文景觀而言，建築是其中的大項，有如宮殿、城堡、園林、祠廟、亭臺、樓閣，以及佛教的寺院，道教的道觀，其他宗教的教堂，還有名勝、古蹟、華表、寶塔……這些都是人文景觀中的犖犖大者。歷來對這些方面措意最多，潤澤最深，影響最大的儒者，無疑要數朱子了。這些靜態的人文景觀，通常都會配上動態的人文活動。譬如婚喪喜慶之禮，和隨順四時節氣的各種儀式、習俗，都是最自然而也最深刻的人文教化之表現。朱子在這些地方所顯發的影響，不但遍於華夏，而且延及南洋和韓國、日本。如果就這個層面而論，則大陸各地在文革結束以後，也漸漸使各處的人文景觀盡量恢復它的本來面目。可見中華民族和中華文化的生命心靈，已經一步步從各種束縛中解放出來，也一步步回歸正常、回歸理性了。

三、傳統文教與現代化

若問如何使傳統的文教與現代化連結起來，我也曾作過一些思考：在綜結中國現代化的兩大綱領之外，又從「器物層」、「生活層」、「理念層」這三個層次作過深細的討論。❹我認為，朱子以及所有的儒者，都奉持「時中」原則，都支持順應時宜的改革演化。在人文教化的層次上，朱子也必肯定新時代的生活規範。不過，新的物事不是憑空而至，而是從舊的傳統蛻變而來。因此，必須「返本」以求「開新」。這個道理，和先儒所謂「體常以盡變」（守常以應變），也正相脗合。

由此可知，從中華文化的老傳統走向現代化的道路，本就是因時制宜、順理成章的事。無須驚怪。只是切須記住：守得了常，才應得了變。必須返歸本根，才能舒發新機。

---

❸ 按，近十年來，臺北鵝湖人文書院王財貴博士，在臺港大陸、南洋美加華人地區推動「兒童讀經」（四書五經之外，還有老莊唐詩等），效果良好，發展快速。這是一件令人欣喜的大好事。散文名家朱自清在他編寫的《經典常談》小冊之序文中說：我們讀經典，不是因為它有什麼用，而是為了文化。這句話極其普通，而也極其精當。

❹ 按，中國現代化的兩大綱領，指(1)民主政體的建國，(2)科學技術的發展。參蔡仁厚《儒學的常與變》（一九九〇年十月，臺北：東大圖書公司）頁五一——五七。另關「器物、生活、理念」三個層次的討論，見同書頁六四——七四〈中國現代化的三個層次〉。

四、呼喚（朱子型的）新儒出世

當代新儒家的第一代和第二代，都已走入歷史，第三代也已進入老年，第四代已開始展現頭角而蔚為楨榦。然則，我何以還要在此「呼喚新儒出世」？

第一、是要表白特殊的虔敬和鄭重。

第二、是迫切盼望特型人格的降生。

歷史的氣運，不同於理性的原則。理性原則有定常性，而歷史氣運則是難測難知的。面對歷史的運會，不能只靠人有限的努力，而要靠人無限的真誠。所以著力於計慮是常常無效的，必須出之以虔敬的心意。凡是算計不來的東西，便用至誠的心聲來呼求。計慮算計，顯示人的智力和智思；虔敬呼求，則流露人的性情和真誠。竭慮殫思無所得時，也許一聲至誠的呼喚卻可以得到回應。

在可以預見的未來，儒家之學要想落實於全面的生活，以普遍顯現人文教化的功能（不只是偶見成效），大概還需要一段很長的時間（三十年，五十年，一百年，難以預測）。

三年多以前，我赴福建武夷山出席朱子逝世八百年的紀念學術會議。我閉目神遊朱子在各地的遺蹟，彷彿目見朱子的身影，活現在祠宇書堂、在田間山野，在奇岩溪崖……一個前古的生命，竟可以如此神奇地隨文字遺蹟而永遠存活。平常所謂「與河山並壽，與天地並存」，竟也成為平實的真話。這一個小小而卻親切無比的發現，使我喜慰無限。如今我們誠心祝願：朱子型的儒家人物早早應運出世，⑴使儒家「雍容平和，清懿莊穆」的人文教化，能夠依隨突出的生命而重新昭顯「化民成俗」的廣大功能。⑵使人民的生活環境，能夠達到「情理融通，安和樂利」的境地。⑶讓大地上的人們，以自律輔以他律，來化解生命中的「貪婪、凶殘」和言行上的「鄙陋、低俗」。敬禱天心回轉，如我所願，如我所願。

二〇〇三年十二月，馬來西亞《朱子學刊》

伍、韓儒田艮齋處士學行述評

前言

我對韓國李朝前期的儒學，雖略有知聞，而實未嘗從事深入之研究。至於李朝末葉的儒門人物，則可謂空無所知矣。

今年四月，漢城中央大學梁承武教授先以電話徵詢，問我是否可以在十月初到漢城出席學術會議，會議主題是李朝末葉一位重要儒者田艮齋（田愚）思想之研討。我說對於艮齋之人與學全無所知，梁教授說，不要緊，我們立即將艮齋先生全集上下冊，以及《艮齋思想研究論叢》兩冊，快郵寄到府上，請依文獻撰寫論文。並說韓國學界衷心希望我能應允出席。梁教授是我相識多年的朋友，情理上不好拒絕，而內子楊德英女士雖然歷遊歐洲、美國、大陸、南洋、日本，卻尚無機會作韓國之遊。因此，也促我答應，以便一併遊覽韓邦。

十天後，資料航空寄到。艮齋全集雖是漢字，但二巨冊的文集，實無時間仔細閱讀，而兩冊研究論叢則全為韓文，如此，將如何撰寫論文呢？更何況北京國際儒學聯合會、臺北鵝湖社與東方人文基金、北美國際中國哲學會，皆將在暑假舉辦國際學術會議，也皆邀我出席；另外學生書局創業四十週年特刊，又約我寫一篇〈五十年來臺灣地區中國哲學史的研究與前瞻〉。學期授課之時少有餘暇，而暑假時節又甚緊迫，然則，這四五篇文章，我將如何應付？

幾經斟酌，決定漢城之文，將以《艮齋年譜》為主線，就其各階段之學行思想，擷取其要，且述、且論、且評，如此，或庶幾可以如期完成一篇學術報告形式的文字，這也恐怕是像我這樣不熟悉相關文獻之人，在一定時限中唯一可行的做法。而且，我以較生疏的外人，較冷靜的心境，較客觀的角度，或許也恰好可以對艮齋的「學德」、「行事」、「處境」，做出比較平允適切的評述，也未可知。附言：本文引用之文獻，悉用《艮齋年譜》，故未再作註釋，謹特說明。

一、端重好學，徙義服善

艮齋田氏（西元一八四一—一九二二），名愚，字子明，生於全州府青石橋第。據年譜，「始生，眉宇秀朗，高準大耳，精粹之氣，如瑞美玉。稍長，風儀俊爽，語音低徐而響亮。」自幼端重，不與群兒嬉戲。從能言語開始，便手指壁間文字，問其文聽天公。因而漸漸都認得了。六歲之時，便能將文字聯綴成句，七歲正式就學，不必長者督促，便自能準時做完課程。他才性超常，文理順達，有人預斷他將來必成大器。九歲之冬，盆梅盛開，聽天公令以香字韻綴為詩句，先生即時應聲曰：

聽雪鼓弦琴韻冷
看梅題句墨痕香

艮齋不但自幼聰慧，而且天性篤於孝道。十歲起，晨昏定省，並親自照顧其父之起居衣物，雖洗滌溺器，也必身親為之。十三四歲時，已遍讀四書六經。雖記性絕人，過目成誦，仍遵朱子「以敏底才，用鈍底功」之法，切實用功。

十四歲時，隨父移家漢城。嘗臨趙孟頫松雪之〈前赤壁賦〉（此遺墨卷至今猶存，附編於全集下冊書後）。是年始承父命習舉業，時文六體，無不精熟。十七歲聞尤庵宋氏戒吸煙，即與同社友訂定規約，摒去一切煙具，嚴禁吸煙。其不能勉強者，擯斥之，不齒焉。以為「小節而不矜，安有餘事可觀乎？」其徙義服善之強毅有如此者。十八歲，朴氏夫人來歸。此年，與洛中才士八人同習時文，年譜說他「文章大就，聲聞蔚然」。十九歲，讀書山中寺，得聞讀書不搖身法，即「拱手危坐，一遵其法」。

二十歲讀《退溪集》，始知時文之外，尚有「為己」之學，大喜。乃決志為聖賢之學。

是年年譜有二則故事：

一是艮齋住三清洞時，夏夜濯足前溪，獨坐盤石納涼。里中一少婦忽來訴說慕悅之情，艮齋責喻以義，使之退去，並勸告改心易慮，以免誤了一生。次日，其夫來謝。謂幸遇君子，使吾妻不陷於惡。為免貽累君子，此事不宜聲張，當私下戒諭之。

二是住順洞時，南門外有老槐樹，每逢天陰雨濕，夜有鬼燐交亂打閃。艮齋大書「陽明勝則德性用」七字，貼於槐，自後魅類絕影。

這二則逸事，一對人，一對鬼怪，而皆關涉「慎獨」之心性功夫。在「人所不知而己所獨知」之時，戒慎恐懼，靈臺明潔，正氣凜然，則淫欲陰邪，自當辟易。

以上是艮齋少年時期的若干記事。或記其端重，或記其早慧，或記其孝親，或記其好學，或記其徙義服善，而二則故事，則顯示其性氣剛正，品格誠直，人鬼畏服。

二、三夢聖賢，歸宗晦翁

二十一歲（一八六一），艮齋奉父命赴牙山新陽贄謁當時名儒任憲晦（一八一一—一八七六）。任氏號全齋，又號鼓山。一見艮齋，便甚愛重。艮齋居京城，衣服本尚華麗，聞任先生尚儉約，不用外國貨，乃即改服麻布道袍而始從學。任先生歎賞曰：此生可謂「聞斯行之」者矣。乃賜號曰「艮齋」。並寫艮卦象辭「艮其背不獲其聲，行其庭不見其人」以為箴語。另全齋年譜亦載艮齋深得全翁之器重，一見心許，以為「吾道有託」矣。

是年三月，艮齋夢中拜見退溪先生，得「主一」訓語。六月任先生講大學，艮齋逐章受教，用功深細，半年之後，任先生當面稱讚艮齋：「天資清澈，無一點塵氣。」並謂「吾於梅翁（洪直弼，號梅山，一七六七—一八五二），謬被是教，然終不敢當。而如君者可以當之矣。」由此可見，艮齋在青年時期所顯露的才品資質，即已獲得師門之深許。

二十三歲正月，得其父聽天公書朱子語「輕富貴，守貧賤」，艮齋受之為「六字符」。五月，夢見晦翁朱夫子。是年，讀朱子《中庸章句》及語類及大全講中庸處，於中庸首章之旨，深有體會。六月，韓聖導、李舜八來訪，共講西銘與論語、孟子。秋月，任先生書示有云：「吾黨中可恃者，惟高明（指艮齋）而已。敬義偕立，明誠兩進。勿使讀書種子殄絕。」是年，艮齋不滿學人「盛稱陸王之學」，賦得三絕以曉之，有句云：

> 天生朱子起南閩，鄒魯而還見一人。

詩中且有「底事象山胡叫喚」之句，其「尊朱貶陸」，甚為明顯。他是循師承而嚴守朱子之門戶，故其評斥陸王，勿足深怪。

二十四歲，正月朔日，撤去清朝年號，大書「崇禎二百三十七年，我聖上（韓高宗）元年」。（此乃承栗谷再傳、宋時烈尊王攘夷之精神而來。）又寫桃符祝辭云：「傳不習，為負師；忿不懲，則辱親。」其學行之堅毅凜然，實足生敬。是年，用生平精力讀《朱子大全》，並循晦翁「半日讀書，半日靜坐」之法，以養精神。惟艮齋晚年答車載克書云：

> 半日靜坐，半日讀書，因為晦翁之教，然此恐為無事者言。蓋先生每日只著一敬字通貫動靜，則自無間斷處。今欲用敬齋箴做個主腦，有書則敬以研理，有事則敬以裁義。其餘時不妨敬以養靜。如此，則庶無透漏矣。

據此，可見艮齋亦能活用朱子之教言，而非墨守朱子者可比。

二十七歲（一八六七），夢得圖章，一枚刻「貞龍」字，其下端又刻海波樣，另一枚只刻「凝」字。任先生曰：「凝字甚合受用。貞，冬也，龍以冬為夜，是潛龍也。子將確然不拔乎！」艮齋之生平出處，似有前定。及後，遂以貞龍海波樣刻圖章以寓意。是年，母梁孺人、父聽天公，相繼逝世。

二十八歲代任先生答趙肅齋論近思錄「生之謂性」。潤四月，夢承孔夫子下書「毋自是」三字。十月，論「氣質體一」說。次年，又作「理氣說」、「陰陽說」、「靜時氣質說」等篇。

三十歲，承全齋任先生之命，仿近思錄之例，編成「五賢粹言」十四卷（五賢指：靜菴趙光祖、退溪李滉、栗谷李珥、沙溪金長生、尤庵宋時烈）。年譜謂是編之成，可以「使學者由思及行，以成厥德。明體達用，用經斯世。其用心至矣，其立教精矣。」（四十二歲，再編五賢文獻為「淵源正宗」。）

三十三歲十月，與省齋柳重教（李華西門人）以道義相交，虛心講貫論心、性、理、氣、太極、明德之說，十四年書信往復，累數萬言。（後以見解相異而致疏離。）三十五歲，論「性為心宰」之義，略曰：

> 主宰二字，字同而用異。謂心為性之主宰者，從流行處指其能運用此理而言也。謂性為心之主宰者，就源頭處指其為氣之所本而言也。然謂之主宰者，非謂有情意、有計度而運用夫心也。只是心有所為必先有是理，而後心始有所根極而有此妙用也。

三年後，艮齋又作「主宰說」，文曰：

> 靜而大本之無少偏倚，動而達道之無所乖戾，皆是此心之妙用，故曰心為性情之主宰。此即所謂人能弘道也。心之功用，至於參天地，贊化育，然其所以參贊之理，則出於性，而不出於心。故曰性之為心之主宰。此即所謂性是太極，渾然之體也。至於

心之所以為主宰者，以其能敬也。不然，則戾於性情之德，而役於形氣之私矣。故曰敬為一心之主宰，此即所謂敬是此心之自做主宰者也。或曰道體與人功，如之何則可以合一也？曰，敬而已矣。敬宜如何用功？曰，心必本於性而不敢自用也。

據此二段文字，足見艮齋對於「心、性、理、氣」之說，謹守朱子之義理。依於「心統性情」之旨，朱子自己也有「心為性情之主」之言，然就「心」而說「主」，這個「主」實乃「管攝」之義，只能是「管家之主」，而不是真正「主人之主」。在朱子系統中，主人之主，應當是「性」而不是「心」。此意，艮齋有深切之體會，故文之末句曰「心必本乎性，而不敢自用也」。「心」何以「不敢自用」？因為心之知覺動靜等的運用，必須「順乎性，依乎理，合乎道」，故心不敢專擅自用也。（此純是朱子義。）

三、危疑之際，講學守志

艮齋三十六歲（一八七六）之十月，其師鼓山任憲晦先生卒。自此以往，詬辱構陷之事，交迭而至。年譜三十七、三十八歲下，敘其原委甚詳。先是，艮齋退還金監役祭任先生之文，任先生嗣子震宰亦致書金監役加以辯斥。金監役又與李承旭懸注艮齋祭任先生文，欲加構陷，網羅死罪，其勢汹汹者，連續二三年之久。艮齋嘗舉古節婦詞「瑤池古冰雪，為妾作心肝，死者若復生，剖與良人看」上告任先生靈筵曰：「任先生之教，由小子而不墜於地，則雖竄死九荒，其心誠甘樂之而不自以為悔也。」艮齋嘗輯錄朱子與宋時烈遭謗禍時有關處變之事實文錄，以自觀省，蓋慕效兩賢之不懼無悶壁立萬仞之精神氣象也。

三十九歲二月，艮齋赴星田參與全齋任先生之吉祭，門人金思禹從行，與諸生行相揖禮，設講會。三月，走訪年來持正之賢友，如徐柏峰、尹篤守、沈雲稼等人。四月，凶人設詭，假傳艮齋物故。艮齋乃戲題一聯云：

積忤於時，人多惡而欲死；
無德於道，己亦恥其枉生。

按、此乃仿蘇東坡上表皇帝聯意：「疾病相仍，人皆傳其已死；飢寒並日，臣亦厭其餘生。」

四十歲之四月，課讀《朱子大全》，徙居文谷講堂。八月，與沈雲稼、徐柏峰在麻谷寺作數日會講，士友至者近百人。又與尹篤守、徐柏峰相偕，往星田設講，並念念於師門幼子之學業。十一月，與任先生長公子震宰書，略云：「某每念平生於先（鼓山）先生，受罔極之恩，無可以報，唯有以所聞於先生者悉以傳於令季三弟艮宰，使高明之學不遂斷絕，庶可以酬其萬一矣。」次年十一月，又致書震宰，略云：「先師不以某不肖，寄以三哥（艮宰），既屬以手札，又重以遺託。某極知不敢承，然伏念先師所以懇懇致意於此，蓋非有苟然者。……某嘗執其手泣說先師眷眷寄託之辭，因喻以勵志求道之志，渠亦揮淚而許諾之，此豈非幽明生死之大幸乎？少日易邁，幼志難定……伏乞深思其故，及時遣來，使之讀書為學，有以上慰先師九原之心，下垂德門百世之光云。」

四十三歲（一八八三）二月，移往尚州莊嚴，門人韓道成、金榮建撤家從之。年譜記曰：士友漸多，家塾不能容，乃出住俗離山深源寺，定講規：

朝夕行參謁儀後，序立聽講。

朔望行相揖禮，齒坐抽籤講書。

問習士相見禮、鄉飲酒禮。定師生必行贄禮。

蓋近世師道不立，而又鄉俗貿貿，夫婦言語，不能相敬……艮齋痛與勉戒，不厭不倦，循循雅飭，必夫婦相敬，出入拜揖，冠必三加，婚必親迎，必行四時正祭……而使學者敦本務實，蔚然有鄒魯之遺風焉。

四十四歲六月，聞朝廷變更衣服用窄袖之制。艮齋令弟子門生嚴守舊制。蓋謂義之所不可，君命亦有所不能曲從。世治則教出於君，世亂則教立於士。維持天常綱紀人道之權，初不以位之尊卑而有所加損焉。士之責任如是之重，其所執之義有非君上之所能奪也明矣！豈可苟乎？據此年譜所載，可知艮齋講學，不只是經籍文字，義理教言，而乃真正落實於衣冠正朔、生活行事，而身體力行者。（是年十月，賊臣勾結日虜竹添進一郎謀絕清自主，劫遷韓王大駕。清將袁世凱救王駕回鑾。）

是年，艮齋被選，而李承旭、金監役等有「曲徑取選，編書背朱」之謗。艮齋寄子晦九書有云：「當以其言為鑑。無敢有不由其道之仕，罔或有不合朱子之論，則其言豈不反有益於我也乎？」溪雲金公聞之，持正論辨，有言曰：「今世專門朱子，莫艮齋若。」

四十六年三月，自華山還移鎮川晚竹，韓道成、金榮建又撤家從之。艮齋少時，家頗溫富，賓客盈堂。貧族窮交，無不周急。因而家漸剝落至於屢空。而嚴於辭受，一毫不敢苟取。舊友偶有接濟，無艮齋之命，家人亦不敢受。洪公用觀聞之，曰：艮齋貧至無屋棲身，吾輩之恥也。遂捐俸為之營造居室。申都正亦以舊交每饋米肉，艮齋辭之，則曰，朋友有通財之義，況真貧乏乎！願勿辭，令吾子孫知有此義也。五月，住竹山七賢寺。六月，移住中獅子巷（巷在俗離山絕頂），門人來會者三十餘人。七月移住深源寺，繼續講學。

四十七年四月，住公林寺，通讀朱子大全。四十八歲三月，率諸生住靈水寺，來學者益眾，寺猶難容。五十歲二月，移居文泉。五十二歲，移居栗里。八月往清州青川謁尤庵宋時烈先生廟墓，又往連山高井謁沙溪金長生（栗谷弟子）廟墓。是年，作「靜中有物說」二篇，其第二說云：

靜中既得知覺不昧，又得敬功不斷，則所謂理者，當不待人要有而本體自然呈露矣。伊川何故必言有物始得也？彼佛氏性不耐煩，不惟以發後倫理為妄而已，直從未發時認得性理亦空，一切都掃去。故語類言佛氏偏處，只是虛其理。理是實理，他卻虛了。故大本不立也。彼雖靜時有知覺，有惺惺，然卻被他要虛卻此理，故中體不立。是以伊川教學者於未發之前須得有理也。有覺有敬而又須有其理之功，然後於致中之道得造其極矣。

五十四歲，正甲午之年（一八九四），東學黨亂，中日開戰，中國陸海軍皆敗績，朝鮮岌岌可危。八月，艮齋移居臺三之上流萬籟山下，名其里曰「李臣村」，榜其居曰「孔學堂」。（本於其師任鼓山「二千餘年宣尼學」，與趙梅軒「二百年來李氏臣」之句也。）

五十五歲三月，逆臣朴泳孝奏於韓王，曰：「田某以守舊黨魁，為開化梗；必殺此人，化可成，國可保。」王曰：「化則化，野儒何哉？」朴再請，王不豫曰：「欲使予得殺士之名乎！」年譜論載其事云：「蓋先生名重華夷，故昔者日使井上馨之請條約也，有一大臣曰：國有大事必詢問在野儒臣。而田某為守舊黨魁，雖殺不從。不可為也。」

同年八月，閔后遭弒而崩，艮齋作「示諸君」文曰：

近日之變，萬古未見。昨秋以後時義，以愚淺見言之：為大臣者，雖在原任與休退之

> 列，不可不出而明大義以討逆賊；其在將帥監兵之任者，不待請命於主上而整軍旅以討逆賊；此天理民彝之當然而不容已者。側聽久之，迄無一人起而誅之者，豈可曰國有人乎哉！……今日事不啻如魚爛，縱有賢能者當之，畢竟收拾不上，只有一敗而已。然仁人者，正其義不謀其利，明其道不計其功。理之所在，為之而已。成敗利鈍，豈可預料而為之前卻也哉！我輩人只講前聖之道，守先王之法，以庶幾扶豎得已倒之太極矣。是為素夷狄行乎夷狄、素患難行乎患難底義諦。願與諸君共勉焉。

此段文字，精誠孤忠血淚俱下，非真儒說不出，無實學者寫不成也。十二月，又有「告考妣」之文，略曰：

> 不肖受形於天地父母，奉教於聖賢友師，妄意檢飭身心，庶幾稗補道術。不幸遇賣國辱君之世，何忍見率獸食人之凶？棄妻子，變姓名，宋公逃左衽之禍；竄山谷，入海島，徐子踐全髮之言。誓告先祠，哭徹上旻。

是月，艮齋往省其父聽天公之墓，再至星田拜先師全齋任先生廟，又轉訪門人金駿榮、李裕興、鄭寅昌，更有答李起錫、李根星書云：

> 變故以來，諸生不無動意。昨見仁父敬學說欲就靈雲書社，積薪木，藏火藥，為被劫時自焚之計，未前與士友講學其中。此意亦善，願諸處學人多用此道，庶幾定心看書、臨亂全髮之策。此意幸相與曉諭而持循也。「靜、敬」二字，余於平日已屢言之。至於流離顛沛之際，尤不可少此個工夫，切宜念之。

據上記載，艮齋自三十六歲至五十五歲，二十年間，從處危疑之際到國家大變亂，正是時勢非常，人心慌亂之世。艮齋以一介寒素之儒，無權無勢，無財無力，唯以精誠耿光，講學守志，不捨不離，生死以之。可不謂卓然傑出者歟！

四、國變世亂，守死善道

艮齋五十六歲（一八九六）曾寄與嗣孫鎰孝（後來撰艮齋「家狀」者）一封家書，略曰：

> 乃祖為學，只是聲華耳，非實有得於論語者，然所趣則孔子也。又其被選，只是名位耳，非實有補於國家者，然所戴則李氏也。汝雖蒙學（時鎰孝十五歲），不識路脈者，然異時文理稍進，須多讀論語。以為平生家計，雖白民未忝科第者，然他年局勢又變，必堅守臣節，用繼乃祖志事也。吾遭此亂世，混處流俗，非惟義理未便，亦恐性

> 命難保。不得已拜違先廟，周流湖海，隱處嵁巖，不能與汝曹朝夕相聚，以享其樂，亦足悲也。然吾以區區之守，略扶道術，少補世程，以不負父師之教訓，爾以欽欽之心，虔奉烝嘗，善事父母，以無失儒家規度焉，則只此亦便是祖孫慈孝之道，又何憾焉。

此字裡行間，雖只是尋常道理，而自然樸實，切摯動人。

自五十七歲以下三數年間，與門人持續講學，如論君父之讎，不共戴天，「讎不復則服不除」諸義，言之痛切激越，於氣節出處，亦講之精切。六十歲冬月，輯錄晦庵言敬之言成編，以備警省。而艮齋平生得力，也正專在「敬」字。

六十一歲（一九〇一），設講會於清州德節，門人金駿榮、金恩禹、崔鍾和、吳震泳、李會軾等從之，會者三四百人。隨後又轉往公州獨樂亭設講，會者又三百餘人。十月住鳳棲寺，學者常七八十人。年譜謂：自艮齋南下後，俗尚一變。是年，嘗作「心本性說」，以正「世儒認心為理，不以性為本」之誤。此自是振發朱子家風之說。

六十二歲八月，移家於公州之薪田。明年，作「誠意之誠通貫動靜說」，再作「三家太極圖說辨」，略謂：據語類諸錄，分明以動靜屬氣，以動靜之所以然屬理。……其曰太極有動靜者，只是太極有這動靜之理，非自能動靜也。又作「理氣有為無為辨」，略云：太極有動靜之理而無動靜，陰陽載動靜之理而能動靜。亦猶人性有寂感之理而無寂感，人心具寂感之理而能寂感也。後人認太極真能動靜，而斥栗翁之無動靜者為淪於空寂，認理實有造作適莫，而斥栗翁之氣機自爾者為氣奪理位，理仰氣機，皆非其實。害其辭無所當於理矣。故艮齋論辯之。

六十四歲，王欲召用艮齋，不果。五月，設講會於全州明倫堂，會者四百餘人。是年，作記稱說鄒聖（孟子）大功，不僅性善、養氣而已，另有發前聖所未發者，一曰心善，一曰氣清。蓋性雖純善，而若無與聖人同之心，則性不能以自盡矣。心雖本善，若無夜朝清明之氣，則心不能以獨存矣。……程子曰，君子莫大乎正其氣。張子曰，為學大益，在自求變化氣質。栗翁曰，聖賢只要人檢束其氣，使復其本然而已。此皆天下之要言，學者宜盡心焉。

六十五歲（一九〇五），是年，日韓訂立協約，日置總監於韓國。四月，艮齋與門人金駿榮書，略云：

> 雔虜之陵踏已甚，君相之權柄已去，而疆土不可復存，生靈不可復救，痛苦何言！……（人或勸出山），……某自量，既無德望可以服一日之士類，又無才能可以應倉卒之變，則不可輕易出脚也明矣。

六月，答門人金思禹書，有云：

誠使孔子居今之世，下無奏薦之臣，上無聘召之君，猶且欲出而有為乎？抑將遯世不見知而不悔乎？由前則與蘊玉待賈之義、乘桴浮海之意異矣。由後則是所謂天地閉賢人隱之道，而時人必將譏其果於忘世而樂於獨善矣。後世士子宜何所適從，是固不可以不審也。所引果哉之歎，憮然之語，據鄙見言之，今之賢者因無君相之見知而莫能有為於世，然其隱憂幽憤亦將何所不至哉！惡可與荷蕢沮溺之徒同科乎？

十月，日虜犯闕脅約，韓王再三峻拒，至謂寧殉社稷，決不認許。而逆臣李用完、李址鎔、李根澤、權重顯、朴齊純等私相認準。次（十二）月，艮齋上疏，請斬五賊，有云：

況今虜使所請，直是臣妾我也。猶謂之平和永遠，皇室尊嚴？此雖三尺童子亦知其紿我耳……伏乞陛下，亟斬當日捺章諸賊之頭，懸諸宮門，以洩神人之憤，仍將虜始渝盟、越法、勒兵、脅約之罪，布告天下，而共擯之。又宜招延英傑賢能之士，與之勵精圖治，臥薪嚐膽，期以扶持綱常，誓雪讎恥。幸而得成，則宗社臣民之福也。不幸而敗，猶足為得正而斃矣。豈不愈於屈辱而苟存乎？況今一屈，異時宗社未必可保，生靈未必可全乎？

韓王批復之後，艮齋再上疏，有云：

陛下於此，豈不知其顛倒已甚？特以被五賊之所欺罔而冀異日皇室或無虞也。亦以被五賊之所恇怯而懼今日聖體之或有禍也夫？……陛下誠能惕然自念以為我苟以死自誓討逆拒賊而永保獨立焉，則祖宗列聖之靈其必慰悅於九天之上矣，億兆臣民之衆其必舜蹈於八域之內矣……只此一念，的是我韓君民起死回生之一粒靈丹也。……臣無任崩迫血泣之至。

年譜錄載二疏之後，有一段評論文字，曰：先生平日固守朱子身不出言不出之法門，自被儒選以後，國家屢經變故，極有可言之事而不曾出位露章，但論其義於知舊書牘及雜識等篇矣。今則賊臣舉國與人，無復餘地。遭此大變，身雖不出，名在儒選，其義猶得與致仕大夫比。故用沐浴請討之義，沫血進疏。蓋聖人之教，不許出位謀政，而春秋之法，人人得而誅賊也。然而，大勢已去，無可挽轉。故入山浮海，守義而俟死。同月，又有「告家廟文」、「布告天下文」、「警世文」之作。

六十七歲（一九〇七）三月，專赴嶺南拜退溪先生廟堂，並訪陶山書院。門人徐廷世、李仁矩、田烈及孫鎰健從之。途中艮齋誦其最少時所作詩云：

數椽深樹裡　瀟灑著高人
猶恐有知者　山雲暮復晨

八月，往觀安民島，不愜意，回行。九月，再入武城山，住芙蓉庵，輪示子孫門人「誓死守義」。或曰「親在則宜屈，而使之守義，可乎？」艮齋曰：「此大不然。吾聞父母教之以義方，不納於邪。未聞父母反為人子守義之障也。」

六十八歲（是年起，年譜只紀干支，已無年號）正月，祭告先祠，傳家於長孫鎰孝。七月往觀萬頃望海寺，覺其地雖濱海，仍嫌淺露。乃於九月乘桴入智島之北旺嶝島。有詩云：「南蠻鴂舌銀三等，東魯麟經淚萬行，舊日太華山裡客，飄然一棹入滄溟。」十月，往南旺嶝觀金龍巖宅三遺墟。明年二月，自旺嶝島還穆中。四月入沃溝之君山島龜尾村。七月，安陽書室作成。

七十歲二月，安陽書室鑿井得泉。蓋自艮齋入海之後，世變益深，鯨濤難梯，人跡罕至，始終從學不捨者，不過數人而已，如金鍾熙、南軫永、權純命、柳永善，始終周旋，晨夕就養，先生嘗有從我陳蔡之賞云。四月，安重根刺殺伊藤博文於哈爾濱俄國領事館前，隨即被執而死。艮齋以詩贊之。六月，嚴拒日本經學院孔教會都教長之聘。

七月，日韓合併，韓遭吞滅。八月，艮齋始聞報，痛憤不欲生，率門人入山痛哭數日夜不止。隨即，自君山復入旺嶝島。年譜載曰：以旺嶝比君山更深，船梯尤難通也。門人申允中、權純命及孫鎰精等從行。

艮齋書囑其子敬九，備置壽衣，並告以國已亡矣，誓不出海外一步地。九月，門人朴炳夏仰藥死、吳剛杓自縊，併為殉國之節烈。艮齋以詩贊之。

人。

五、仁歸荒島，海濱鄒魯

七十一歲（一九一二），艮齋與門人論「危微非病」之義，云：「燈懸風中，只是危，不是病；護之使不滅熄，豈不是危者安乎！泉出山下，只是微，不是病；導之使不淤塞，豈不是微者著乎！嬰兒落席，其氣雖微而非病也；養之使充盛，則似道心之微者著矣。稚子臨崖，其勢雖危而非病也，扶之勿使墜，則似人心之危者安矣。」觀此數行文字，甚是平直簡明，卻實已道出危微精一之機竅乃在心之不死，而得以周流貫徹，使危者安、微者著。十一月，日人警務部派人來謁，意甚尊敬，求字，以病辭。其人乃揭壁門一聯而去。聯云：「萬劫終歸韓國土，一生命附孔門人」。蓋日人疑忌艮齋，故屢使人來察視。後聞日人史傳記載艮齋履歷，即以此詩聯為斷案而高其風節云。是年，題觀善錄，前後入錄門人者，約二千餘人。

七十二歲三月，自旺嶝島還君山島。恭繪「箕子、孔子、朱子、宋子（時烈）」四聖賢像而瞻拜之。

七十三歲三月，孫鎰孝奉廟率眷來侍，定居於繼華島陽里。五月，行時祭，登丹心臺，有詩云：「丹心客上丹心臺，縱有丹心孰與開，體道丹心知者少，丹心只恐死如灰。」華島有十勝：望華山、超然臺、丹心臺、清風臺、千仞岡、水月潭、濯足灘、砥柱峰、朝宗浦、詠歸巖。蓋門人相與品題而詠以識之。由十勝之題名，可見諸人心事之一斑矣。自入海以來，艮齋讀「朱子大全」而隨疑隨錄，至是而成編，名曰「朱子標疑」。十月，以六言詩答諸子問，句云：

性全善無纖疵　是為無極太極
心體明用或暗　氣清靜動有雜
惡由氣心失正　心邪非盡氣使
心苟自明自誠　氣用無復渣滓

七十四歲（一九一四），四方來學者日眾，講社不能容。諸生相繼築室：權純命築「勉學堂」，成璣運築「扶陽齋」，柳永善築「持靜齋」，金鍾熙築「強學堂」，金宗中築「惜陰齋」，趙瀚奎築「葆真齋」，金龜洛築「困學堂」，趙濟元築「永華齋」……。年譜論曰：「艮齋以朱宋正學，箕孔出處，晚年望專一國，道高天下，四色共尊，華夷同慕。故雖國亡君廢，異教滔天，而猶此聞風執帚者，南暨濟州，北薄間島，海門堂室，歸者如市。繼之以築室成村，此蓋曠古所罕有者也。」據此看來，艮齋講學之所，實已成為海濱鄒魯之儒鄉矣。

十一月，日警署有召呼。作「彼署有呼」示諸生，文曰：

彼之召我，何為也哉？欲問倡義，則倡義欲討賊也。欲討賊者豈肯赴彼之召乎？欲詰漏籍，則漏籍示不臣也。示不臣者豈肯赴彼之召乎？彼縱千呼萬呼，而我不舉一趾矣。如怒其不至，即遣巡檢一人，拔劍截頭以去。在我為守義，在彼為洩忿。彼如再來召我，宜以此示之云。

是年，作「性師心弟」獨契語。年譜載曰：性師心弟四字，是先生所創。然六經四書累數十萬言，無非發明斯理，可一以貫之。孟子言歸而求之，有餘師。朱子解之曰，性分之內，萬理皆備，隨處發現，無不可師。程子曰，師者何也？理也義也，此皆性師之證也。孔子言學道學禮，禮與道，即性也。性既為師，則學之者非神明靈覺之心而何哉？……

七十六歲又作「性尊心卑」之說、「心合理氣」之說，皆順朱子之路數，作義理之申說。九月，登望華山絕頂，次前賢農巖金昌協九日登高韻曰：

萬丈峰頭絕點塵　黃花素月遇佳辰
一樽感慨無窮淚　大界遨遊自在人
試看迂儒豪興發　枉敎壯志鬢毛新
巢由猶隱唐虞世　莫問煙波老幅巾

七十八歲（一九一八）六月，官府來問不入籍事。艮齋書示長孫鎰孝云：「吾以韓國遺民，豈肯入籍於他邦？汝雖死不可捺章。」

七十九歲，門人或勸艮齋散了學徒，閉戶謝客以避禍。艮齋毅然不動，因誦朱子語云：「今為避禍之說，固出於相愛，然得其壁立萬仞，豈不益為吾道之光！」時，一葉山房諸公來書，謂今日綱常之責，惟在門下一身。仍誦輿論以為宗匠蓍龜，必能出而善世，號召一國英才，而請先生入居太學師位，風動四方，使天下後世知國有仁賢之效。艮齋以「素乏經綸之才，又無動化之德，加以癃廢日甚」謝之。

八十歲五月，有偏告宇內同志諸公書，痛斥報社侮聖之論。

八十一歲二月，為全齋任先生豎立神道碑。八月，門人權純命、柳永善蒐輯艮齋壬子後草稿為幾十冊，艮齋略加删正而未及再修。十二月，編成「華島漫錄」，性理、經禮、語默、出處、衛闢、尊攘之義，無不畢具。

八十二歲（一九二二），門下某假託義學，更張講規，欲陪移杖履於靠海港之紫天台。門人柳永善引師訓「不出海外一步地」以力折之。三月，艮齋聞知此事，怒責某門下而斥罷之。

是年七月朔日有疾，四日終於正寢。銘旌從治命書：「艮齋田處士」。九月，葬於益山玄洞後麓艮坐之原。門人知舊加麻者二千人，觀葬者六萬餘人。題主不書官銜，只書處士，亦治命也。

卒後之五年（一九二七）起，文集、別集、禮說、性理類選，先後印行。卒後之十四年（一九三六）年譜成，凡四卷。門人權純命、柳永善編輯，吳震泳修潤之。卒後之二十年（一九四二）旺嶝島遺墟碑成，柳永善伐石撰文而豎之。同年，家狀成，長孫鎰孝述。次年（一九四三），行狀成，門人吳震泳撰。卒後之二十四年（一九四六），墓碣銘成，門人柳永善撰。（時二次世界大戰已結束，韓國光復，艮齋在天之靈，宜可得安慰矣。）

六、儒行光顯，範式海東

儒家之徒，溫文儒雅。此乃一般之印象。東漢鄭玄三禮目錄有云：「儒之言，優也，柔也。能安人。能服人。又儒者，濡也。以先王之道能濡其身。」近人章太炎曰：「儒行十五儒，大抵堅苦卓絕、奮厲慷慨之士。與儒柔之訓正相反。儒專守柔，則生許多弊端……然此非孔子意也。奇節偉行之提倡，儒行一篇，觸處皆是。是則有知識而無志節者，亦未得襲取儒名也。」熊十力先生在《讀經示要》卷一，特別表彰「儒行」一篇，以振作人心士氣。其所論說，最宜參省。現從儒行篇中所標之名目：「自立、容貌、備豫、近人、特立、剛毅、仕、憂思、寬裕、舉賢援能、任舉、特立獨行、規為、交友、尊讓」，即可略見儒門人物之性情、器宇、品格、風標。而綜觀艮齋田翁之風節標格，實不只是性理學家，而更是《禮記·儒行》中之人物。吳震泳「艮齋先生年譜」後跋，言之頗為簡切。略曰：

嗚呼！此先師艮齋先生年譜。先生以天人性命之學，抱堯舜君民之志，不幸不得出而行道濟世，故年譜所記，議論多於事行。嘗見清儒王懋竑所撰朱子年譜如此，蓋皆別是一格也。朱子雖嘗立朝事君，然發微闡奧之功為多。故後人之為譜也然矣。況先生未嘗出門一步地，只以空言當一治之數，則其勢尤不得而不然也。後之學者，讀是譜而知得語默極其精，出處嚴其防，道術一統於大分極裂之餘，禮義一炬於厚夜不晨之中。衛闢尊攘之義，喫謗耐彈之象，雖流離困極，而未嘗不得其亨，振起士類於亂亡之世，以基陽復之日，天之生先生於世界末局，意蓋不甚偶然也。則此一編，為天地間不可無之文字矣。至於造道凝德之氣象意思，有非淺識所能形容得出，而即凡議論之始終如一心事之死生無貳，而精察焉，則心公眼明者，亦可以自得。嗚呼其盛矣。

另年譜第二跋文（柳永善撰）亦云：

噫！我先生既未得致君澤民，則惟有立言著書，發微闡奧，而巍然繼往聖開來學也。然讀其文而又欲尚論其道學事業，始終大致，則是譜之作，惡可以已也？謹倣王白田懋竑纂訂朱子年譜例，採取其心性理氣學問出處之淵奧要歸，使開卷瞭然，亦足以想見先生之世，而誦法步趨有若親炙者矣。

※　※　※

後語

我以異邦後學，匆遽之間拜讀艮齋田翁之年譜，多所感發。上之所述，簡略欠周。惟私心對李朝末葉之困境，實感受深切。而猶見海東真儒為聖學作見證，為世人作標榜。可證儒聖之學確然「通物我，貫古今」，無論身處任何時地，皆可「得同然之心」以立己立人、成己成物也。

「艮齋田處士」，這是艮翁晚年自定之稱號。處士者，在野之儒也。艮齋雖被朝選，而實未一日居官。處士之稱，正與其平生身命性情志行相合。綜而言之，艮齋一生之所樹立，而足資表述以垂範於後世者，厥有五端：

一曰「資性剛毅，敬義雙進」

二曰「躬行實踐，貫徹聖教」

三曰「性理之學，折中朱子」

四曰「評斥心學，嚴守學統」

五曰「堅篤精誠，大節凜然」

此五端之事據，皆已略見於上文。歸總而言，艮齋在氣性上兼具「狂」「狷」精神。退能有守，進可有為。故其實踐，乃能「敬以直內，義以方外」，雙線並進。在性理方面，可謂學養深粹，對韓國儒學史上諸問題，皆有論列。大體上取不偏不倚之立場，而折中於朱子。至於他評斥陸王心學，在客觀義理上不免有所偏失，但我認為此乃由於義理系統之不同。不必視為門戶之見。而在國變君廢之際，退隱海上。既「守志、守義」，不屈不辱，且持續講學弘道，延聖賢學脈於一線。雖力不足以回天，而韓邦光復之後，獨立建國，文教重光。其門人於一九四五年秉艮齋生前之治命，合葬艮翁與夫人，次年，墓碣銘亦成。而《艮齋先生全集》完整本，亦於一九八四年由保景文化社印刷發行。艮齋一生之學行與忠貞血誠，終得光顯於世。而韓國學界又組成「艮齋思想研究會」，並於一九九四年、一九九八年，先後出版《艮齋思想論叢》第一輯、第二輯，對艮齋之學行思想，多所申述發揮。今年又召開艮齋思想研討會，承蒙相邀，甚感榮幸。本文之作，不過綜述大旨，未極深細。尚祈高明不吝指教。

【作者附識】

此文脫稿於五月上旬，而同月十三日接得「艮齋思想研討會」正式邀請函，謂會期延後一個月，改於十一月上旬舉辦。我的論文題目，亦派定為「艮齋之心性論」。於是另起爐灶，另撰心性論一文以應會議需要。心性論一文已編入拙著《哲學史與儒學論評》（臺北，學生書局）頁二八〇—三〇一。而此文則送請《東海哲學研究集刊》發表。特此說明。

一九九九年十二月八日

陸、道家無爲與儒佛的關涉

一、「無為」的智慧之普遍性

道家所謂的「無為」，如果更完整的說，應該是「無為而無不為」。所謂「無為」，並不是沒有為，也不是不要為。須知「為」的方式可以多樣性，而「無為」也正是「為」的方式之一。由「無為」而達到「無不為」，這才是倡導「無為」的最終目的。但所謂「無不為」，也不是「無所不為」、「什麼都去為」的意思，而實只是「無不成就、無不實現」之意。

換句話說，所謂「無為」，意即「無所為而為」，不是為了什麼（特定的目的）而去為，只是順其自然而為之。事理本當如此，該如何便如何，如此便是無所為而為之。這樣的「為」不是深思熟慮而為之，不是勉為其難而為之，不是違背自己意願而為之，不是受人指使而為之，當然也不是為了討好某某人而為之，更不是希望獲得什麼報償而為之……如此說來，這種「無為」的行為方式，並不是只有老子莊子一類的人始能知之，始能行之；在一般愚夫愚婦的日常生活中，其實也偶或能知、偶或能行的。

據上可知，「無為」這種智慧的實踐，絕不是專屬道家的特殊造境，而是具有極大之「普遍性」的。雖然不能說人人都可以充分做到，但事實上卻是任何人都曾經或多或少地做到過的。

二、儒家如何講論「無為」

《論語．衛靈公》載孔子之言曰：

無為而治者，其舜也歟？夫何為哉，恭己正南面而已矣。

朱子註云：「無為而治者，聖人德盛而民化，不待其有所作為也。」又說「獨稱舜者，紹堯之後，而又得人以任眾職，故尤不見其有為之跡也。」舜帝知人善任，大臣眾吏各司其職，為天子者，只須「恭己、正南面」，揖讓行禮即可，所謂「垂拱而治」是也。

其實，也不是只有孔子講過「無為」的話。《尚書．洪範》有云：「無有作好，遵王之道；無有作惡，遵王之路。」作，是有意而為。凡是作意（刻心刻意）地好，或作意地惡，都不免加上了一層私己的心思和情緒，所以其好其惡都不免有所偏私而失其正。王道、王路，乃是平坦康莊的大道。依大道而行，自能合情合理而無所偏失。《尚書》這幾句話，正指點一種自然無為（順情如理）的待人處世之態度。

另如積極行道、積極救世的孟子，也留下不少關乎「無為」的話語。他說：

> 無為其所不為，無欲其所不欲。（盡心下）
>
> 非禮之禮，非義之義，大人弗為。（離婁下）
>
> 人有不為也，而後可以有為。（同上）
>
> 行一不義，殺一無辜，而得天下，不為也。（公孫丑上）

「無為」、「弗為」、「不為」，義自相通。孟子曾說孔子有取於狂狷，「狂者進取，狷者有所不為。」（盡心下）「有所不為」，正挺顯一個「守道不移」的原則立場。人必須先能「有所不為」（不為非，不為惡，不行不義之事），而後乃能「為其所當為」。儒家的重點，落在「為其所當為」上，這是積極行道之心。但道是否能行，常有許多主觀和客觀的限制。道如果不能行於當世，便須守住道以待後之來者，此之謂「守先以待後」。對於道家「無為而無不為」的道理，儒家其實也有深切的體會，只是儒家並不直接以「無為」作綱領，而是「以仁為綱」，重視道之生生，而且還要求其大生廣生，生生不息。

天道生化萬物，人（仁）道成就（生化）價值，都是積極性的創造活動。但人在行為上所表現的善和在事物上所成就的善，都只是相對的善，還不能等同於理上的善和體上的善。理上體上的善才是善本身，才是絕對的圓滿的善。所以儒家雖然肯定人人皆有先天本善之性，但卻不能保證有本善之性的人，必能完成純善的人格。因為人品人格必須個人自己去成就（故孔子曰：為仁由己）。因此，即使你是直道君子，也不能以自己所表現的善行自滿，不能以自己所成就的善德自足。而必須不間斷地奮發上進，超越善惡的對待而進到無待的善本身，達到與理上體上的善通合為一。這時候，你才真正是一個有道的生命，一個與天合德的生命。

儒家鼓勵人積極而為（盡心、盡性、盡分），但也同時教人要合情合理。順性而行的型範是孟子所謂「堯舜性之」。順先天的性德而行，自然合道合理，這也實是孔子所謂「仁者安仁」。安然行仁，自然而然，猶如大禹治水，順水性而為之，故能「行所無事」，這也庶幾乎是以「無為」的方式而「為之」了。

在此，可以順便提到王陽明的「四句教」。四句教的頭一句「無善無惡心之體」，曾經引發爭議。因為人很容易把心體「無善無惡」和告子所說的「性無善無不善」相提並論。其實，陽明所謂「無善無惡」的「無」字，應該作動詞用，是「無掉」（超越掉）的意思。心體上的善，不同於事行上的善。人的事行有善也有惡，一切事行上的善都只是相對的善，而心體上的善則是善本身，是絕對的善。古人不用「相對」「絕對」之詞，他只說「至善」。至善就是超越「善惡相對」的「絕對善」（理上、體上說的善）。陽明以「無善無惡」說「心之體」，正是要指點出心體上說的善，乃是超越善惡對待的「至善」。陽明在《傳習錄》卷上薛侃所記「去花間草」一段有云：「無善無惡，是謂至善。」凡有善惡分化對待，都未達於至善。至善不是特意做成的，而是自然達到的。所以至善的境地，不能只在「有為」上著力，還須依循自然「無為」的方式，超越善惡的對待，才能安然而達於「無善無惡」（如理合道）的境界。

三、佛家的空與道家無為的關涉：格義在過程中顯現的接引作用

佛教初期的流傳，正如印順法師所說，是「宗教重於學術，信仰重於理智」，並未進到「佛學」的階段。西晉亡後，中國分裂，南方是東晉，北方是五胡十六國。佛教在北方以般若學為主流，其最重要的人物，先為釋道安，後為鳩摩羅什。

當初佛教傳入中國，一般都只依附神仙方伎，活動於宮廷與民間。到魏晉玄學興起，道家的「無」成為眾所周知的觀念，而佛教般若學也在此時帶來「空」的觀念。「空」和「無」的相似性，漸漸引起僧俗二流的注意，於是出現所謂「格義」，即以中國的思想（老莊易理）比擬配合，以講說般若性空之義。譬如道安大和尚早歲亦用格義。中歲以後，謂

「先舊格義，於理（佛理）多違」，棄而不用。但講格義的「六家七宗」中仍然有道安。

1.本無宗：以釋道安為主。謂「一切諸法，本性空寂，故為本無。」其說大體以「無」與「空」為同一事。

2.本無異宗：以竺法琛為主。謂「以無出有，即無在有先，有在無後，故稱本無。」此宗與本無宗共為一家。

3.即色宗：以支道林為主。以為「即色是空，非色滅空」。意謂一切現象皆無實在性，色即是空，不待「色滅」而後空。

4.識含宗：以于法開為主。此宗受早期識變觀念之影響，有唯識學之傾向，與般若性空之觀念不相應。

5.幻化宗：以釋道壹為主。此宗以一切現象為幻化，唯「心神猶不空」，故可修道、隔凡、成聖。

6.心無宗：以竺法溫、支愍度為主。法溫謂「無心於萬物，萬物未嘗無。經中說諸法空者，欲令心體虛妄不執，故言無耳。」此是就禪定一面說空，所謂「內止其心，不空外色」是也。又《世說新語》謂支與傖道人過江時，共立「心無」義。

7.緣會宗：以于道邃為主。此宗以緣會解釋萬法皆空，但只重說現象之空，與般若性空之義尚有間。

六家七宗，大體以玄學、形上學之觀念說般若性空之教，此種初期試探之說，只有過渡的歷史意義，並無本質上的義理價值。雖名為宗，實則並不足以成為宗派。其說無須細究，今只略作列舉，以見雙方文化上相似的觀念，往往會成為文化交流之接觸劑，以盡其接引的功能。

當然，佛家「緣起性空」之思想，與中土儒道二家皆不同。中國文化中實無「性空」這樣的義理。經過大約半世紀的格義階段，鳩摩羅什來到長安（四〇一年），正式弘揚般若學。他最傑出的弟子僧肇留下〈物不遷論〉、〈不真空論〉、〈般若無知論〉，世稱肇論。其中〈不真空論〉，是以「不真」界定「空」，「空」即是「不真」。這也是《中論》「因緣所生法，我說即是空」之旨。〈不真空論〉中有「緣起故不無」與「待緣而後有」之句，以詮表「緣起性空」之義，顯示「空」既非「無」義，亦非「有」義。依佛家之旨，一切法都是依因待緣而起現。既已起現，便不是「無」而是「有」；但依因待緣而起現的「有」，乃是「無自性」而「當體即空」的。所以，這樣的「有」並非實有，只是如幻有，所以說為「不真」。如幻而不真的一切法。《中論》名之為「假名有」，假名非實，當體即空，故僧肇以「不真空」為論題。此〈不真空論〉與〈物不遷論〉皆發揮般若學「緣起性空」之義，二文只是一義之展轉引申。所謂「不真故為空」、「性空故不遷」是也。

通過什、肇師徒的弘揚，佛家空義正式進入中華民族的文化心靈，而顯發出極大之作用。從南北朝下及隋唐，佛教執掌中國思想界之牛耳，使得儒道二家發不出光采。五六百年之間，中國第一流的思想家、哲學家，全都是佛門中人。由此可知，一個思想上的核心觀念，其影響之深且廣，實在無與倫比。

北宋儒學復興，中華民族的文化慧命，才又返本歸流。然而，佛家之「空」的智慧（空智），仍足以與道家之「無」的智慧（玄智）、儒家之「仁」的智慧（性智），鼎足而三，直至今日而無所改變。

四、三教庶幾「道通為一」：體上的自立與用上的融通

大概從明代起，開始有「三教合一」之說。這表示「儒、釋、道」三教的摩盪，已經達到「求同存異」的階段了。修己治人的儒者可以觀覽佛書，出家的僧人也各隨所好讀論孟老莊和中庸易傳，至於道士兼通儒佛的也時有其人。三教的精神意趣雖仍不相同，而三教的界域卻並非不可逾越了。

遠在南北朝隋唐之時，從思想上看，儒道二家皆已淡泊，而不顯精采。不過，家庭中的孝弟倫常，社會上的禮樂教化，朝廷上的典章制度，這三條陣線，儒家是緊緊守住的。而事實上佛道二家的主要用心，本就不在這三條陣線上。所以他們也未曾有過攻堅掠陣的舉措。而且還表現同情的理解，進而仿而效之。為了應俗（風俗教化之「俗」，乃「化民成俗」、「約定俗成」之俗。不應與雅俗、粗俗、鄙俗之俗混同），佛門也倡導孝道，也辦理喪葬之事。如今，連出家人

也來主持佛教式的婚嫁之禮了。

任何一個文化（哲學、宗教）系統，都有它作為「體」的部分。那是他們的核心教義，不可能鬆脫放棄的。而作為一個文化系統的優長或短缺，也正落在這核心教義上來作判定。而它的優點又往往也是它的缺點所在。對此，我們無須舉例為證（因為多有不便）。只要看看他們歷來表現的護教行為之可敬（優點），以及他們死死固執自己的教條而絕不與人溝通妥協的蠻橫甚至殘忍（缺點），就可以知道其癥結所在了。

宗教的核心教義，偏執久了，就會教條化而凝為意識型態。到了這一步便成大麻煩。所謂大麻煩——

一是堅持自己絕對最好，常欲強人同於己。

二是直判其他宗教為異端，常欲去之以榮耀己方的上主。

這二點產生宗教的狂熱，而狂熱又直接表現為「爭鬥」。爭鬥的形式，從理念上的爭議，到全面性的戰爭，無所不有。而且宗教的戰爭，又沒有退路，終於成為世世代代永遠反覆的大禍害。

幸好，中國文化不走宗教的路，而是「攝宗教於人文」。以儒家為主流的中國文化所表現的人文精神，應該是世界各大文化系統中，最平正、最寬和的典型。中國能夠吸收而且消化一個外來的大教（佛教），正表示中華民族「文化生命浩瀚深厚，文化心靈明敏高超」。在儒釋道三教「體上自立」、「用上融通」的智慧運作之下，庶幾可以說是「道通為一」

了。在這「道通為一」的天地裡，事上的參差是理所當然地被容許的，其實這也正是宋儒所謂「理一分殊」的意思。

五、結語：三教合一與「和而不同」（文化會通的範式）

大家都會說，今天的世界已經成為一個地球村了。在交通發達資訊利便的條件之下，確實使人有「天涯若比鄰」的感覺。然而在這地球村中，卻時常發生爭論，有的地方甚至發生戰火。人與人之間也有各式各樣的隔閡和誤解、攻訐和撻伐，而坦誠相對以建立互信的情形，幾幾乎絕無僅有、世所罕見了。

何以如此？除了生活的繁複、冗雜、緊張，使人難以調適之外，心靈感受和文化理念上的尖銳對立，應該是最為根本的原因。在此，我們很自然地就會想到儒家的「仁愛」，道家的「無為」，佛家的「慈悲」，那才真正是人類文化中最為可貴的道理。而這三大理念的融通和同，也正是人類心靈交感和文化會通的寬平深廣的底盤。

上文曾經提過「三教合一」的話。「儒、釋、道」雖然仍是各具自性（獨立性）的三教，但這不同的三教卻又能和諧融通而不見敵對。這在世界各大文化系統中是再無其他例證的。

儒家的仁德仁道是生德生道，而天道之生生乃是生生之德的自然流行發用；其中並無計劃，並無過程，正如程明道所說，天地是「無心而成化」，並非有意而為，故與道家「無為」之旨，了無扞格。至於儒家講「仁」與佛家講「慈悲」，其感受雖有來路上之不同，而同是利眾潤生。所謂一體之仁與同體大悲，同屬人類之大愛，不應有實質上之違異。尤其三教皆肯定人人都可以依其自性以完成其存在的價值（所謂成聖賢、成真人、成佛菩薩）。在這一點上的大通，使得三教自然達到了孔子所謂「和而不同」的境界。

我屢次表示，孔子「和而不同」（雖不同而能和）這句話，才真正是人類最大的福音：尊重他人而不必屈己以從人。守住自己而並不強人同於己。在這樣的原則之下，人是如此的理性，如此的大方，如此的和善，如此的寬平。大家一路走來，觀摩相盪，相與為善。最後，各大文化系統仍然自我作主，彼此之間相互「分享其同」，而「諒解其異」。雖不同而仍然一團和氣，和氣流通處必然一片安詳。世界如此，夫復何求？這，難道不是「文化交流會通」的基本目的嗎？儒釋道三教實踐出來的這個範式，至少值得西方世界作一番深切的省思吧。

二〇〇四、四，「道家思想國際會議」論文

丙、新儒歸根

壹、徐復觀先生百年誕辰獻辭證解

一九八二年四月，徐復觀先生在臺北逝世。他的遺命是不開弔，不公祭。但他的家屬與門生故人，還是為他舉行了簡單而隆重的喪禮。牟宗三先生也從香港來電話，囑我代製輓聯，以申哀悼。聯曰：

崇聖尊儒，精誠相感，鉅著自流徽，辣手文章辨義利；
闢邪顯正，憂患同經，讜言真警世，通身肝膽照天人。

聯語所述，應該是對徐先生最為相知相應的一份誄辭。

徐先生逝世十週年時，我正擔任東海大學哲學研究所所長職務。乃發起籌備「徐復觀學術思想國際研討會」，於一九九二年六月下旬，在東海大學舉行三天。研討重點分為三個範域：⑴學術與思想，⑵文學與藝術，⑶歷史與社會。開幕式中，請牟宗三先生做主題演講，海內外學者宣讀論文計二十四篇，並於當年十二月，編印為會議論文集，由東海大學發行。

今年，適逢徐先生百年誕辰，武漢大學與哈佛大學燕京學社特為舉辦學術會議，意義非常重大。會議原定在六月間，我無法出席，特撰四言八句獻辭，寄呈大會。後以時疫流行，會議改期到十二月，仍蒙大會特邀出席，並託徐先生長公子武軍教授促行。我不敢再違雅命，特偕內子楊德英女士一同出席。由於未曾正式寫文，爰就所作獻辭，再加證解，以表對徐先生之欽敬與仰念。我所謂證解，只是舉述一些相關的片斷話語和簡單行事，希望能夠「以言證行，以事證理」。這樣可能比較親切，比較能感發人心。

一、性情肝膽，抗懷千古

徐先生的肝膽性情，是隨時流露的。他對朋友，真切肫懇，熱烈炙人。牟宗三先生在悼念文中曾說：「吾隻身流浪，居無定所，多蒙友人如徐先生者照顧，終身不敢忘。」又說：「民國四十至五十年，十餘年間是《民主評論》之時代。吾與唐君毅先生許多有關中國文化之文字皆在《民主評論》發表。去障去蔽，抗禦謗議，皆徐先生之力。那時新亞書院初成，極度艱難，亦多賴民主評論社資助，此亦徐先生之力。」

徐先生關切民族文化，所以他無法容忍東海校園裡的文化漢奸。但流俗之輩，不分是非黑白，將文化漢奸與揭發文化漢奸的人各打五十大板，強制一同提早退休。徐先生義憤填膺，發表〈無慚尺布裹頭歸〉（借呂晚村詩句）以明志，從大度山頭蕭然走回人間。他的行事，不關乎個人恩怨，純是為了中國文化的尊嚴。因此對於值得尊重的敵人，徐先生並不吝於待之以道義，煦之以溫情。當殷海光先生晚年患癌症，開始從反中國文化而肯定中國文化。徐先生便邀請他到東海大學小住。二人亦敵亦友，肝膽相照。後來殷先生過世，徐先生的悼念文字，題為〈痛悼吾敵，痛悼吾友〉，顯露出奇特的「抗懷千古、睥睨時流」的真性情。

二、風骨嶙峋、頭角崢嶸

對於一個有所成就有所表現的人，我們或者稱道他的風範，或者欽仰他的風骨。徐先生當然建立了他的風範，但從他八十年的生命「一直是元氣淋漓、虎虎有生氣」這方面看來，他的風骨尤其是嶙峋特顯的。他天資高，才氣大，傲岸磊落，勁挺不群。是一個不平凡的生命。

從他年輕時以榜首考上武昌國學館，到他在日本學經濟，因學費無著而改入士官學校學軍事，又因九一八事變挺身抗日而被驅逐回國，從此投身軍旅，參加抗日聖戰。由於頭角崢嶸、鋒穎顯露，特由軍令部派為駐延安聯絡參謀，而有機會與中共的首領們覿體相見，多所接觸。返回重慶，又見知於蔣委員長，同時並拜謁當代大儒熊十力先生，熊先生給了一句評語，說「這個人可以讀書」。對一位將軍，說他「可以讀書」，這不是很奇怪嗎？其實，在熊先生的眼裡，說誰能讀書，就是肯定這個人可以做中國文化的傳人，這是一句高評價的話，而且這句話也為徐先生後來走上學術之路開啟了先機。

抗戰勝利，他以少將志願退伍，隨即與商務印書館合辦純學術的刊物《學原》。之後，又在香港辦《民主評論》。同時，他還發願要「由救國民黨來救中國」。結果遭逢許多曲折，未遂大願。將近五十之年，乃正式走上學術之路。

三、學術器識、超時拔俗

轉入學界，第一步是到臺中農學院（中興大學前身）教書。三年後，東海大學創立，應曾約農校長（曾國藩之曾孫）之約，就任中文系教授。次年，出版《學術與政治之間》甲乙集，從書名可以看出徐先生初入學界，那種擺蕩於學術與政治之間的心情。

二年後，《中國思想史論集》出版，這就進入純學術了。又三四年，他的學術成名作《中國人性論史先秦篇》出版，而奠定了徐先生卓越的地位。接下來，又出版《中國藝術精神》與《中國文學論集》。而晚年完成的《兩漢思想史》三大卷，更顯示出他超拔時俗的學術器識與學問功力。

一九九五年，武漢大學舉辦「徐復觀與現代新儒學研討會」。我提的論文是〈徐先生的學術通識與專家研究〉，文中舉示五點以說明徐先生的學術通識：

1. 對人性論的大分別；
2. 對中國藝術精神的特識；
3. 對古代社會結構與姓氏之辨察；
4. 衡定兩漢學術在歷史上的地位；
5. 「憂患意識」與「為己之學」。

這五點的意指，請參閱那一次的會議論文集，拙文的論述，乃是對一個大知識分子作出相應的評價，我相信是很平允而公正的。

四、剛方正大、當代真儒

天地之美與人文、人品之美，都可以概略區分為陽剛、陰柔二型。歷來對儒家的君子聖賢，也似乎多從溫文儒雅、溫柔敦厚方面去理解、去稱賞。其實《禮記・儒行》所列舉的人品性情，卻多半不屬於溫厚溫文一面，反而大半是方正剛直、強毅勇悍、高狂疏放、堅忍不移的人物。

而孔子孟子，更特別看中狂者狷者。孟子說，當孔子「不得中行而與之」的時候，他一定選擇狂者。狂者「進取有為」，能開拓，可以「行道」。不過，現實社會可能連個狂者也不可得，此時，孔子便退而求其次，選擇狷者。狷者「有所不為」，守得住，可以「守道」。以是，狂者狷者皆為孔孟所重。

熊十力先生講孔子的「仁」，特重「生生、剛健、炤明、通暢」之德。他認為講聖人之學，應以「敦仁日新」為主。而涵養心性，要在「日進弘實」，不當「專以日損」為務。這一條血脈，正承孔孟而來，而且也是徐先生持守甚緊的地方。他的剛方正大，正顯示儒家「大人」「大丈夫」的典型。二十年前，我在敬獻徐先生的輓聯中，一方面說他「嶙峋勁挺，勵志一生留型則」，一方面更稱頌他「正大剛方，抗懷千古是真儒」。這幾句話，很真誠，也很寫實。

我常說，二十世紀是中國文化起死回生的時代，也是真儒相繼出世的時節。熊十力先生和他門下三賢「唐君毅、牟宗三、徐復觀」，同為並世之大儒。我想像，千百年後的人來回溯我們這個時代，如果認為還有甚麼可資稱道、可堪欣慰之處，那便是：上述幾位前輩先生，業已為儒學第三期的學術發展，奠立了根基，開顯了理想，確定了方向。當然，此時此地，我們還沒有資格欣喜自滿。不過，我們可以從此「起信」，站穩腳跟，並以堅定的步伐，奮勵向前。

今天非常榮幸，有機會在徐先生的百年誕辰紀念會上，吐露我的心聲。讓我們異地同心，分工合作，來開創光明的未來。謝謝。

二〇〇三、十二，武漢大學「徐復觀先生百周年紀念」學術會議

貳、唐君毅先生論中國節日與祠廟

一、前言

五十三年前，香港《民主評論》發表唐君毅先生一篇文章，題目是「中國之祠廟與節日及其教育意義」。我們試想想，今天的知識分子，還有幾個人會念及中國祠廟與中國節日的意義和價值？又還有幾個人能從中國祠廟與節日的活動，而觸動他的心靈，使他有所感悟？我們從事教育工作的人，除了依照課程表去傳授一些分門別類的知識，還有沒有人會對我們的生活意義、人生價值、人文教化……給予最基本的關切？我們的學校突出了「智育」，而「德育」卻不振，「體育」雖然有點成效，但教育不能由體育來擔綱，至於「群育」、「美育」，則一直處於幾幾乎「言之無物」或「萎縮無力」的狀態。

說到教育，有所謂家庭教育、學校教育與社會教育。然則，什麼是社會教育的內容？教育專家可能會有一套說明，但依中國人的生活方式，社會教育畢竟如何落實？我們似乎很不容易提供恰切的答案。於是，我想到，古時候沒有「社會教育」這個詞語，但是否就沒有社會教育的功能表現呢？尤其那些不識字的農工大眾，他們的生活教養、人品薰陶……由何而來呢？民間教化的空間和時間，是如何安排、如何進行的？在此，將使我們自然而然地想起傳統的祠廟和節日。

中國的祠廟，是指祠堂和廟宇，而祠和廟這二個字又常常可以互用。如姓族的祠堂，稱宗祠，也稱家廟。紀念聖賢節義人物的祠廟，稱孔子廟、先賢祠、忠烈祠、孝子廟、關岳廟、媽祖廟等等。中國的節日，大多由歷史人文或民間故事而形成。其大者如元宵、清明、端午、中元、中秋、重陽、冬至、過年（春節），這些節日，都各有它的來歷、沿革，而形成一定的風俗習慣，每年在固定的場所，循固定的路線，展開定期的活動。人們參與其中，自然深受感發，而得以獲致人文的薰陶和品性的養成。

以下，我們將循著唐先生的講說，進行綜括的論評。

二、民間祠廟與節日之意義

任何一個民族，都有它的節日，也有它不同形式的廟宇。節日，是屬於時間中的一個段落。祠宇，是空間中的某一個處所。而二者的意義，都是非實用的。人的一生，有工作的日子，也有非工作的日子。非工作日又可分為假期與節日。假期，是為了休息以恢復體能精力，此外並無其他意義。節日，則有它本身的意義，不過其意義並不是實用性的，節日所作的活動也沒有實用的目的，所以節日活動的性質，和工作日的工作並不相同。

㈠節日是「非實用的」一個時段

節日，有屬於個人的，也有屬於團體的。前者如人的生日，結婚日，父母歿時之忌日。後者如校慶，社團成立日，商店開張日等。這類節日，本文不論。另外，還有為紀念一特殊歷史事件而有的節日，如國慶紀念日之類，但也有並非紀念某一歷史事件，或開始時為紀念某一歷史事件，但後來不著重紀念這件事，而只在節日中做某一類非實用性的活動。譬如中國之年節、中秋節，都不是為了紀念某一歷史事件。而端陽節開始時是為了紀念屈原，但後來人們只在此節日作一些非實用性的活動，如以包粽子、划龍舟來弔屈原。而今天我們要談論的節日，正是這種「非實用意義的、非工作日也非休息日」的日子。

㈡祠廟是「非實用的」一塊處所

祠廟，有一定的空間位置，但祠廟既不是人的工作處所，也不是人的休息處所。人的工作處所，如廚房、書房以及農場、工廠、商店、學校、官署等；人的休息處所，如寢室、客廳、庭院以及公園、茶館、遊樂場等。另外，還有既非工作也非休息的場所，如紀念碑、紀念堂、公共禮堂、教堂與中國之祠堂廟宇等。中國的祠廟，起初也可能是為了紀念一特殊的事件或人物；但後來則不重在紀念，而重在做某一類的禮儀活動。而我們要談論的祠廟，便是這種「非實用意義的，非工作處所也非休息處所，也不是只為紀念、只為作公共活動」的處所。

㈢祠廟與節日的活動「非虛非實」而「亦虛亦實」

如上所說，節日不是工作日，也不是休息日。這是人在生活中的一段特殊的時間段落，而祠廟則是人在生活中的一塊特殊的空間場所。人為什麼需要這「非工作，非休息」的一段時間、一處空間？抽象的理由可以如此說明：我們的工作日或工作處，表示人生緊張的一面，有所事事的一面。而「非工作、非休息」的時地，則表示人生「非緊張、非弛緩」、「非有所事事、也非無所事事」的一面。

人有所事事，則人的生活有目的，也有實用意義，簡言之為「有用」。人無所事事，則人的生活無目的，無實用意義，簡言之為「無用」。至於「非有所事事」也「非無所事事」，則「非有用」也「非無用」，而是在無用中有一用。緊張而有用的，是人生之「實」的一面。弛緩而無用的，是人生之「虛」的一面。而人在節日與祠廟中所作的活動，所過的生活，則「非虛非實」而「亦虛亦實」。一面看來，似乎無目的而無作用；但人在節日與祠廟中又確實有所活動而在過生活，並非沉入虛空，故無用中仍有一用。這種虛實相通的活動或生活，又皆具有「藝術性、宗教性、道德性」的教化意義。

(四)感通不隔的精神

通常有四句話，可以說明中國文化的精神。

合天人　通物我

徹幽明　貫古今

人「下學而上達」，可以上達天德，人與天地合德，謂之「合天人」。人推己及人，推己及物，化小我為大我，於是「萬物皆備於我，反身而誠」。人與天地萬物一體相通，此之謂「通物我」。儒家講求慎終追遠，報本返始，通過祭禮以「致孝乎鬼神」，使人的生命通徹幽明兩界而不隔，此之謂「徹幽明」。儒者要求「橫通天下之志，縱貫百世之心」，而中華民族的歷史意識又特別深厚而強烈，累世累代的人，永遠慧命相續，古今同在，是之謂「貫古今」。這樣一個「感通無限、相續不已」的生命，何等活潑？何等沉著？何等篤厚？何等莊穆？這樣的生命，當然可以順適自然而表現藝術性的意義、宗教性的意義、道德性的意義；而且可以引發「藝術的、宗教的、道德的」多方面的價值。而從中國的節日與祠廟中，也足可證實這樣的道理。

(五)節日與祠廟的意義及其所顯發的精神功能

唐先生指出，就「節日」而言，它好似我們人生相續不斷的「工作日與休息日」所成的時間流中，所冒出來的一段「與前後時間截斷、而似脫節」的時間段落。就「祠廟」而言，它好似人間世界中密接並排的「工作處所與休息處所」所成的空間面中，所冒出來的一塊「與左右前後之空間分離，而似不相鄰」的空間處所。由此「截斷而似脫節」與「分離而似不相鄰」，人的心靈即沿之而從時間的世界中超拔，而通到任何時間、或超時間的「永恆」。同理，人的心靈也可以從空間的世界中超拔，而通任何空間、或超空間的「遍在」。人可以由中國的祠廟與節日之活動中，使自己的生命心靈「通向任何時空」或「超越任何時空」。這樣的「大話」，陳義甚高，卻也並非空言。可惜，現代的知識分子，多是「理智一元」的心思，很可能會覺得這樣講法太涉玄妙。所以唐先生特作提醒，說「我姑妄言之，諸位姑妄聽之，存留於心就是了」。但唐先生又表示：我相信我所說的這些，至少是「古往今來一切民族之所以都有節日及祠廟」的道理之一部分。

三、中西祠廟與節日之比較

㈠節日、祠廟與宗教的關係

人類最初的節日與祠廟，皆帶宗教性。如希臘之雅典神廟與奧林匹克節，猶太之神廟與祭日，印度之廟宇與節日，皆帶有宗教性。如今西洋之廟宇與節日，也大皆與基督教相關。至於父親節、母親節、兒童節、婦女節，則有一定的日子，而不與教堂或其他公共場所相連。另如世界各地諸多不同形式的紀念堂，也通常與節日之活動無關。

至於中國的祠廟與節日，在開始的時候同樣也帶宗教性。但中國古代祭天帝、祭社稷，初只有壇，而無廟宇。祭祖乃有宗廟。而人在宗廟中也可以兼帶祭祖祭天帝。後來的發展，大約在晚周以後，祭五帝之神，太一之神，山川之神，乃各有廟，以後政府祭天地社稷，即成廟宇與壇並存的形勢。如北京的天壇、社稷壇之旁，便兼有祈年殿之廟宇。關於中國之祠廟及其祭日，以及其他祭祀的禮制，可參閱《史記》之封禪書、《漢書》之郊祀志、《後漢書》之祭祀志，以知漢以前之情形；漢以後的歷史演變，則可參考《古今圖書集成》之祀典部與其他通典通考一類的書。這是中國禮學之大宗，其內容亦極繁雜。

(二)中西祠廟之比較

唐先生指出，以中西祠廟做比較，首先是西方祠廟迄今仍大皆為宗教性的。而中國之祠廟，則由宗教性而漸次通向全面的人文世界及人格世界、人倫世界。此可稱為廣義之宗教的，卻非狹義之宗教的。蓋中國古代帝王之祭祀，原本就是祭祖宗與祭天地百神並重。祭祖宗是祭「人而神」者，乃廣義之宗教的。而後來祭祀的發展，即大體如《禮記‧祭法》所謂「法施於民，則祀之；以勞定國，則祀之；以死勤事，則祀之；能禦大災大患，則祀之。」

而中國的祠廟制度，在歷代政府方面，除直接祀天與上帝及祖宗者外，又有祀敬先農、先蠶、先醫、先牧以及祀敬孔子與先賢先儒之廟宇。民間有各姓之祠堂、各地之鄉賢祠，還有各種立德、立功、立言之人物而建立的祠堂廟宇，如流寓廣東的韓文公、蘇東坡之祠廟等等。而治水的禹王之宮，衛國的關岳之廟，濟民衣食的神農、嫘祖之廟，也遍在於全國各地。此皆可見中國祠廟所敬祀的範圍，遍及於全面的人文世界、人格世界、人倫世界中之人物。

(三)中國祠廟所顯發的精神意義

此外，還有佛教和道教的廟宇、道觀，以及不為朝廷與高級儒士所重、卻為一般人民與落第士子所需求的城隍廟（所以平冤屈）、財神廟（助人得財）、月老寺（助人婚姻）、送子觀音廟（助人得子）以及文昌帝君廟（助人科舉得中）……等等。這些祠廟的精神意義與文化教育意義，高下不一。大略而言之，凡祠廟之建立出於感恩或崇德報功之意而修建者，其意義較高；只出於求福祿、避禍害而修建者，則意義較低。而人之或往高等之祠廟以致其瞻仰祭祀之誠，或往低等之祠廟以求福避禍，其目標清清楚楚，不容自欺。

由此可知，中國祠廟中所敬祀的神靈，各有其精神之特性，各有其所司之職，並非如西方上帝之全能，主持一切人生之事。唐先生據此而指出，中國祠廟所反映的神靈世界，似是多元的、民主的，此與希臘羅馬之情形略相近似。而猶太中世紀及近代西方之教堂所反映的神靈世界，則為一元的、君主的。

(四)祠廟不應封限於任何獨一之神

究竟人所修建之祠廟，是否只應限於一神的狹義之宗教？唐先生表示，他個人雖然也欣賞西方一神教之宗教的精神，也承認一切形上學到最後可以講到唯一的真宰或真實，而且他也承認有此真宰或真實。但唐先生說：他不信人類只有一條唯一的道路可通向此真宰或真實；同時，此真宰或真實，也不能只是超越而外在，而必須兼是超越而內在於一一個人或一一眾生，以為其本心、本性。依此，世間也不能只有唯一的神殿或廟宇；而人之契合於此真宰或真實，應可由個人之盡心知性，以直通直達。

如果一些人必須通過一客觀外在之神靈性的存在，以為之媒介，方能達到此真宰或真實的話，則唐先生認為，人也可以通過不同的神靈性之存在，而以之為媒介。此媒介不應只限於唯一的某一個。所以他雖然不反對任何宗教在中國傳教或建立祠廟，但卻斷然反對任何宗教要以他的廟宇來代替中國原有的祠廟，或以其節日來代替中國原有的節日。

唐先生嚴正的指出，這種宗教上的帝國主義，和一切文化上政治上的帝國主義，我們都必須加以抵擋。西方人在宗教上的偏執和狹隘，必須加以化除，而後方能保持中國文化中最偉大的「道並行而不相悖，萬物並育而不相害」的精神，以挽救人類於不墜。（這些意思，在唐先生的《人文精神之重建》、《中國人文精神之發展》、《中國文化之精神價值》三書中，皆有論及，宜參閱。）

以下將直就中國的祠廟以及常與祠廟相關連的節日，對於我們一般的社會文化生活及日常生活上的價值意義，大略一說。

四、中國祠廟節日之生活上的價值意義

(一)祠廟之修建出於人的崇敬之心

上文說過，中國的祠廟屬於廣義的宗教性。所謂廣義的宗教性，是指我們對高於我個人的精神之存在，總有一種崇敬之心。當人有所崇敬時，他自己的精神即隨此崇敬之所在而俱往，並使自己之精神向上提升而達於超脫與高明。人當然也可以崇敬活著的人，但活著的人或與我有利害關係，或其人可能墮落而成為不堪崇敬。因此，人所崇敬者，必為逝去的古人或超越之神。而此古人之精神不能只存於我個人主觀的內心，而必須加以客觀化，為他安排一個現實的地位，於是為之刻碑，為之塑像，為之設殿，為之立牌位，由此乃有祠廟之修建。

有了祠廟，世人乃能入其廟而知念其姓名，瞻仰其形像，而徘徊廟中以懷想其精神，乃更相引發其深心的崇敬之情，而人所崇敬的古人，在道理上不應限定為某一人，事實上也不可能只有一，而無二三。譬如遍在各地的孔子廟、老君廟、關岳廟、武侯祠、韓文公祠、包

公廟……等等，不能說我只崇敬其一而排除其餘。價值世界不應如此偏狹而孤寒。由此可知，「崇敬一切所當崇敬者」，乃是人性要求之自然的發展，這是不可阻止的。

(二)中國祠廟建築之特色

西方人中世紀以來的教堂建築，在立體性的發展上確能表現高卓莊嚴的意義，但其立體感失之太強，而忽略了建築要求平面伸展的意味。結果形成「高卓而不闊大，莊嚴而不寬疏」的偏失。而中國的孔廟與寺院，則既能莊嚴而又不失其闊大與寬疏。

高卓的教堂，可引起人的崇敬之心，再依此崇敬之心向上升舉，轉化為崇拜之情，而低首降心，再回頭懺悔認罪。這當然也是一種價值。但教堂四面不透風，將人心也封閉其中，而其尖高之屋頂，又使人心也化為尖銳，逼向頂點。此則不如中國孔廟與寺院建築之闊大寬疏，平順方正，使人的崇敬之心不逼向一定之頂點，而得以四面通達，開朗平舒。

中國祠廟之建築，重視平面的伸展，所以總不只一殿。正殿之外，兼有旁殿、後殿，再有廊廡以通之，或園林環繞之，又常建於山明水秀之地。於是，來此瞻仰之人，可以從容徘徊其間，而引致其心靈也趨向於通達開朗。同時，又使此人造之建築有實有虛，而能與自然之空地及地上之林木，相融相依而無隔。唐先生特別提醒，凡此建築之形式與人心之感應，皆其幾甚微，而涵義則非常深遠，希望大家不要忽視才好。

㈢中國祠廟中的人文之美與精神感應

中國的祠廟，除了它自身的結構造形之精美以外，其中還有許多碑碣、對聯、匾額、題跋。這類事物，乃是對自己所崇敬的祖宗人物，表示一番紀念、懷想、崇讚、感恩之情意。這種情意，本是修建祠廟之人以及陸續來此瞻仰之人所表現的精神上之主觀感應。中國人視此主觀的感應，可以和他所崇敬的對象在精神上互相激揚，而共同升到一種精神境地。因而認定，表現這種情意的碑碣、對聯、詩文、題跋……也應當書刻在祠廟之中，以與祠廟融為一體。

唐先生還進一層說，中國人之瞻仰祠廟，又不只是直接對祖宗人物致其崇敬而已，亦兼是透過對其中匾額碑碣所含具的情意之了解，以引發其崇敬之心。這類匾額碑碣之文字本身，是前人表現的精神感應。我們了解這些文字所含的情意，則是我們對前人精神上的感應之表現，再引生一種精神上的感應。此前人與後人之精神上的感應，與對祖宗神靈之直接的崇敬，互相交織參透，乃成為瞻仰祠廟之人一種更深厚崇高的精神體驗。這是多有「匾額、碑碣、對聯」的中國祠廟，所含具的最為特殊的價值意義之所在。

㈣中國節日與「自然、人文、人倫」相通

中國至今尚存的節日，有年節、上元、清明、端陽、七巧、中元、中秋、重陽、冬至

等。這些都和自然的時節以及人倫人文，直接相關。這些節日，遠原於古代的月令。所謂月令，是一年十二個月，人都要應時而行為。其中包括應四時而祭祀神靈。依月令，時間與空間也原是相配合的。如在春天，則向東方之神靈致祭，在夏天則向南方之神靈致祭等等。

歷來過年過節，都是與人所居住的空間處所相連的。如過清明節，則到郊野祖宗墳墓所在地。過端陽節，則到水中划龍船。過七巧節中秋節，則在庭院中望星望月。過重陽節則登山，過年節則在家中守歲。每一個節日，皆涵有人倫人文的意義。如清明掃墓，是致孝思；端午弔屈原，是表達忠君愛國之心；七巧是追念牛郎織女之情；中秋望月，是月圓人圓之夜；重九是登高懷遠之時；過年拜年是親族鄉鄰共聚之期。還有文聖節在孔廟，武聖節在關岳廟，至於工商行業崇敬其創始者的節日，也各有祠廟地點作為聚會之所。據此簡述，已可看出民間的節日，既帶有自然性、人文性、人倫性，又是和一定的空間處所相連的。

唐先生指出，西方世界只有宗教性的節日，而忽略了與自然、人文、人倫的關係。只知耶穌之降生、受難、復活，而不知對人文世界及人格世界之祖先及聖賢人物，也同時致以紀念崇敬之意。後來他們也似乎有所感知，所以定一個時間為父親節、母親節，而父母本為一體，分而為二是否能稱合人情？且人之孝父母也不能只限於某一日。中國節日因為各有一定的禮儀行為與具體的祭祀活動，所以訂為特定時間，而其具體活動也須相連於一定的空間處所，乃能顯發真實之意義。故清明上祖墳，有具體真實之意義；過年時在堂屋或祠堂祀祖拜親，也有具體真實之意義。（西方之宗教節日與教堂之活動相連，也是有其真實意義的。然其父親節母親節，則只有抽象的意義，而尚未能具現真實的意義。）

五、中國祠廟節日之教育意義

㈠祠廟有助於精神之提高、志氣之興發、智慧之原之開闢

凡對人生有意義者，皆可以施教，皆有教育的意義和社會的意義。但在社會文化機構中，如只有公共圖書館、歷史博物館、科學館、藝術館、文化會堂、講演廳、體育場以及教堂等，則其中仍有一大缺陷，是即缺少一種專為提高人之精神、興發人之志氣、而開闢人的智慧之原的場所。假若人的精神不提高、志氣不興發、智慧之原不開闢，則社會文化之日新不已的創造，便將成為不可能。

人要求精神之提高、志氣之興發、智慧之原的開闢之道，首先必須有過往人物的精神，足資他來仰慕、而常念在心。西方近世亦重視紀念館之設立，這或者也是基本原因之一。但只說紀念，而不能與崇敬之意相俱，則也同於歷史博物館之擴充，只是增加對歷史人物之知識而已。反觀中國之祠廟，因為它原就帶有廣義的宗教性，原就以啟迪人的崇敬之意為本旨，因而在「提高人之精神、興發人之志氣、開闢人的智慧之原」此諸多價值之要求上，自能更加純粹而切摯。於此，唐先生說出了他的一套想法。

㈡祠廟活動之新的配合

他說，如果中國之祠廟制度能保存下來，則若干圖書館、博物館、藝術館、演講廳、文化會堂等等，皆當盡量環繞人物之祠廟而設立。如一般的圖書館，可建立在孔廟之旁；道教圖書館，可建於老君廟及道觀之旁；佛教圖書館，可設於佛寺之旁。又如天文圖書館設於張衡之祠，工程水利圖書館設於大禹廟等等。公共演講，亦可在陶淵明、杜甫等人之祠廟中講詩，在朱子、王陽明之祠廟中講理學，在岳飛、文天祥之祠廟中講國防建設等等。

唐先生甚至還說，如果中國要為西方哲學家如蘇格拉底、科學家如牛頓等，設一祠堂以講習西方之哲學與西方之科學，亦未嘗不可。凡由此而導致的講者聽者在精神上的感奮興起之效用，皆似虛而至實，似無而真有，而且也並非不可加以理論的說明。不過，此非一人一時所能及耳。

㈢節日活動兼具社會教化之意義

中國節日具有自然、人文、人倫的意義，能養成人與自然及人與人的親和之情。人在祠廟節日中的活動，是人與人的共同活動，可以藉之而引導人的社會性之情感。中國古人，也早已認識到宗廟之祀具有協和社會的意義。如《國語・楚語》中觀射父言曰：「昭祀其先祖，肅肅濟濟，如或臨之，於是合其州鄉、朋友、婚姻，比爾兄弟親戚。」《禮記・大傳》

又云：「宗廟嚴故重社稷，重社稷故愛百姓。」這都是很有通達識見的話。

西方宗教性之活動，能團結同教之人而堅固其情誼，這是人所共知之事。如此則一切節日之共同活動也應該具有同樣的效用，應無可疑。至於一般的社會文化性之活動，如音樂、戲劇、體育、美術、工藝等，都可以與節日相配合。如中國民間之工藝技術與年節元宵相配合，希臘之奥林匹克節與希臘之音樂、戲劇、雕刻相配合，這都是節日兼具社會教化意義的具體事證。

(四)為祠廟節日的教育意義進一解

教育除了社會教育，還有家庭教育、學校教育、自然教育，以及自己對自己之教育。中國的宗祠，雖是一宗族之祠堂，但一宗族可一直溯至遠祖，則也可以通於古今歷史中全部同姓之人物而為一大宗系。此大宗系中之人物皆可以為後世子孫之模範。於是，我們見到宗祠牌位上的人名，即可引發見賢思齊之心，此中即蘊涵著家庭教育潛移默化的功能。學校教育也可開擴引申，以我們所學所師的歷史文化中之全部人物，皆可視為一無形學校中之教師。中國之祠廟，本就是為歷史上可學可師之人物而修建，而其中珍藏之手蹟著作，與後人為他們所作之碑碣、對聯，以及其他文字等等，在人們置身其中時，分別去瞻仰徘徊，誦其詩，讀其書，以想望其為人，這也等於是在一無形的大學校裡，輪流到不同的教室上課。其中的意味也可以有無比的親切。

前文曾提到，中國的祠廟，皆向平面之空間申展，又常有園林環繞，並多建於山明水秀之地。孔子說，仁者樂山，智者樂水。周濂溪由窗前草不除以知生意，程明道由魚以知萬物自得之意，可見自然界對我們的教育，實在至深至微。中國祠廟之依山傍水而修建，豈不也含具自然教育之意義？我們在徘徊瞻仰之中興起崇敬之心，而後念及「先生之風，山高水長」，便自然會想到「舜何人也，予何人也，有為者亦若是」，乃即生起愧恥之心而自強求進。此即我們「自己對自己」之教育。

據此可知，中國之祠廟，不但有社會教育之意義，其實也涵具家庭教育、學校教育、自然教育以及自己對自己之教育的諸多意義。而中國的諸多節日，由於和自然人倫皆相通，所以也特富家庭教育與自然教育之意義。

六、餘韻：唐先生的具體示現

唐先生對人生之體驗，既深徹，又親切。他在文章末段，又說了一些他個人親身的體驗，來為中國的祠廟節日之教育意義親作見證。

他說小學以前，家住成都。成都有很多祠廟，如南門外崇祀諸葛亮之武侯祠，西門外紀念杜甫之少陵草堂，東門外紀念女詩人之薛濤井與送別之望江樓，北門外之佛寺昭覺寺，道觀二仙菴、青羊宮。城中有縣立文廟、省立文廟，以及關岳廟。他幼年的教育，常是遊覽這些地方時，他父親為他講說諸葛亮和杜甫等人的人品與故事。有時還為他解說那些對聯和碑碣上的文字。細細回想，唐先生認為這些教育對他一生的影響，恐怕是最大的。他常自慶幸，自己尚不失為一個中國人，這都要歸功於家庭環境與所在的社會環境。所以，他後來足跡所經，遍及南北各地，也總要去看看該地的名勝古蹟和廟宇祠堂。人在其間，由遙念古人，再環顧當世，所啟發出的思想智慧，真是言之不盡的。唐先生說，他雖然相信，人可以不憑一切外緣，而靈知迥露，志氣如神。但他並不把自己看得這麼高，而常願在人前受教，無分時賢與古人。因而，祠廟乃成為他最好的去處。

他旅行歐美時，也只喜歡看其歷史人物之故居、紀念堂。還有大教堂也總是要去看的，其雄偉莊嚴處，自令人欣賞讚歎，但是除了覺其歷史過短外，細想其所涵之人生意義、文化意義、教育意義，仍覺其不如中國及日本的好。唐先生還特別提到臺南文廟，他曾在兩日之內一個人去徘徊二次。其建築之結構，如廟前有相對之兩拱門，上書「禮門」、「義路」。如此設計是有其象徵意義的。此禮門義路，是人可以走過去的，這就象徵禮義之道為人人所當踐行。這和教堂之只預備人去膜拜者，意味截然不同。又中國孔廟中，孔子及十哲之神位與東西兩廡先賢先儒之神位，皆只書名字而不設像，這也是極有意義的。人的崇敬之心，可直接透過名字而通達其精神。唐先生說，當時他從兩廡之董仲舒、周濂溪、程明道、程伊川、朱子、陸象山、王陽明之神位前走過，感覺他們的思想與為人，都似化為一句話或一種精神氣象，一一更迭呈現於心。在不滿二十分鐘的時間，二千年儒家之賢哲，都好似一一與我覿面相見。這一種精神上的感受與體驗，不是世俗之所謂宗教的崇拜，不是藝術的欣賞，不是文學的靈感，不是哲學的思辯，也不是一般的道德實踐，更不是一般的情緒或一般心理學之所謂幻想。這如實說，乃是一種與歷史的人物、神交默契的生活。

唐先生表示，這種生活，我是只偶然有，而且有的不夠深厚。然而只要偶然有一點，我即頓覺心靈之天門真正開了。許多平時不懂的道理，頓時可懂。這時的思想，很少是如平日之在嘗試與錯誤中進行，也不再只是思辯強力推求。許多道理好像自己會直接呈現昭顯。而「理義之悅我心」的話，這時也多少加以證實。然而這種偶然有的，真只是偶然的嗎？這卻不然。實際上這種偶然，在我們超凡入聖時，即化為常然，而為一切人皆可同有者。不過我們自己的習氣私欲障蔽太重，平時之意見膠著太多，遂只為偶然有而已。

最後，唐先生說出一些感歎，就是祠堂和節日的意義，在中國一般知識分子心中，已漸不存在，幸而還存在於民間。這時，我們必須向民間學習，要自己教育自己。否則，知識分子便要成為有知識而無教養的、不像人樣的人了。

二年前，我到臺灣東部花蓮出席一個學術研討會，宣讀的論文是〈儒家教育的形而下與形而上〉。現在我覺得那還只是「非存在地」講法。「存在地講」的教育，恐怕要通到中國的祠廟與節日之活動中，才算是與「生命的學問」相契相應的教育。讓我們回歸生命，回歸文化（人文化成的文化），來好好地做成一個人。

本文應四川宜賓學院《唐學研究》期刊之約而作，二〇〇三年三月

參、牟宗三先生逝世後事錄編年

《牟宗三先生全集》已由臺北聯合報系文化基金會出版，而先生逝世後之相關事錄，亦當有一記述。茲將個人所知事項作成初稿，先發表於《鵝湖月刊》，敬祈同門友與各方人士提供缺漏之資料，以便補正。不勝感荷。

作者敬識

◎民國八十四年（一九九五），乙亥，八十七歲。

·四月十二日，先生病逝於臺大醫院。當晚，同門友召開治喪籌備會議，商定喪葬事宜，並在鵝湖講堂設置靈堂。

·同月，臺北各大報刊，陸續發表悼念文字。撰文者，蔡仁厚、王邦雄、張堂錡、曾昭旭、余英時、周群振、翟本瑞、陳德和、陳癸淼、李瑞全、胡以嫻、黃振華、劉述先、西西、高柏園、謝仲明、李明輝、朱建民、尤惠貞、莊耀郎、劉國強、陳冠學、馬森、胡菊人、張從興等。

·同月，《鵝湖月刊》二三八期，先發表門弟子哀輓聯，與王邦雄〈當代新儒學大師牟宗三先生的歷史定位〉，蔡仁厚〈牟宗三先生著作出版年次表〉及〈牟先生最晚年的學思與著作〉，楊祖漢〈牟宗三先生學思簡介〉。

・二十五日，東海大學為先生舉行追悼會。

・五月二日，公祭之後，葬先生於臺北新店竹林路長樂景觀墓園。

・同月三日，中華電視台新聞雜誌，以「一代哲人牟宗三」為題，播出十五分鐘之紀念節目，受訪者為戴璉璋、蔡仁厚、劉述先、王邦雄。

・同月四日，陳癸淼等會同林美倫律師，為先生大陸家屬處分遺產完畢。

・同月七日，香港新亞研究所、中文大學新亞書院、中大哲學系，為先生舉辦追悼會。

・同月，《鵝湖月刊》二三九期出刊「牟宗三先生紀念專號」㈠。撰文者，治喪委員會（祭文、學行事略）、蔡仁厚、黃振華、劉述先、陳癸淼、唐亦男、王邦雄、曾昭旭、李瑞全、劉國強、黃漢光、何淑靜、李淳玲、金貞姬、范良光、陳德和、周博裕等。

・六月，《鵝湖月刊》二四〇期出刊「牟宗三先生紀念專號」㈡。撰文者，王邦雄、蔡仁厚、楊祖漢、周群振、霍韜晦、王財貴、盧雪崑、方穎嫻、潘朝陽、吳明、孫守立、許義灶、郭齊勇、李耀仙、劉雨濤、樊克偉、曾昭旭、林安梧等。次月起，《鵝湖月刊》二四一期至二五九期，持續發表悼念文字，撰文者，朱維煥、顏炳罡、高柏園、鄧立光、陳特、羅義俊、顏國明、陳代波、王邦雄、唐端正、林月惠、霍晉明、李祖原、傅成綸等。

・同月，中央研究院文哲所《中國文哲研究通訊》第十八期，出刊「牟宗三先生紀念專輯」。撰文者，戴璉璋、劉述先、蔡仁厚、林安悟、陳榮灼、李明輝等。

·同月，蔡仁厚發表〈牟宗三先生喪紀〉於鵝湖月刊，後編入年譜為附錄。

·同月，蔡仁厚應國史館之約，撰寫〈牟宗三傳〉一萬四千言，十二月先發表於《國史館館刊》復刊第十九期。次年六月，編入《國史擬傳》第六輯。

·七月，蔡仁厚撰述《牟宗三先生學思年譜》，完成初稿。

·十二月，鵝湖社與東方人文基金會主辦「牟宗三先生與中國哲學之重建」學術研討會，並將編印會議論文集。

◎民國八十五年（一九九六），丙子，卒後一年。

·二月，《牟宗三先生學思年譜》由學生書局出版。書分三編，甲編為「學行紀要」，分為六卷。乙編為「學思歷程」，分六階段。丙編為「著作出版年次表」與附錄一、〈學行事略〉。附錄二、〈喪紀〉。附錄三、〈全集編目初擬〉。（今按：此全集擬目，乃蔡仁厚之初見，後來有所調整，並經全集編委會討論後改定。）

·同月，《人文講習錄》，由蔡仁厚輯錄成冊。此乃四十年前「人文友會」聚會之講詞，共三十五篇，另加寫「編印說明」，交由學生書局印行，計一八八頁。

·四月十二日，為先生逝世周年之辰，同門友在臺北召開先生《全集》編印籌備會議，經推定戴璉璋為編輯委員會之召集人，李明輝為聯絡人，蔡仁厚、王邦雄、袁保新、楊祖漢、李瑞全為編輯委員。陳癸淼、唐亦男、劉述先、周文傑、周群振、朱維煥、陳問梅、黃振華、方穎嫻、曾昭旭、朱建民、岑溢成等為編輯顧問。高柏園等二十七人為分冊之執行編輯。（詳見下文八十六年三月所列各冊執行編輯之名單。）

·香港新亞研究所舉辦「牟宗三先生逝世周年紀念會」，其記述文〈牟宗三先生與新亞、中國文化研究所〉，發表於鵝湖月刊二五六期。

·香港《毅圃》雙月刊為先生逝世周年，特編印紀念專號。（紀念文字，已選入臺北出版之《牟宗三先生紀念集》中。撰文者，劉國強、賴光朋、李葛夫、楊惠琪、黃麗章、寶寶、譚寶珍、梁惠健、林文、林苗等人。）

·八月，《鵝湖月刊》二五四期，發表先生「《圓善論》指引」。

·九月，蔡仁厚完成《中國歷代思想家》叢書更新版「牟宗三」一章之初稿，計四萬七千言（三年後由商務印書館出版。）

·十二月，「第四屆當代新儒學國際會議」在臺北國家圖書館召開。蔡仁厚以會議召集人之身分作開幕式致詞，題為「當代新儒學的回顧與前瞻」，講詞實以先生為主要線索，以表述當代新儒學之成就。會後偕同與會學者前赴新店參拜先生之墓，又偕眾轉赴觀音山唐君毅先生墓前行禮。

·同月，《牟宗三先生與中國哲學之重建》（會議論文集），由李明輝主編，列為「鵝湖學術叢刊」第二十八號，由文津出版社印行。書分五部分：一、方法論的反省，二、儒家思想之重建，三、道家思想之重建，四、佛教思想之重建，五、中國哲學之開展。合共四一三頁。

・同月，《牟宗三先生紀念集》，由東方人文基金會出版。計六百頁。除遺照、墨寶外，分為：「一、學行事略，二、褒揚令，三、祭文，四、哀輓，五、唁文，六、悼念文，七、墓表」等七部分。書前弁言有云：「一代哲儒，固國族之瑰寶，人文之精粹；唯文化學術之開展，須得人人異地而同心，始能匯成沛然莫之能禦之巨流。為此，敬望天下賢彥與學界才俊，同注心力以永續文化之慧命，共勵精誠以開顯學術之光輝。」

・此一年來，李明輝致力於蒐集先生之散篇文字，多蒙大陸學者之協助，共得一百餘篇。以民國三十八年（一九四九）為界，分別輯為《早期文集》與《晚期文集》。另有先生之未刊遺稿十一篇，與《時代與感受續編》（計五十五篇），皆一同編入先生《全集》之「論著匯編」中。

◎民國八十六年（一九九七），丁丑，卒後二年。

・一月，《鵝湖月刊》二五九期，發表高柏園〈論牟宗三先生「逆覺體證」義之運用〉，與關鎮強〈無待的幸福——牟宗三先生的幸福觀初探〉。

・二月，蔡仁厚發表〈牟宗三先生墓園記〉於《鵝湖月刊》二六〇期，並收入全集本《年譜》為附錄三。

・三月起，《鵝湖月刊》重刊先生舊作〈評羅素新著《意義與真理》〉長文於二六一期至二六六期。

三月一日，在中央研究院中國文哲研究所召開第一次編輯會議，確定全集之內容，編校之原則體例，以及經費預算等。會中有三項宣佈：第一、《全集》之編校工作，已獲得聯合報系文化基金會之資助，得以開始進行。第二、《全集》編委會已獲得中央研究院中國文哲研究所之同意，假該所成立資料中心，同時聘用臨時助理一人，處理有關《全集》之資料搜整與行政事務。第三、牟先生所著各書，皆已徵得原出版者以及牟夫人之授權，應允編入《全集》。唯《生命的學問》一書，因三民書局堅持該書版權已經賣斷，拒絕授權收入全集，故該書只能以「存目、闕文」之方式處理。此一遺憾，須待若干年後再謀補救。

關於《全集》之校訂編印事宜，有兩點說明：

第一、《全集》一律橫排，採用中式標點。

第二、各冊執行編輯之工作有四：

(1)校勘本文　(2)核對引文　(3)統一體制　(4)撰寫〈編校說明〉

《全集》各冊之「執行編輯」，名單如下：

·第一輯　中國傳統哲學

1. 《周易的自然哲學與道德函義》　岑溢成、楊祖漢
2. 《名家與荀子》　顏國明
3. 《才性與玄理》　莊耀郎
4. 《佛性與般若》　尤惠貞

5.《心體與性體》 蔡仁厚、林月惠

6.《從陸象山到劉蕺山》 楊祖漢

7.《王陽明致良知教》 楊祖漢

8.《陸王一系之心性之學》 楊祖漢

9.《蕺山全書選錄》 江日新、楊祖漢

・第二輯　歷史與文化

10.《道德的理想主義》 高柏園

11.《歷史哲學》 黃漢光

12.《政道與治道》 方穎嫻、司徒港生、何淑靜

・第三輯　理則學

13.《邏輯典範》 黃慶明

14.《理則學》 鄺錦倫

15.《理則學簡本》 鄺錦倫

・第四輯　西學譯註

16.《康德「純粹理性之批判」》 邱黃海

17.《康德的道德哲學》 楊祖漢

18.《康德「判斷力之批判」》 李淳玲

19.《名理論》 朱建民
20.《牟宗三先生譯述稿》 李明輝、黎漢基

·第五輯 哲學系統之建立

21.《認識心之批判》 李瑞全
22.《智的直覺與中國哲學》 謝仲明、何淑靜、孫中曾
23.《現象與物自身》 金貞姬
24.《圓善論》 王財貴

·第六輯 論著匯編

25.《生命的學問》（存目、闕文） 林日盛
26.《時代與感受》 陳德和、黎漢基
27.《時代與感受續編》 李明輝、黎漢基
28.《牟宗三先生早期文集》 李明輝、周博裕、黎漢基
29.《牟宗三先生晚期文集》 李明輝
30.《牟宗三先生未刊遺稿》

·第七輯 講錄

31.《人文講習錄》 蔡仁厚、高瑋謙
32.《中國哲學的特質》 高瑋謙

33.《中國哲學十九講》　林安梧、孫中曾、周大興
34.《中西哲學之會通十四講》　范良光、彭文本
35.《四因說演講錄》　盧雪崑、楊祖漢
36.《宋明儒學綜述》　盧雪崑、楊祖漢
37.《宋明理學演講錄》　盧雪崑
38.《周易哲學演講錄》　盧雪崑

·第八輯　自傳與附錄

39.《五十自述》　曾昭旭
40.附錄一：《牟宗三先生學思年譜》　蔡仁厚、黎漢基
41.附錄二：《牟宗三傳》（國史擬傳）　蔡仁厚
42.附錄三：《牟宗三先生著作編年目錄》　李明輝

編校工作，預計用三年時間完成分冊校訂，由執行編輯分別撰寫〈編校說明〉。編輯委員則隨順各冊之校稿及時完成複校程序。出版公司預計一年內完成新版之初校與二、三校。至民國九十一年（二〇〇二），各分冊之執行編輯完成四校，再經編輯委員總校訂後，即可付印出版。

·此一、二年中，盧雪崑據先生講學錄音而整理成書者，有㈠《四因說演講錄》，計二十講。前十五講經先生過目，後五講則由楊祖漢負校訂之責，於八十六年三月，交付鵝湖出

版社先行出版單冊，再編入先生《全集》之「講錄」中。㈡《宋明理學演講錄》九大段，可視為《心體與性體》三冊之簡述，已先發表於《鵝湖月刊》，今編入《全集》之「講錄」中。㈢《周易哲學演講錄》，乃先生八十四歲之講錄，盧雪崑整理成稿，楊祖漢、王財貴負責校訂，編入《全集》之「講錄」中。

・先生歷年譯自英文之零散譯作，亦經李明輝蒐集，得十九篇，輯為《牟宗三先生譯述集》，收入《全集》之「西學譯註」中。

・九月，楊祖漢發表〈牟宗三先生的圓善論與真美善說〉一文於《鵝湖月刊》二六七期。

・十月，林安梧發表〈牟宗三先生之後：咒術、專制、良知與解咒——對「臺灣當代新儒學」的批判與前瞻〉一文於《鵝湖月刊》二六八期。

・是年起，上海古籍出版社，先後出版《中國哲學的特質》、《中國哲學十九講》、《中西哲學之會通十四講》。明年，又出版《四因說演講錄》。後年再出版《心體與性體》。

◎民國八十七年（一九九八），戊寅，卒後三年。

・是年，山東棲霞市政府，撥出「牟氏大莊園」（清乾隆年間牟氏先祖建構之大型莊園）正廳一棟，成立「牟宗三先生紀念館」，前門楹柱懸木刻聯云：「至仁大義，本乎一心，如如天德昭顯；內聖外王，開為三統，穆穆人文化成。」

・四月十二日，先生逝世三周年，同門友偕同前赴新店先生墓園展拜行禮。下午，蔡仁厚為鵝湖文化講座首次開講：「進德修業的形態與時宜——從牟宗三先生的性情說起」（講詞發表於《鵝湖月刊》二七六期）。

・同月，《鵝湖月刊》編印「牟宗三先生逝世三周年紀念專號」，除重刊先生〈評述杜威論邏輯〉一文外，為專號撰文者，蔡仁厚、江日新、鄧立光、陳有志、羅顒、樊克偉、楊祖漢等。

・五月四日，北京大學為百周年慶舉辦「漢學研究國際會議」，蔡仁厚應邀前赴發表論文〈牟宗三先生的學術貢獻——表彰一位傑出的北大校友〉。論文編入會議論文集。三年後收入蔡著《哲學史與儒學論評》丁編「牟宗三與新儒家」第一文，頁三〇五至三一八。

・八月，《鵝湖月刊》二七八期，發表顏炳罡〈也談「一生著述，古今無兩」——論牟宗三先生的學術貢獻〉。

・九月上旬，以「牟宗三與當代新儒學」為主題之第五屆當代新儒學國際會議在山東濟南市召開。與會學人，臺港而外，還有美、德、韓國、新加坡，而大陸學者，除山東當地涵蓋老中青，其他來自北京、天津、上海、南京、武漢、廣州各地之學者，皆以中青代為主幹，頗顯朝氣。（會議論文集，由山東大學與孔子基金會負責編印。）

三天會議之後，大會安排泰山登臨與鄒魯瞻巡（曲阜三孔與鄒縣孟廟）。十日早晨，一行三、四十人，又從濟南乘六小時車抵達棲霞市，但見市容整齊，道路平坦，山水依然靈秀，民風依然樸實，市長與父老，熱烈迎客。簡報之後，先遊城北牟氏大莊園以及新成立之「牟宗三先生紀念館」。次日，又驅車前往先生出生地牟家疃探望一生在家守護子孫之老師母王太夫人。下午，車赴青島，次日經香港返回臺北。

・十月，蔡仁厚發表〈山東去來〉一文於《鵝湖月刊》二八〇期，記述此次新儒會議。同期，發表羅義俊〈我讀牟宗三：典範的學思生命和哲學創造〉，葉海煙〈後牟宗三儒學的前景與榮景〉。

・十一月，顏炳罡著《牟宗三學術思想評傳》，由北京圖書館出版社印行。

・年來，李明輝主持編製「牟宗三先生著作編年目錄」，多得大陸學者與全集編委會助理之協力，自民國二十年（一九三一）九月起至八十五年（一九九六）三月止，全部論文皆依發表年月先後，註明刊物名稱與卷數期別，今已編入《全集》第八輯為附錄。

◎民國八十八年（一九九九），己卯，卒後四年。

・三月，山東「中國孔子基金會」主編之《孔子研究》季刊五三期，選刊蔡仁厚〈牟宗三先生對哲學慧命的疏通與開發〉一文於頁四至十三頁。

・五月，《鵝湖月刊》二八七期，發表先生之講詞〈真美善之分別說與合一說〉（樊克偉錄音整理，楊祖漢校訂），以及邱黃海〈牟宗三先生「歷史概念」之批判與展示〉。

・六月起，連續發表先生舊作〈說詩一家言——格調篇〉、〈說詩一家言——唐雅篇〉、〈說詩一家言——詩意篇〉於《鵝湖月刊》二八八期至二九〇期。

・九月，尤惠貞〈牟宗三先生對佛教義理的詮釋與建構〉一文，收入《天台哲學與佛教實踐》一書，由南華大學出版。

・十月，《中國歷代思想家》叢書更新版，由臺北商務印書館印行。三年前蔡仁厚所撰〈牟宗三〉一章，編在第二十五冊頁二七三至三四八。（與馮友蘭、方東美、唐君毅合為一冊。）

◎民國八十九年（二〇〇〇），庚辰，卒後五年。

・四月，鄭家棟《牟宗三》（世界哲學家叢書之一），由臺北東大圖書公司出版，分九章，計三五〇頁。

・五月，《鵝湖月刊》二九九期，發表林安梧〈當代新儒學之回顧、反省與前瞻——從「兩層存有論」到「存有三態觀」的確立〉。

・同月，天津南開大學王興國博士論文《從邏輯思辯到哲學架構——牟宗三哲學思想進路》（方克立指導），論文提要首段云：二十世紀中國哲學的主題，是哲學地重建中國哲學。這一主題正是牟宗三哲學的主題。牟宗三在從邏輯思辯到哲學架構的思想進路中，展開了這個主題，也實現了他對中國哲學的重建，把中國哲學的現代化與世界化推向前所未有的高峰。標誌著中國哲學在當代的一次巨大的自我轉型。

・八月，范良光之博士論文〈宋儒「默契道妙」的基本存有論——自哲學始基點之定立與證成〉完成初稿。范君就讀臺大時，其碩士論文受先生指導，後以《易傳道德的形上學》為書名，由臺北商務印書館出版。時隔十年再入中國文化大學哲學研究所修博士學位，仍請先生指導論文，先生謝世，遂改由蔡仁厚擔任指導教授。范君真實嚮往中國古典智慧之重鑄與再現，並由明悟而繼述之、證立之，故能表述己我實證之義理。此番意向可謂今世罕見之心靈，而此文正乃他多年來深心研治之心得。

·九月起，《鵝湖月刊》三〇三期開始連載先生之「康德《第三批判》講演錄」（盧雪崑錄音整理，共十六講）。

·同月，上海復旦大學哲學博士生殷小勇，為研究先生之思想特致函蔡仁厚詢問相關資料，乃寄贈《中國哲學十九講》、《中西哲學之會通十四講》、《四因說演講錄》、《牟宗三先生學思年譜》與《孔子的生命境界：儒學的反思與開展》等書，以助其成。

·十二月，蔡仁厚有感於學界對先生「繼別為宗」、「別子為宗」二語，依然常生疑義，特撰短文〈繼別為宗與別子為宗〉發表於鵝湖月刊三〇六期，期能證義以解疑。

◎民國九十年（二〇〇一），辛巳，卒後六年。

·六月中旬，先生《全集》之編印事宜，漸近完成階段。蔡仁厚以編輯委員會之名義為《牟宗三先生全集》撰寫〈總敘〉。全文分四大段落，一篇「編印緣起」，二為「編校說明」，三為「類編綜述」（含著作四十二種），四為「餘言」，合共二萬五千言，經編委會討論後定稿。

·七月，香港新亞研究所《一代儒哲牟宗三》編輯委員會（主編吳甿），編成圖片與文字並重之紀念冊，由香港經要文化出版公司出版發行。書分「自述篇」、「教譯行誼篇」、「紀念篇」三大輯，計二百頁。（寄一〇〇冊分贈在臺之家屬與門人。）

·十一月十二日，第六屆當代新儒學國際會議，在臺北召開。三天半會議，除了宣讀四十多篇論文，還舉行了三場綜合座談，其子題分別為「九一一事件之後的人文省思」、「新儒學與臺灣的文化前途」、「當代新儒學的發展」。由此可見，這一屆的新儒會議，很能扣緊當前的時代社會而進行省思。學者認為，儒學不同於散列的知識，而是一個整全的文化慧命。所以當代新儒學的開展，應該是不偏不倚的全面發展。當代新儒當然要因應現實，但理想不可迷失，基本綱領，基本原則，不可搖動。而牟先生提出的三統，是一個總綱領，可以概括全面，必須持續實踐。為此，蔡仁厚特撰〈新儒三統的實踐問題〉一文（含道統方面的實踐，政統方面的繼續，學統方面的發展），發表於《鵝湖月刊》三一九期。

◎民國九十一年（二〇〇二），壬午，卒後七年。

・一月，《鵝湖月刊》三一九期起，開始連載先生「莊子〈齊物論〉講演錄」（盧雪崑錄音整理，共十五講）。

・同月，北京中央民族大學出版社，出版李山（任教北京師大）所著《牟宗三傳》，書分九章，共三一四頁。書前有蔡仁厚所作短序，略云：「三年前，收到李山先生來自北京的信，自言因讀牟宗三先生的《智的直覺與中國哲學》而有醍醐灌頂的感悟，因而答應一家出版社的約定，要為牟先生寫傳記。……我得信之後感到一份驚喜。大陸的青年學者竟然如此有心有膽，而臺港兩地，可說罕見其人。……日前，收到他的稿子，厚厚一大冊。內容的完整性和文字的表達，都很成功。章節標目，清新醒豁。文筆順暢而不滑熟，誠心表述而不虛譽。書中辯駁了一些不相應的誤解，也提了一些質疑。這些質疑自然會有的。我建議讀者見到這些質疑時，不妨停下來斟酌一番，甚且試著代牟先生做出回應。如此用心，必能學有進益。」

·同月，山東人民出版社，出版《現代新儒家傳》（含梁漱溟、熊十力、張君勱、方東美、唐君毅、牟宗三、徐復觀等七人。李山、張重崗、王來寧合著，共八百頁）。

·二月四日，《全集》編輯委員會召開最後一次會議。首先是檢視編印全集的工作進度。其次是報告經費運用之情況。其三則依工作情形對編委會之成員作合宜之調整。（第一、增列劉述先、林月惠二人為編輯委員會委員。第二，不同意李明輝請辭編委，仍望善始善終，以底於成。）其四，《生命的學問》雖仍未能納入全集，但《五十自述》已可完整編入。為此，特就《總敘》之相關文字稍作修改。

·同月，鵝湖月刊三三〇期，發表周博裕〈水滸世界與人文世界〉，文中對三民書局始終不肯授權將《生命的學問》一書編入先生全集之事，深表遺憾。

·七月八日，臨時加開《全集》編輯委員會，一是齊一意見，對聯經方面要求修改《全集·總敘》之若干字句一事，做出回應；二是檢視《全集》各冊編校之進度，通知執事諸友利用暑假完成進度，以利《全集》之出版。

·同月，仁厚撰成〈牟宗三先生逝世後事錄編年〉初稿。

·十月十一、十二日，韓國儒教學會與國際儒聯，在漢城成均館大學聯合舉辦「東亞儒教文化國際學術會議」，蔡仁厚應邀作主題發言，其講詞〈東亞儒學的省察與前瞻〉論及當代新儒家之學術貢獻，實以先生之學思為主線。同時也指出「三統」之實踐即是二十一世紀東亞儒學的文化使命。（講詞發表於《鵝湖月刊》三三〇期）

・《鵝湖學誌》第二十九期，發表高柏園〈論牟宗三先生對老子形上思想之定位〉。

・十二月二十二日，夫人趙惠元女士病逝於臺北市振興醫院。享壽八十三歲。次月（新年元月）五日舉行公祭，隨即發引新店竹林路長樂景觀墓園與先生合葬。

◎民國九十二年（二〇〇三），癸未，卒後八年。

・二月，《鵝湖月刊》三三二期，發表南京大學白欲曉之〈哲學創造之路：牟宗三先生學思歷程的再認識〉。

・三月，蔡仁厚發表〈牟宗三先生逝世後事錄編年〉初稿於《鵝湖月刊》三三三期。

・四月，《牟宗三先生全集》，由聯合報系文化基金會出版，聯經出版公司發行。分編為八輯，共三十三冊。聯經特編印推介小冊，內含牟先生生平，全集編印緣起，以及劉述先〈牟宗三先生全集出版在今日之意義〉，戴璉璋〈感而遂通的見證：為牟宗三先生全集刊行而作〉，蔡仁厚〈大的理解、大的著作——牟宗三先生全集出版感言〉。後附全集「總目」及特惠專案與訂購辦法。

・同月，鵝湖三三四期起，開始連載先生《老子「道德經」講演錄》（盧雪崑錄音整理，楊祖漢校訂，共十講）。同期，鵝湖又發表楊祖漢〈牟宗三先生對孔子的理解〉，劉述先〈港臺新儒家與經典詮釋〉（文之第六節介述「牟宗三的思想及其對經典的詮釋」。）

·同月，上海古籍出版社印行《當代新儒學探索》（中華文化研究集刊第四輯，吳光主編），其中有王邦雄〈牟宗三先生會通中西文化之哲學慧命〉、羅義俊〈全幅人性的了悟——讀牟宗三先生的《才性與玄理》〉。

·六月，《牟宗三先生全集》之「總敘」（二萬五千言），特載於《鵝湖學誌》第三十期。又，同期刊出黃慧英〈道德理性與人文關懷：牟宗三先生的人文主義〉。

·七月五日，「鵝湖人文書院」開幕與《牟先生全集》新書發表會在鵝湖社新址一併舉行，由鵝湖社社長楊祖漢主持。先由蔡仁厚作主題演講，分四節以說明書院講學之傳統及其精神意義：⑴傳統的學校、科舉與書院講學。⑵當代新儒對書院的眷懷與奮鬥。⑶牟老師的心願與鵝湖的精誠努力。⑷書院講學與內聖外王。接著，戴璉璋、劉述先、周群振、李瑞全、王邦雄、曾昭旭、林安梧等，皆就牟先生全集或鵝湖近三十年之奮鬥，發表感言。

·八月，蔡仁厚〈鵝湖人文書院開幕講詞〉，發表於《鵝湖月刊》三三八期。

·十一月，《鵝湖》三四一期，發表陳代湘〈牟宗三與湘學〉。

◎民國九十三年（二〇〇四），甲申，卒後九年。

·三月，《鵝湖學誌》三十一期發表蕭振邦〈嵇康「聲無哀樂論」探究：兼解牟宗三疏〉。

·四月，「道家思想國際會議」在中央大學與鵝湖人文書院兩地召開。蘇新鋈發表〈牟宗三先生「王弼之老學」對老子思想闡發之啟示〉。

·五月，先生《孟子》演講錄（盧雪崑整理，楊祖漢校訂），於《鵝湖月刊》三四七期開始連載

（共九講）。

・同月，鄺錦倫發表〈牟宗三與圓教問題〉於《東海哲學研究集刊》第九輯。

・六月，《鵝湖月刊》三四八期，刊出「牟宗三《認識心之批判》討論專號」，由中央大學哲研所李瑞全教授與博士生釋性廣、李素楨、鄭育惠、賴文遠等執筆。

・七月，《鵝湖月刊》三四九期，刊出李彥儀〈牟宗三與康德哲學中「智的直覺」之差異初探〉。

・八月，正中書局重印先生之《理則學》，約請東海大學教授鄺錦倫負責校訂，並由蔡仁厚教授與何淑靜教授撰寫重印序言。

・九月，《鵝湖月刊》三五一期，發表李淳玲〈混沌中成長的牟宗三先生〉（上）。

・十月，《鵝湖》三五二期，發表上文之下篇。

今按：「東方人文學術研究基金會，美國分會」（又名美利堅中國哲學與文化研究基金會）近年來常聚會研討先生之著作與思想。今年盧名揚著手英譯先生之《五十自述》。其第一章〈在混沌中成長〉發表於「中國哲學與文化基金會」之網站上。李淳玲為了表述先生在生活中所顯發的幽默與活潑潑地情趣，特採擷盧名揚譯稿，以中英並陳之方式，寫成〈混沌中成長的牟宗三先生〉一文，分上下篇發篇於鵝湖月刊。

◎民國九十四年（二〇〇五），乙酉，卒後十年。

謹按：今年四月十二日，為牟先生逝世十周年忌辰。臺北（鵝湖社、東方人文基金會、中央大學合辦）、香港（新亞研究所）、美國舊金山（美利堅中國哲學與文化研究基金會），皆將舉辦「牟宗三與當代哲學」或「牟宗三與中西哲學會通」為主題之學術會議，以表達我們對牟先生的懷思與感念。

另外，武漢大學亦將與鵝湖社合辦「第七屆當代新儒學國際會議」，時間訂於九月十日至十二日。

肆、「鵝湖人文書院」開幕講詞

主席、諸位女士先生和青年朋友：

今天，鵝湖社為了「鵝湖人文書院」開幕，和「牟宗三先生全集」出版，特別舉行慶祝茶會，安排我先來說幾句話，感到非常榮幸。關於牟老師的全集，鵝湖月刊五月號已有文章報導和說明。現在我只就「書院」部分，提出一些意思，來和大家共同期勉，相互切磋。

一、古代的學校、科舉和書院講學

孟子說過，三代之時，全國性的學校稱為「學」，地方性的學校稱為「庠」、「序」、「校」。所以數千年來，京師有「太學」，地方有鄉校。西漢景帝時，蜀郡太守文翁，立學宮於成都，首先祀奉孔子與七十二賢。從此，教育和儒家結為一體。到了唐太宗，正式通令全國各州縣立孔子廟。這座廟又稱文廟，一方面祀敬孔聖和先賢先儒，一方面它也是縣學府學的所在。縣學錄取的學生稱為「生員」（秀才），每三年有省區和全國性的科舉考試，中式的稱為「舉人」、「進士」。以上說的是「官學」方面。

到了宋朝，民間的書院講學漸漸成為風氣。北宋二程據傳曾在河南嵩陽書院講學，北宋末年，二程門人楊龜山講學於無錫的東林書院。這座書院到明代末葉成為東林學派的根據地，並發展為東林黨。黃宗羲說，東林「一堂師友，以冷風熱血洗滌乾坤」。這是書院通向政治而演成的歷史悲劇。很壯烈，很動人，但也很悲慘。這裡觸及了儒者參政的方式問題（(1)上行之路：通過科舉，參與朝政。(2)下行之路：出為幕賓，佐治庶政。(3)講學論政：東林式的、非東林式的。宋代以前，隋末王通，亦是一例。），等一下可能還會提到。

南宋時期，書院講學益發興盛。講學的地方，或稱書院，或稱精舍、講堂，甚至還常借佛寺道觀進行論學。這是非常自由的，並沒有一定的形式限制。理學家們都喜歡採取民間講學的方式，其中朱子的影響，特為深遠。譬如宋代的四大書院：白鹿洞書院、嶽麓書院、石鼓書院、睢陽書院。前二者都經朱子復建或修建，因而也特別著名。

朱子為江西廬山的白鹿洞書院訂頒新的「學規」，代表他講學的精神旨趣。內容有五教（即父子、君臣、夫婦、長幼、朋友五倫）。有為學之序（博學、審問、慎思、明辨、篤行）。有修身之要（言忠信，行篤敬，懲忿窒欲，遷善改過）。有處事之要（正其誼不謀其利，明其道不計其功）。有接物之要（己所不欲，勿施於人，行有不得，反求諸己）。這些，都是古聖賢教人為學的大端。朱子諄諄致意，期盼學者「講明義理，以修其身，然後推以及人」。他認為世俗以禁防為主的那些學規，太淺看學者，他要提倡一種自尊自重的學風。他相信，只要學者「知其理之當然，而責其身以必然」，則「思、慮、云、為」（思想言行）之際，自能戒慎恐懼，憤發向上。那時，湖南長沙的嶽麓書院，由張南軒主講，後來朱子受邀前往講學，留下「忠孝廉節」四個大字刻石，留傳至今。同時，嶽麓書院也採行了白鹿洞書院的學規。七八百年來，朱子這套學規通行天下，韓國儒學界簡稱之為「洞規」，敬謹奉持。

到了清朝，各地的書院多半是官辦的，裡面的學生主要用心於舉業，是為了考科舉。後來科舉廢了。民國創建之後，便完全是今天西式化的學校教育。

二、當代新儒家對書院的眷懷與奮鬥

西式的學校教育，以知識為主。雖然大家都說「三育並重」，或者加上美育、群育為「五育」。其實，德育一直不振，美育、群育幾幾乎是言之而無物，體育略有所成，但教育不能由體育擔綱。所以，結果便是由知識性的智育來獨領風騷。在西方，學校本就是知識性教育，但他們的文化傳統，還有宗教負德育之責，有民主法治負群育之責，有藝術館、音樂廳、戲劇院負美育之責，有運動競技場負體育之責，他們有完整的一套，而且配合得很好。我們學西方，一方面學得不夠好，一方面對於異質文化的溝通、協調、融攝，更是未嘗措意而懵無所知。所以才造成普遍的古與今、新與舊、自由與道德、保守與開放等等的矛盾。這些問題，這些矛盾衝突，都是文化意識不醒豁、文化心靈不平正、文化生命不順適條暢而造成的。

當代的儒門人物，第一代的人眷懷傳統講學的精神，希望在學校制式以外，以書院講學的方式來接續傳統，培養人才。像抗日戰爭時期，在西南大後方就有所謂當代新儒家的三大書院。一是四川樂山的「復性書院」，馬一浮先生做山長，熊十力先生擔任主講。後來熊先生退出，馬先生單獨講學，留下《復性書院講錄》和《爾雅台答問》。其次是設在重慶金剛碑的「勉仁書院」，梁漱溟先生創辦，與熊十力先生共同主講。熊先生的《新唯識論語體本》與《讀經示要》，就是在這段時間完成的。第三是雲南大理的「民族文化書院」，張君勱先生擔任院長，牟老師也在裡面（當時年輕，以講師名義住書院）。後來張先生批評政府的言論可能有點過分，書院便被停辦了。

這三所書院，就講學和培養人才而言，很難說是成功。但就其文化、學術意識與講學精神而言，卻非常難能可貴。這種精神，在民國三十八年大陸變色之後，還能以另一種形式復活於大陸邊緣，是即香港九龍的「新亞書院」。徐復觀先生說過，新亞是靠錢穆先生的大名，唐君毅先生的理想，和張丕介先生的頑強而支撐起來的。它一方面是大學教育，一方面配合「民主評論」雜誌從事文化反共和自由講學。後來新亞參加香港中文大學，由於官辦學校的一些限制，新亞的精神理想受到壓抑。待到唐先生和牟老師從中文大學退休，便重整「新亞研究所」，這是由唐先生主持，牟老師和徐先生共同參與的莊嚴奮鬥。主觀的努力，一直是精誠貫徹，而客觀的情勢，則無可避免的一步一步感到欲振乏力了。

三、牟老師的心願和鵝湖的精誠努力

牟老師一直希望有一個場所，可以進行社會講學。因為制式化的學校教育，總覺得欠缺一種活潑潑地自由講學的精神。而文化慧命的醒豁，文化靈感的鼓盪，文化理想的提揭，文化方向的貞定，還是要靠社會民間的自覺努力。今天的學術，當然不可能脫離大學，但也不能侷限於大學，必須通向社會，向社會開放。民國四十三年，牟老師在師大主持的「人文友會」的聚會，在精神上其實是和書院講學相類同的。之後，在東海大學的課外開講，在香港大學校外課程部的社會講學，留下了《中國哲學的特質》、《宋明儒學概述》兩部講錄。他晚年往來臺港兩地，在臺大、師大和新亞研究所連續講學，都是向社會開放的，也留下許多錄音，有的已經整理成講錄出版。這種「既講儒家，也講佛老；既講中國學問，也講西方思想」的新形式新內容的講學，實可視為書院講學一步新的推進和開展。

民國六十四年七月（時，唐牟二先生先後來臺講學），《鵝湖》雜誌創刊。這是在學青年創辦的刊物，而且它不只是辦一個刊物，而是把它當做一個理想的學園來辦。希望藉著「鵝湖」來團聚有文化意識，有文化理想的青年，大夥兒一起讀書，一起討論學問，以期彼此提撕，相互砥礪。秉執著這種自動奉獻、自力更生的精神，鵝湖除了發行月刊，還辦讀書會，辦講座，辦論文發表會，並出版書籍與學術論文集，接下來又辦純學術性的《鵝湖學誌》（半年刊），此外，每年還定期召開學術會議，每二年又相續舉辦當代新儒學國際會議。由於鵝湖師友持續不斷的精誠努力，自然而然地有了名聲，有了影響，而隱然成為當代新儒家的精神標竿。牟老師晚年在臺北講學，也時常到鵝湖坐一坐，喝喝茶，宛如家庭裡的一位老公公。最後一二年，又每週在鵝湖講堂正式開講，雖然形式上是比較輕鬆的討論和交談，但智光閃爍，哲思圓融。苟能有所會心，其得益仍然會是滿滿的。

據此看來，將近三十年的鵝湖，形式上雖然不是書院，而實質上它和書院講學的精神是融和相通的。三年前我到江西鵝湖書院開朱子會議，他們要我在開幕式上講話。我用的題目是「新鵝湖，新生命」。我說鵝湖的意指有三：一是地理上的江西鉛山的鵝湖，也就是唐詩「鵝湖山下稻粱肥」的鵝湖。二是歷史上的鵝湖，也就是朱陸會講的鵝湖。三是文化上的臺北的鵝湖。當年朱陸會講的地點其實是在鵝湖寺，後來地方人士修建一座四賢祠來紀念會講的朱子和二陸兄弟（復齋、象山），以及發起鵝湖之會的呂祖謙。若干年後，才又發展成為鵝湖書院。民國三十七年，牟老師應程兆熊先生之約，草擬「重振鵝湖書院緣起」，希望繼朱陸之後，來重振鵝湖書院，以開顯新的學術理想，完成儒學第三期的文化使命。結果因為時局的關係，心願未遂。

到今天，經過了半世紀的曲折，我們終於在臺北有了一個書院：「鵝湖人文書院」。加上「人文」二字，一是有別於歷史上的鵝湖書院，二是突顯人文精神。牟老師常常提醒說，唐先生為什麼把他的一部書叫做《人文精神之重建》，因為那正標舉出中華民族文化精神復活的核心意義。儒學的精神，就是人文精神，人文精神的主觀實踐，屬於成德之教，這是

「道統的光大」。人文精神的客觀實踐，有政治和知識兩方面，一面是完成民主體制的建國，屬於國家政治法律，這是「政統的繼續」；一面是發展知識和技術，屬於邏輯數學科學，這是「學統的開出」。這「三統」的提揭，昭示中華文化開展的主綱。我認為，這也正是鵝湖人文書院奮鬥的指標。

四、書院精神與內聖外王

傳統的書院講學，都以內聖為主，目的是成德、成人品，也就是做聖賢。那是道統的擔負。今天，我們不能單單走傳統的路。雖然，道統的承續光大仍然是我們的天職。但我們沒有必要光是去記誦歷史上的聖王之統，而應該記取孟子「聖人先得我心之同然」這句話，時時回歸自己，來顯發我們本有的聖心，完成我們先天的聖性。用現在的話來說，所謂延續道統，本質上就是要激發國人（尤其知識分子）的文化意識。

王船山有言：「有家而不忍家之毀，有國而不忍國之亡，有天下而不忍失其黎民，有黎民而恐亂亡，有子孫而恐莫保之。」船山的話，正是本於他深厚而強烈的文化意識而說出來，這是他靈魂深處發出來的聲音，也是最能引發我們共鳴的一種聲音。它基本上就是孔孟「不安、不忍之心」的真實顯發。現在我們可以這樣說：

不忍家國天下淪亡，不忍民族文化之統斷滅，而思有以「保存之，延續之，光大之」的仁心悲懷，是之謂文化意識。

一個真正的儒者，當然要有深厚而強烈的文化意識。有些人口頭上也會講「文化意識」這四個字，而事實上他的生命原則、生命途徑、生命方向，並不真正能夠與民族文化生命和諧一致，他的靈魂有夾雜，有歧出，而別有所託。因而，他的文化意識是不真實的。這樣的人，也不可能對儒家的學問達到相應的了解。他的不了解，既不關乎聰明，也不關乎知識，而是他的生命有隔閡，他的心靈別有所向。據此可知，「道統」極其重要。我們雖不必時時在口頭上掛著道統二個字，但「道統意識」絕不可少。因為這是我們安身立命的根基。

至於外王方面，傳統上並非書院講學的重點。唯一的例外是東林書院。東林諸人，志在問政、救國，所以「國事、家事、天下事」，都要關心，這當然值得欽敬。但傳統儒家「以天下為己任」的精神及其「以內聖通外王」的方式，我們應該如何來順承接續？（救天下，援之以手乎？援之以道乎？內聖通外王，是直通乎？曲通乎？）這是必須嚴肅思考的問題。當代新儒家的人物裡面，張君勱先生曾經創辦過政黨，而且堅持政黨不搞特務，不練軍隊。他嚴守民主政治的規範，始終一貫。但他的政黨失敗了。在張先生來說，是求仁而得仁。我寫過一篇文章，題目是「當代新儒家對政治的理解與參與」，可以參閱。

據今日看來，所謂經世致用，所謂外王事功，其實就是「現代化」的問題，也即民主政治和科學技術的問題。當代新儒家認為傳統的外王必須有新的充實和開擴，必須把「民主、科學」看做是外王的新內容，而且視之為外王的新實踐。在這一點上，新儒家的胸襟器識，早已超越五四人物。不過，科學技術的發展，民主政體的建國，不單是儒家學者的事，乃是全民族的共同責任。大學裡的每一個科系，都必須分擔不同的使命。知識雖然分門別類，而「現代化」的目標則是共同的。在「中華民族現代化」的大旗幟下，民主建國的完成，科學技術的發展，正就是儒家外王實踐的真實成功。

五、餘言

鵝湖人文書院，剛剛開幕。無論組織的成員，講學的方式，學術的研究，文教的活動，在目前恐怕還只能採取較為鬆開疏朗的形式。原先的刊物（月刊、學誌）、基金會（東方人文基金與中國哲學研究中心），加上書院，應該是三位一體的。大家用心的重點，研究的方式，工作的性質，有分也有合，有同也有異，彼此之間，雖在異地而仍能同心；雖然分工而仍須合作。借朱子的話來說，這也是「統體一太極，物物一太極」。分開看，人人都是獨立自主的個體存在；統合起來，便成為文化生命的共同體。因此，它又是一理而多相，理一而分殊。理上的普遍性同一性，和事上的差別性特殊性，同時承認，同時兼顧，同時運作。希望從此開啟新的機運、新的道路，建立新的規模、新的風範。

在此，我提供一副嵌名聯（把「鵝湖人文書院」六個字都嵌進去），作為我對書院開幕的獻禮：

鵝自天外飛來，藏修游息，返本開新，人文化成彌宇宙；
湖從地心湧現，吞吐涵容，承先啟後，書院論道貫古今。

上聯「鵝自天外飛來」，喻命從天降。歷經「藏、修、游、息」，含弘光大，隨而「返本開新」，以人文化成天下，彌綸宇宙萬物。下聯「湖從地心湧現」，喻德由心生。反覆「吞、吐、涵、容」，窮理盡性，乃能「承先啟後」，據書院縣穆論道，通貫往古來今。

我的講話，到此結束。謝謝。

九十三年八月，鵝湖月刊三三八期

伍、牟宗三先生的自述與論贊

一、弁言

二十世紀的後半，大陸的當權派仇視中華文化，仇視孔子與儒學，釀成「批孔揚秦」「破四舊」的文化大革命。這是前古未有、禍延天下後世的文化大災難，不只是所謂「十年浩劫」而已。

文革結束以後，大陸漸次派遣學者出訪歐美，也往往過境香港。他們有二個發現：一是臺港海外的華人世界，不但不仇視中華文化，不仇視孔子儒家，並且有很多著作正確有力地表述了儒家學術與中華文化，而引起國際學界的重視。凡是有關孔子與中華文化的學術會議，都會涉及唐君毅、牟宗三等人的著作與論點。這很撞擊了他們的心靈。第二點發現，是一九五八年元旦，由唐君毅、牟宗三、徐復觀、張君勱四人聯名發表的「中國文化與世界」

宣言❶，正提供了中國文化開展的基本方向與道路。他們可能不完全理解，但卻無法否認這篇宣言代表一條文化的新路。於是，他們歸結出一個講法，說當代中國有三大思潮，一是馬列唯物，二是西化思想，三是當代新儒家。前二者都是外來的，只有當代新儒家是中華本土滋長出來的。

接著，他們正式組成一個編寫小組，邀集南北各大學中青代的學者四十人，分別對當代新儒家的人物與著作，進行全面的研讀與介述，而陸續出版了一系列資料編輯和思想論評的書。近幾年來，上海古籍出版社更出版了牟宗三先生的《中國哲學的特質》、《中國哲學十九講》、《中西哲學之會通十四講》、《四因說演講錄》以及《心體與性體》等著作。而直接以牟先生思想做博士論文的，也相繼而來❷。甚至有人指出，儒家思想與中國哲學未來的發展，所面對的最中心的問題，將是如何消化牟宗三以期超越地前進。

以下分為「自述」與「論贊」，進行說明。

二、自述

在「論贊」之前，我們先看看牟先生的「自述」。

㈠五十自述

《五十自述》❸是牟先生從臺灣師大轉東海大學任教時，隨順他的心境和感觸而寫下來的生活憶述。在全書結尾處有一段話：

> 凡我所述，皆由實感而來。我已證苦證悲，未敢言證覺。然我以上所述，皆由存在的實感確然見到是如此。一切歸「證」，無要歧出。一切歸「實」，不要虛戲。一切平平，無有精奇。證如窒悲，彰所泯能，皆幻奇彩，不脫習氣。（習氣有奇彩，天理無奇彩。）千佛菩薩，大乘小乘，一切聖賢，俯就垂聽，各歸寂默，當下自證。證苦證悲證覺，無佛無耶無儒。消融一切，成就一切。一切從此覺情流，一切還歸此覺情。

---

❶ 此文化宣言，編入唐君毅先生《中華人文與當今世界》（臺北學生書局出版）頁八六五—九二九。正題之下，標有副題：「我們對中國學術研究及中國文化與世界文化前途之共同認識」。文前，又有唐先生之案語：「此宣言之緣起，初是由張君勱先生去年春與唐君毅先生在美談到西方人士對中國學術之研究方式，及對中國的政治前途之根本認識，多有未能切當之處，實足生心害政，遂由張先生兼函在臺之牟宗三、徐復觀二先生，徵求同意，共發表一文。後經徐牟二先生贊同，並書陳意見，由唐先生與張先生商後，在美草定初稿，再寄徐牟二先生修正。往復函商，遂成此文。此文初意，本重在由英文發表，故內容與語氣，多為針對若干西方人士對中國文化之意見而說。但中文定稿後，因循數月，未及迻譯。諸先生又覺欲轉移西方人士之觀念上之成見，亦非此一文之所能為功。最重要者為吾中國人之反求諸己，對其文化前途，先有一自信。故決定先以中文交民主評論及再生二雜誌之一九五八年之元旦號，同時發表。特此致謝。」

❷ 例如天津南開大學哲學系之王興國博士與上海復旦大學殷小勇博士等人，皆研究牟宗三哲學。

❸ 牟宗三《五十自述》，民國七十八年一月，臺北：鵝湖出版社印行。現編入《牟宗三先生全集》（二〇〇四年四月，臺北：聯合報系文化基金會出版，聯經公司發行）第三十二冊。

這一段話，極佳、極徹、極諦。「覺情」是發自本心的鮮活之情，也即怵惕惻隱之情、不安不忍、憤悱不容已之情。這覺情是「始」，也是「終」。所以末後二句云「一切從此覺情流，一切還歸此覺情」。凡天理的流行，義理的印證，倫理的實踐，都繫於這仁心覺情上。這部自述的手稿，到牟先生八十歲時才交付出版。其自序有云：

> 學術生命之暢通，象徵文化生命之順適；文化生命之順適，象徵民族生命之健旺；民族生命之健旺，象徵民族魔難之解決。無施不報，無往不復，世事寧有偶發者乎？吾今忽忽不覺已八十矣。近三十年來之發展，即是此自述中實感之發皇。聖人云「學不厭，教不倦」，學思實感寧有已時耶？

牟先生自謂，五十以後三十年的發展，即是這《五十自述》中的實感之相續發皇。可見他的學術生命是永續永繼，綿綿不斷的。一個真生命、真人格，他的學思工夫與靈臺實感，就像孔子「不厭不倦」一樣，是永遠不停歇、不間斷的。

(二)為申展理性而奮鬥

七十六歲之三月，牟先生出版一部論集，書名《時代與感受》❹，其自序指出，一個人處於非理性的時代，即不能不理會此非理性時代之何由而來。此中所含之問題，不只是泛泛的思想問題，乃是人類價值的標準問題，人類文化的方向問題。牟先生自大學讀書之時，即面對國家之處境與邪僻之思想而有痛切之感，歷五六十年之災害與劫難，感益深而痛益切。序言末段云：

> 我的一生，可以說是「為人類價值之標準與文化之方向而奮鬥以申展理性」之經過。

牟先生在半世紀的憂患困頓中，動心忍性，砥礪學思，他徹底疏通了中國智慧之傳統，並疏通了中國文化發展中之癥結，寫了許多學術性的專著，並隨時亦作了一些通俗的講演，他為人類申展理性所作的努力，實已樹立了一個卓越的楷模。

㈢六十年中只做一件事

八十壽慶宴上，牟先生說了一番話，其中有一句說：

> 自大學讀書以來，六十年中只做一件事，是即「反省中華民族之文化精神，以重開中國哲學之途徑。」

---

❹ 牟宗三《時代與感受》，民國七十三年，臺北：鵝湖出版社印行。現編入《牟宗三先生全集》第二十三冊。

文化，不是一兜包的大雜燴，而是一條通貫古今的生命之流。它有源頭，有方向，有理想。在長遠的流程裡，也會有曲折，有險阻，有氾濫。在文化生命演進的過程中，它畢竟有何癥結？有何短缺？今後又將如何持續發展？這些都是一個大知識分子必須正視以謀求解答和解決的。

牟先生在大學預科之時，便已打定主意要唸哲學。他反省中華民族的文化生命，何以不能順適，不能條暢？中國哲學和西方哲學到底有何異同？中國哲學的特質是什麼？應如何來開拓中國哲學的前途？……凡此等等，都將一一得到解答，並在下文陸續說明。

(四)譯註康德，功比奘什

牟先生以一人之力，全譯康德的三大批判❺，二百年來，可謂世界第一人。他不但譯，還作註，不但注，還分別寫專書來吸收消化康德。當第三批判譯註本下冊出版之時，牟先生已經八十五歲了。時當農曆新年，他和門弟子一同過春節，並送每人一本新書，書中夾一張字條，言曰：

此書之譯（按指三大批判），功不在玄奘、羅什之譯唯識與智度之下，超凡入聖，豈可量哉，豈可量哉！然真正仲尼臨終不免嘆口氣，人又豈可妄哉，豈可妄哉！　諸同學共勉　牟宗三自題這是幾句老實話。說「豈可量哉」，並非自滿；說「豈可妄哉」，也不是自謙。只是在回顧歷史之時，覺到要吸收和消化一個外來的異質文化，就必須有精確可靠的翻譯。如果不能用中文來理解康德，則中國人將永遠沒有福份來參與康德學。一千多年前的中國人之所以能吸收消化佛教，正是因為有晉唐高僧認真翻譯了佛教的經典。

近世西學東漸，而百多年來國家既未正視翻譯之事，而學者之中也幾乎無人真心翻譯歐西的主流經典。牟先生認為康德是西方哲學的高峰，而且是通中西文化之郵的最佳橋樑。所以決定漢譯康德三大批判書。他認為翻譯之事，最適於老年。此時學思較熟練，識見較明透，加之心情鬆閒，從容舒坦，邊讀邊譯，隨譯隨解，字斟句酌，煞有味也。他譯康德書所表現的精誠審識，實已重現了晉唐高僧翻譯佛經的風範。

(五)一生著作，古今無兩

民國八十三年十二月二十五日午後，牟先生在臺大醫院病室索筆寫示蔡仁厚、王邦雄等人：

❺ 牟先生漢譯康德三大批判，譯本書名如下：(1)《康德「純粹理性之批判」》（上）（下）。(2)《康德的道德哲學》（內含康德之《道德底形上學之基本原則》與《實踐理性之批判》）。(3)《康德「判斷力之批判」》（上）（下）。先由學生書局出版，現已編入《牟宗三先生全集》第十三、十四、十五、十六冊。

> 你們這一代都有成，我很高興。
>
> 我一生無少年運，無青年運，無中年運，只有一點老年運。無中年運，不能飛黃騰達，事業成功。教一輩子書，不能買一安身地。只寫了一些書，卻是有成，古今無兩。
>
> 你們必須努力，把中西學術主流講明，融和起來。我作的融和，康德尚作不到。

這段話錄在《學思年譜》[6]裡，同時也加了按語。我簡要地指出五點：一是以專書分別表述儒釋道三教的義理系統，牟先生是古今第一人。二是牟先生所著新外王三書，開出外王事功的新途徑，自古迄今，亦不作第二人想。三是以一人之力全譯康德三批判，乃二百年來第一人。四是疏導中西哲學會通之道路，亦達到前所未有之精透。五是對中國哲學之特質及其所函蘊之問題，進行全面而通貫的抉發與討論。此項工作，亦未見其匹。

不過，說一個人的著作「古今無兩」，真是談何容易！當我在報端披露此段「病中垂語」時，不少的人以為是我隨意記錄的話，後來才知道是牟先生親筆所寫，於是轉使大家平下心來理解這句話。像香港中文大學劉述先教授、山東大學顏炳罡教授，都有文章來討論這句話的意指。而鵝湖月刊三三二期，又刊出南京大學白欲曉先生〈哲學創造之路〉一文，也對此病中垂語作了討論。我一向認為，牟先生這幾句話平平說出，既不增不減，又如理如實。如果有人一定要比一比，就請從深度、廣度、高度、強度，以及「通透」、「中肯」、

「時宜」等方面平心對較，通盤比觀。

至於最後提到自己所作的會通，康德尚做不到。這也是老實話，並非要和康德爭高低。康德的智思，高矣強矣。但為西方傳統所限，缺少從事文化融和之憑藉。而牟先生則有東方智慧傳統（儒、釋、道）作為憑藉，所以既能讚賞康德的不凡，又能看出康德的不足。而康德的不足實即西方哲學的不足（傳統的限制）。所以必須和東方文化相摩相盪，相資相益，方能百尺竿頭，更進一步。

以上屬於自述，下段再說論贊。

三、論贊

㈠化腐朽為神奇

牟先生在大學畢業之前，便已完成周易哲學初稿。但此書之運道並非順利，首先厄於當時北大文學院長胡適之偏見與壓抑，再次厄於數理邏輯授業師張申府之漫忽與不省（見《周易

❻ 蔡仁厚撰《牟宗三先生學思年譜》，民國八十五年二月，臺北：學生書局印行。現已編入《牟宗三先生全集》第三十二冊。

的自然哲學與道德函義》重印誌言）。唯當時在北大講中國哲學的老教授林宰平、李證剛、熊十力等人看了，卻大為讚賞，而新從美國歸來的哲學天才沈有鼎，則說牟先生如此整理周易，乃是「化腐朽為神奇」。

牟先生通過此書之撰述，確然見到中國文化之慧命，除了堯舜禹湯文武周公孔子，歷聖相承的「仁教」之外，還有羲和之官的「智學」傳統。而古之天文律曆數，賅而存焉。（按，羲氏、和氏，堯帝之臣，主曆象授時之官。）

天文律曆數，在易學象數的牽連中，亦可見出其較為有意義的形上學之規模。中國古賢原始生命之智光所及的光輝，對於數學之形而上的（宇宙論的）意義，以及體性學的特性之認識與欣趣，並不亞於畢塔哥拉斯與柏拉圖。沈氏所謂「化腐朽為神奇」，也應該是見到了這一層的文化意義而說的吧。

(二)北大哲系唯一可造之才

抗日戰爭時期，牟先生在昆明絕糧，熊十力先生特從重慶致函西南聯大哲學系主任湯用彤云：「宗三出自北大，北大自有哲學系以來，唯此一人為可造。汝何得無一言，不留之於母校，而任其飄流失所乎？」[7]湯先生答以胡（適）先生處通不過。當時胡任駐美大使，而仍能遙控北大人事，也可說是非常「奇異可怪」的了。

北大哲學系當然出了一些人才。但「才」有大小、高低以及偏正、純駁之不同，在眼目高的人看來，天下雖大，卻也常常是「闃其室無人矣」的。牟先生離開昆明到重慶依附熊先生於勉仁書院。這個書院是梁漱溟先生辦的。梁先生向來不欣賞牟先生的狂簡疏放。有一天他耐不住了，便對熊先生說：宗三坐無坐相，站無站相，走路沒有走路相，你到底欣賞他哪一點？熊先生輕輕回答說：宗三有神解。神解也者，目擊道存，一語中的，其解悟特異超俗，能悟人之所不悟，見人之所不見。北大有此可造之才，而不能容之用之，豈不可惜可憾？世人無有能老夫子之巨眼，又如何能知人論世？當世俗不知其人而加以造就之時，人將如何？曰：自尊自重，自造自成而已。牟先生的成就，雖有賢師益友之助，而實乃天造之，己成之。人不自成，則自暴自棄而已。

七年前，我受邀出席北大百周年慶的漢學國際會議（分文學、史學、哲學、考古四組），所提論文即是〈牟宗三先生的學術貢獻——表彰一位傑出的北大校友〉。論文宣讀之後，有幾位青年學者告訴我，說展覽館介紹了很多北大名人，就是沒有牟先生。我說，還沒到時候。等有一天北大懂得正視牟先生時，中國的學術才算踏入正路坦途。其實，牟先生也不會在意這件事。譬如臺北有一個北大校友會，牟先生則從來不參加聚會。他說：那些人怎麼能代表北大？北大的精神在我這裡，我才代表北大。他的話能不能得到解人？會不會有人抗議？這且不管。但牟先生這個人，是無負於北大，無負於中國哲學的。

---

❼ 語見《五十自述》第五章「客觀的悲情」，頁九二—九三。

(三)天梯石棧，獨來獨往

民國四十五年暑假，唐先生首次自港訪臺。牟先生邀請他在「人文友會」主講「人學」。講詞由蔡仁厚記錄，後來編入《唐君毅先生紀念集》中。唐先生返港之後，仁厚陳書述懷，唐先生回信有云：「來函所說牟先生之言，於毅亦多稱許過當之處，不必如實。方今之世，唯牟先生著書講學能樹立標準，有泰山巖巖氣象。而牟先生平日之學，亦由翻山越嶺中得來。故牟先生在一般學問及人格生活上，皆有大開大合之歷程，而艱難之處，天梯石棧，牟先生皆能獨來獨往。諸同學能從之游，亦甚為不易。」唐先生這段話，可以視為「朋友相知」的千古型範，也正好為熊先生「北大自有哲學系以來，唯此一人為可造」之言，供作徵驗。

唐先生與牟先生之相知相得，與北宋大理學家「二程」非常類似。二程兄弟相知相輔，而且分別開顯「逆覺體證」之路與「居敬窮理」之路。首先，大程子為南宋前期閩學（楊龜山、羅豫章、李延平）與湖湘之學（胡五峰）之逆覺體證之路（一為超越的逆覺體證，一為內在的逆覺體證），開啟先機。❽接下來，小程子「涵養須用敬，進學則在致知」之言，則開啟了朱子「涵養、察識、居敬、窮理」的工夫進路。而當代唐牟二先生的學術成就與學術貢獻，亦為當今新儒學的新開展，提供了最為平正通達的康莊大道。

(四)榮譽文學博士推介詞

牟先生七十六歲時，行政院遴選他為國家文化獎章受獎學者。七十九歲時，又榮獲香港大學頒贈榮譽文學博士學位。港大哲學系教授 F. C. T. Moore 博士特致推介詞。這份推介詞，是出於客觀的理解和批判，它沒有主觀情結的夾纏，也沒有師友情誼的偏愛，它代表一個國際性的客觀公正的肯定。其末段稱說牟先生為：

> 「理論的與實踐的知識」之維護者；以其「弘揚儒家傳統的權威性著作」，復又以其「提倡西方哲學研究之重要」而名揚於世者；一個「經歷過長期心靈前進」之人，「出身是農家而職業是學者」；是「學問的友朋」、「生命的愛護者」、「信仰於幸福與德行者」——這樣一位哲學家，推薦給校長先生，以便頒贈以榮譽文學博士之學

❽ 黃梨洲《宋元學案》卷二十五「龜山學案」，附錄胡文定（安國）之語：「龜山所見在中庸，自明道先生所授」。龜山言「中」，主張驗之於喜怒哀樂未發之際。此是靜復以證體，亦即逆覺體證之工夫。龜山門人羅豫章以及豫章門人李延平，亦皆教人於靜中見喜怒哀樂未發氣象。此即朱子所謂「龜山門下相傳指訣」。靜坐是為了與現實生活相隔離，亦即超越現實生活以便靜復以證體。延平「默坐澄心，體認天理」，即是此路之歸結。（唯朱子四十以後，順伊川而趨，已不走延平之路矣。）另胡五峰則承北宋前三家（周、張、大程）而發展，對於大程「識仁」之旨，五峰尤其體之真切。故曰「欲為仁，必先識仁之體」。「一有見焉，操而存之，存而養之，養而充之，以至於大，大而不已，與天同矣。此心在人，其發見之端不同，要在識之而已。」就良心發見之端而警覺之，此即逆覺的體證工夫。在五峰，只須內在於人倫日用中，就良心之發端以體證仁體（天理本體），而不必靜坐，故為「內在的逆覺體證」。據此可知，南宋（朱子以前的）前期閩學與湖湘之學，皆源自大程子。而朱子四十以後，則取徑於小程子，而開另一系（靜養動察，敬貫動靜，即物窮理）之義理規路。是乃順承小程子伊川而開顯的朱子傳統。

位。[9]

推介詞中還英譯了牟先生《圓善論》書後頌歌之末四句：

德福一致根本是圓教中的事，
何須煩勞上帝來作裁決，
我現在重新來宣說「最高善」(圓善)，
我只稽首仲尼感謝他為我們留下保證圓善之規範。

按、中文末四句頌詠原文是「德福一致渾圓事，何勞上帝作主張？我今重宣最高善，稽首仲尼留憲章。」我們試把中英文的句子對照起來看，將更能感覺意味之深長。

(五)門弟子四言論贊與治喪會輓詞

十多年前，正中書局出版一本《當代中國思想家》的書，主編張永雋教授約我寫牟先生。我用的標題是「高狂俊逸透闢深徹的大哲：牟宗三」。牟先生逝世之後，國史館約我為牟先生撰寫「國史擬傳」[10]。傳文中我又將八字論贊的意指，再作簡要的揭示，而衍為四言論贊：

氣性高狂　　才品俊逸
思想透闢　　義理深徹

民國四十年左右，香港《民主評論》月刊登載唐君毅先生給徐復觀先生一封公開信，討論政治民主與學術自由的問題，文中論及人品性情，唐先生說：熊（十力）師之外，朋輩中唯宗三兄高視闊步，有狂者氣象。四十五年九月，唐先生在給我的回信中，又說到：「方今之世，唯牟先生著書講學，能樹立標準，有泰山巖巖氣象。唐先生的意思，也正可視為我頭二句「氣性高狂，才品俊逸」的旁證與呼應。而牟先生所著各書，無論思想綱脈的疏解，義理分際的釐清，系統綱維的確立，以及學術異同與學脈傳承的判認，都已達到前所未有的深透。所以末二句「思想透闢，義理深徹」，也是信實恰當的論贊。

牟先生逝世之後，其訃告所附之〈學行事略〉⓫，依順「姓字、出生、家世、簡歷、師友、總提、三教義理、新外王、中西會通、三大批判、文化生命、家屬、綜結」而作表述。

❾ 牟先生榮受香港大學榮譽文學博士時，莫爾教授的推介詞，略見《牟宗三先生學思年譜》學生版，頁六七、六八。

❿ 蔡仁厚撰《牟宗三傳》（國史擬傳），係應中華民國國史館之約而作。民國八十四年十二月先發表於《國史館館刊》復刊十九期，次年編入《國史擬傳》第六輯出版。現已編入《牟宗三先生全集》第三十二冊。

⓫ 蔡仁厚撰《牟宗三先生學行事略》，全文編在《學思年譜》附錄一，現編入《牟宗三先生全集》第三十二冊，頁二二七—二三〇。

文後，有四句贊辭：

光尼山之道統　弘黃岡之慧命

擴前哲之器識　發儒聖之光輝

這四句話，也作為治喪委員會的輓詞而懸掛在靈堂之上。三年後，我赴北京大學開會，在哲學系座談時，陳來教授問我這幾句話是何人撰述的？我說由我執筆，但意思卻是大家的共識。

尼山，指孔子。黃岡指熊十力先生。在華族文化生命存亡絕續之際，熊先生以他的悲願大慧，生命光熱，獨能穿透歷史之煙霧，暢通文化之大流，以昭顯古今聖哲的德慧生命。所以自然而然地成為當代新儒家開宗的代表人物。牟先生乃熊門嫡傳弟子，他力振孔孟之學脈，以挺顯內聖外王之宏規，實實能夠光顯孔子之道統，弘大黃岡之慧命。至於第三句開擴前哲之器識，則通指中西雙方的先哲而言。由於牟先生之精誠奮鬥，不但中國哲學得以充實開擴，而康德所代表的西方哲學，也可獲得中國哲學智慧的融通提升，而百尺竿頭，更進一步。如此而後，廣大精微的儒聖之道乃真可以充分顯發它的光輝，而達於荀子所謂「光昭日月，大滿八極」之境。

四、餘韻：墓表與園石名義解⑫

牟先生的墓表，由我撰文，並經同門友討論後定稿。全文如下：

長眠於此青山之懷者，是當代大哲、儒學宗師，牟宗三先生。

先生出身北京大學，性情高狂，才品俊逸，能化腐朽為神奇，乃熊十力先生特為器重之嫡傳弟子。先後榮受香港大學榮譽文學博士與國家文化獎章。

先生以三部皇皇鉅著，表述魏晉玄學、南北朝隋唐佛學與宋明理學，使儒釋道三教之義理系統，煥然復明於世。其學術成就，承先啟後，功莫大焉。

先生本於內聖之學，以豁醒外王大義，特撰著新外王三書，為中國文化中政道事功與科學之問題，提出中肯之解答。是真能順成顧黃王三大儒之心願遺志者。

先生以一人之力，全譯康德三大批判，乃二百年來世界第一人。又另撰專書數種，以消化融攝康德之學，為真善美之分別說與合一說，提出妥恰之詮釋。

先生對中國哲學所涵蘊之問題，以及中西哲學會通之分際與衡定，透闢深徹，實啟返

---

⑫ 此段「餘韻」，摘錄自《牟宗三先生學思年譜》附錄三〈墓園記〉一文，見《牟宗三先生全集》本，頁二四五—二四九。

本開新之善端。贊曰：

浩浩宇宙　慧命長流

師尊法運　炳燿千秋

中華民國八十四年五月穀旦　先後期門弟子　一體恭述敬立

我在〈牟宗三先生墓園記〉裡，有一段文字特別說到這篇墓表的寫法，現也錄在這裡，以增懷思。

這篇墓表的寫法，綜合了古今中外的形式。譬如王船山自題墓誌：「抱劉越石之孤忠，而命無從致；希張橫渠之正學，而力不能企；幸歸全於茲丘，固銜恤以永世。」他自述懷抱、學行、身命、際遇，勁斂而沈鬱，警策而有力，不同凡筆。而美國第三任總統哲斐蓀，則只在墓碑上寫明他是美國獨立宣言的起草者，至於總統名銜則似乎不足輕重。若依上例，牟先生的墓表，也可用他自己的話：「我的一生，可以說是『為人類價值之標準與文化之方向而奮鬥』以申展理性之經過。」或者用他八十壽宴所說的那句話：「我自大學讀書以來，六十年中只做一件事，是即：反省中國之文化生命，以重開中國哲學之途徑。」這樣，也庶幾可以表述他高狂光輝的生命價值。但從天下後世人看來，則將會有「無乃太簡乎」之感。所以，幾經斟酌，還是採取現在這樣的寫法。

另外，在墓園記中，還有一段文字，標為「碣石無形，草色青青」。

在第一次墓地規劃說明時，李祖原建築師事務所預定在墓亭之右矗立一塊大石。後來由於斜坡墓地施工，無法用吊車安裝巨石，這才改為綠色草坪。當時論及立石題名，有人提議直接用牟先生的名諱命為宗三園，至於碣石的命名，則一時未曾想出來。

某日，我忽然想到，既以「名」名園，便再以「字」名石，「宗三園，離中石」，豈不甚好？於是索性寫成一篇「園石名義解」，影印給幾位友好共相參酌。如今雖然用不到了，但意思一旦出現，它便可以是永恆的。所以特錄於此，以為紀念。

> 宗三，師尊之名也。離中，師尊之字也。今以宗三名園，以離中名石者，非敢不諱也，乃仰念之深而思慕之切也。三，有多義：天地人曰三才，日月星曰三光，儒釋道曰三教。而宇宙之數，義蘊無窮。自其基始而言之，一為元，二對待，三則善能表道妙；所謂一生二，二生三，三生萬物，是也。
>
> 道，有體有用，於中字可見道之體，於三字可見道之用。是故三可宗而不可定著，定著則拘限於三，而三亦遂無由靈動而生萬物矣。中宜離以顯其用，不離則滯執於定中，而難能得其時中之妙矣。
>
> 師尊之名與字，正蘊含道之體用。承體起用，即體即用，則法運昌隆之幾，慧命綿流之兆，實已啟其端矣。後之來者，繼志述事，其念之哉，其勉之哉！
>
> 民國第二乙亥五月二日　師尊安土之夜

這園中碣石，無形而有影，今雖未見其石而幸能留存此文，也可算是一段異樣的世間佳話。我常心裡想，臺北新店溪畔的青山何其有緣，得以迎擁這位千秋哲儒，常相伴依。而弟子後學又何其有幸，得以在此青山之懷，展拜敬愛的老師，以期慧命之永續。師恩浩蕩，窮於讚歎。且讓——

青青草樹　綠遍天涯　漢影雲根　垂諸久遠

（師尊謝世十周年之晨於臺中市惠宇椰風北軒）

陸、二十世紀新儒家的大判教

——以唐牟二先生為例

一、略說天台判教以及牟先生對天台華嚴判教之再調整❶

智者將佛陀一生的說教，分判為五時八教。

甲、「五時」是佛陀成佛後說法弘化的五個階段：(1)華嚴時，(2)鹿苑時，(3)方等時，(4)般若時，(5)法華涅槃時。（按、此五階段，乃是義理的秩序，與人生歷史的順序未必全相關。）

❶ 本節所說，根據牟宗三先生《佛性與般若》下冊（臺北學生書局。聯經《牟宗三先生全集》第四冊）對天台宗之講論。因為是綜述，不易一一註記，故從略。

乙、「八教」，分為化儀四教與化法四教。

1.化儀四教：頓、漸、祕密、不定。（這是教化眾生的方式）

2.化法四教：藏、通、別、圓。（這是所說之法的內容）

(1)藏，是三藏（經、律、論）的簡稱。智者依印度習慣，名小乘為三藏。藏教之佛為灰斷佛。色身灰滅，只留舍利為人間福田。在此，只有修得的無常佛性，而無理性本具的真常佛性，未至如來藏恆沙佛法佛性，不能使一切眾生皆得度。

(2)通教，通前藏教，通後別圓，引小入大。智者以般若部與龍樹之空宗（中觀）為通教。牟先生於此提出二點說明。第一、承認它是共法。第二、指出它有限定相。「尊般若、宗龍樹」者是取第一義，而天台以空宗為通教，華嚴以空宗為始教，是指第二義。這樣分開點示一下，就可以免於在此爭高下了。

(3)別教，不同於前之藏教、通教，也不同於後之圓教，獨明菩薩位，故名別教。在窮法之源的問題上，就第一序而言，實只有二個系統，一為阿賴耶緣起（妄心系統），一為如來藏緣起（真心系統）。此二系皆是別教。今牟先生借用華嚴宗「始教」「終教」之名，判「阿賴耶緣起」為「始別教」，「如來藏緣起」為「終別教」，實甚諦當。

(4)圓教者，圓妙、圓滿、圓足、圓頓、圓實之謂。圓教自是就佛而說，但佛有三藏佛、通教佛、別教佛，而不必即是圓實佛。只有相應法華圓實佛而說者，方為真實圓教。天台「以法華為宗骨」（荊溪語），而法華經並無特殊的教義法數，它沒有第一序上的系統內容。

天台圓教乃相應法華之「開權顯實，發跡顯本」而建立。為要表達這個佛乘圓教，它必須依法華經所謂「決了聲聞法」而決了一切分別說的權教：

1.它決了藏教與通教而暢通之，使之不滯於六識與界內。

2.它決了始別教阿賴耶而暢通之，而不分解地說阿賴耶緣起（不偏執妄心系統）。

3.它決了終別教如來藏自性清淨心而暢通之，而不分解地說如來藏緣起（不偏取真心系統）。

它經過這一切決了，而說出「一念無明法性心」即具十法界（三千法）。此「一念無明法性心」，(1)從無明方面說，它是煩惱心、陰識心、是妄心，但天台圓教卻不分解地「唯阿賴耶」（不單以阿賴耶說明一切法）。(2)從法性方面說，它就是真心、清淨心，但天台圓教亦不分解地「唯真心」（不偏指清淨真如，不單以如來藏說明一切法）。此即所謂決了一切分別說的權教，而成圓教。天台圓教是「存有論的圓具」，配上般若之「作用的圓具」、一縱一橫，有綱有緯，遂成真實圓教。

在智者卒後約一個世紀。華嚴宗的賢首，又提出新的判教。賢首判教不分「時」，而依「義」判為「小、始、終、頓、圓」五教。

(1)小乘教：相當於天台之藏教。

(2)大乘始教：以般若空宗為「空始教」，瑜珈唯識為「有始教」，二者皆大乘之初門。

(3)大乘終教：以真常心系諸經及起信論屬之。立「真如隨緣」義，不同於「凝然真如」。

(4)頓教：始教、終教，皆有階位次第，故為漸教。頓教則不說法相，不立法門，無階位次第之限制。一念覺即佛，一念迷即眾生。（按、頓應指「絕相離言」之禪宗，然賢首每舉維摩經為例，而不及禪宗，或是時禪宗尚未大盛故。）

(5)圓教：此指華嚴宗而言，經中有「圓滿因緣修多羅」之語，故稱圓教。圓教當然是一乘教。賢首又分為「同教一乘」與「別教一乘」。以為法華言及「三乘」（聲聞、緣覺、菩薩），但為方便誘引，最後皆引歸一乘（佛乘）。其教義為三乘人說，故為「同教一乘圓教」。華嚴宗則只說佛境界，不立三乘之說，故為「別教一乘圓教」。

但賢首的判教，亦有不妥不盡之處。第一、頓教無具體內容，似不宜立為一教（天台列頓教為化儀四教之一，是也）。第二、既自居圓教，卻又承認天台亦為圓教。若「別教一乘圓教」可以涵攝「同教一乘圓教」則天台不得為圓教。若兩圓並存，不能攝天台，變成判教不盡。如此各圓其圓，正表示未能消化天台之思想，其判教理論無法對天台宗作一妥善之安排。第三、華嚴宗自稱別教一乘圓教，是單就佛法身說圓教，是凸顯一高不可及之佛法界，故必與九法界隔絕而不相即。隔而不即之圓，乃本末不融之圓（九法界皆未脫離無明，仍然是無明中的法）。此乃權圓，而未達到真正的圓。（必須如天台宗「即九法界而成佛」，方是真正圓實教。）

就天台華嚴之判教而相資相取，再作調整之後，依牟先生，佛教可以列為五教：(1)藏教（小乘教）。(2)通教（空宗）：般若中觀乃觀法之教，是共法，是究竟了義之無諍法，但只有作用義的圓具，而無存有義之圓具。故通教之判，實無貶意。(3)始別教（阿賴耶緣起、唯識宗）。

⑷終別教（如來藏緣起、華嚴宗）。⑸圓教（天台宗）。

二、唐牟二先生對中國哲學的從根疏導

唐君毅先生和牟宗三先生，最為當代新儒家之重鎮。二人都對中國哲學做了從根的反省和疏導。

唐先生謝世那年，我曾在悼念文中說到唐先生的著作可以分為三個階段（按、唐先生之著作，已編為全集，共三十卷，臺北：學生書局印行）。第一階段是「人生之路」三書：《人生之體驗》、《道德自我之建立》、《心物與人生》。由第一階段的道德生活之反省，進而注意到社會文化之重要，而見出人文世界皆可統攝於道德理性的主宰之下，此即《文化意識與道德理性》的中心觀念。由這部理論的書作橋樑，再向前發展，便進入到第二階段的著作。

第二階段有四部書：《中國文化之精神價值》、《人文精神之重建》、《中國人文精神之發展》、《中華人文與當今世界》。這幾部書都不是哲學專著，但它的價值和影響卻超越了專著。它代表唐先生全幅生命性情的發皇。由重建人文精神，以挽救中國乃至人類文化的命運，當然還是要重視文化的核心：哲學思想。唐先生那二大冊的《哲學概論》，就是兼顧中國、印度、西方三大系統的哲學思想而寫成的書。由這部書作一個過渡，再回頭重新疏導中國哲學思想發展的脈絡，這就進入第三階段的論述。

第三階段的著作，就是《中國哲學原論》中的《導論篇》、《原性篇》、《原道篇》、《原教篇》。唐先生指出，中國哲學有它多方面的義理，也有它一套內在的問題。一方面它自己形成一個獨立自足的義理世界，一方面也可以旁通於世界的哲學。在這幾本大書裡，唐先生是通貫中國哲學演進發展的全部進程，來論述：

(1)中國人性思想的發展，

(2)中國「道」這個觀念的建立和發展，

(3)宋明儒學思想的發展。

這種大規模的學術思想之疏導工作，只有二個人做出來了，一位是牟宗三先生，一位就是唐先生。兩位先生的寫作方式和著重點不盡相同。簡約而言之，一個是同中見其異，一個是異中見其同。

牟先生的書，以透顯義理的骨幹和思想的架構為主，比較著重於同中見其異，以使中國學問的義理綱維和思想系統，得以釐清和確定。這是一種講哲學系統和講哲學史的立場和態度。因為要弄清楚各個時代和各家各派思想的分合異同，以及其演變發展的關節，同中觀異是必要的。牟先生的《才性與玄理》、《佛性與般若》、《心體與性體》（含《從陸象山到劉蕺山》）這三部書，就是以同中觀其異的態度，來講明「魏晉玄學、南北朝隋唐佛學、宋明理學」這三個階段的學術之真義。後來又有一部講錄《中國哲學十九講》，對中國哲學的系統綱格與義理宗趣，以及其中所涵蘊的問題，做了全程的疏解和綜述。

唐先生的書，則以通觀思想的承接與流衍為主，重在異中見其同，藉此以通暢文化慧命之相續，以顯示承先啟後的文化生命之大流。這是一種重視哲學思想之交光互映和相續流衍的立場。因為要昭顯幾千年來思想的交會融貫，和文化慧命的相續不斷，就必須異中觀同。唐先生的中國哲學原論各篇，就是採取異中見其同的態度，來通貫地講述從先秦到清代的學術思想。

三、唐先生廣度量的大判教：心通九境

唐先生逝世前一年，出版了他最後的一部大書：《生命存在與心靈境界》。這是一部總結性的書，唐先生的思想立場，在書中已有了交代。這部書一方面在解答形上學與知識論所引生的種種問題，一方面則依生命三向而開出心靈九境。九境又分為初三境、中三境、後三境。

甲、初三境為「客觀境界」：客觀境界是指為人的心靈所觀照之一切客觀對象。其中又有「體、相、用」三種觀法：

一、萬物散殊境——觀個體界（觀事物之體）。

二、依類成化境——觀類界（觀事物之相）。

三、功能序運境——觀因果界、目的手段界（觀事物之用）。

此三者重在客體，都是「覺他境」。

乙、中三境為「主觀境界」：主觀境界是由人對其內心活動之反省而來。其中也有三種：

一、感覺互攝境——觀心身關係與時空界。能感覺的心靈與所感覺的對象，或感覺主體相互之間的融通包涵，即構成一感覺互攝的世界。

二、觀照凌虛境——觀意義界。意義世界或概念世界，不是產生於心靈的感覺活動，而是產生於心靈的理解活動。在這種理解活動中，人的理性可以不直接指涉經驗事物，此抽象的意義世界，似乎是凌虛而在。

三、道德實踐境——觀德行界。道德實踐不是以理解，而是以人心靈的道德理性活動為依據。此種活動不是要對客觀世界有所感知，也不是要對現實世界有一種純抽象的理解，而是要自行立法，通過人的道德行為展現不同於現實世界的道德世界。

此三者，以主攝客，都是「自覺境」。

丙、後三境為「超主客境界」（又名「超主客之絕對主體境」）：它產生於人心靈追求「無限、絕對、永恆」之超越的嚮往。它不在主客之間，而在主客之上而又統一主客於其中。此類境界也有三種：

一、歸向一神的「神教境」——觀神界。此要在論西方一神教所言之超主客而統主客的神境。

二、我法二空的「佛教境」（眾生普度境）——觀一真法界。此要在論佛教以性空為其法性，為其真如實相，以破斥人對「主、客」相、「我、法」相之執著，來超越主客之分別。

三、天德流行的「儒教境」（盡性立命境）——觀性命界。此要在論儒教之「盡主觀性以立客觀之天命」，以成此性命之用的流行之大序，而使此「性德之流行」為「天德之流行」，而通主客、天人、物我，以超越主客之分別。

此三者，皆為「超自覺境」。超越主客之相對，是「以主為主」的絕對主體境。

唐先生「心通九境」的論述，乃對人類文化之全體內容提出一個廣度量的大判教。顯示他寬平深廣的人文器量和鞭辟入裡的哲人慧見。

四、牟先生在判教過程中所開顯的義理脈絡

㈠盡理、盡氣與理性之表現

傳統儒家多言盡心盡性，而當代新儒家進而言「盡理、盡氣」。牟先生在其《歷史哲學》❷書中，提出「綜和的盡理」與「綜和的盡氣」之精神，以及「分解的盡理」之精神。

---

❷ 見牟宗三《歷史哲學》（臺北：學生書局。聯經《牟宗三先生全集》第九冊），第三部，第三章。

他認為，歷史是一個民族的實踐過程，而精神表現的形態及其原理，在各民族之間的出現，不但有先後與偏向的不同，而且出現的方式也有「綜和的」與「分解的」之差異。中國文化表現「綜和的盡理」與「綜和的盡氣」之精神；西方文化則表現「分解的盡理」的精神。

附按：凡「盡氣」，皆是「綜和的」，而非「分解的」。故不類比於「分解的盡理」而說「分解的盡氣」。同時，西方文化中之英雄與文學家、音樂家、畫家、建築雕刻家等，無論「盡才、盡情、盡氣」，皆依順一指導性之理念（原則）而表現。如文藝復興時期之音樂、繪畫、雕刻……幾幾乎全是為了榮耀上帝。此乃「從理」而行。其所表現者，也繫屬於「分解的盡理」之精神。

由綜和的盡理之精神，表現「道德的主體自由」，而使人成為「道德的存在」或「宗教的存在」（如聖賢君子、忠孝節義，或宗教教主、高僧聖徒）。由綜和的盡氣之精神，表現「藝術性的主體自由」，而使人成為「藝術性的存在」（此取廣義。凡是盡才、盡情、盡氣的天才、英雄、豪傑、才士、高人隱逸之流，皆屬此類；不止於詩人、畫家、音樂家而已）。而分解的盡理的精神，則表現「思想的主體自由」以及「政治的主體自由」；前者使人成為「理智的存在」（所謂我思故我在，如思想家、科學家等），後者使人成為「政治的存在」（人作為權利義務的主體，便是政治的存在，也即「公民」這個觀念所表述者）。

牟先生創用這三個詞語，是為講歷史文化。五四時代的知識分子認為科學民主是西方的。中國既要科學民主，就必須拋棄傳統，全盤西化。如此一來，中國文化生命打成兩截，舊的和新的，傳統的和現代的，被擺在直接衝突對立的位置上，有如水火之不相容。然而文化可以這樣講嗎？可以這樣理解嗎？中國五千年的傳統文化竟然一無是處嗎？……必不然矣。但誰又能通盤省察而且說出這「必不然」的所以然之故呢？首先是牟先生。

進一步，牟先生又創用二句詞語「理性的運用表現」與「理性的架構表現」❸，來對顯中西文化生命的特色。中國文化生命的特色，是「理性的運用表現」，而運用表現正是「綜和的盡理之精神」下的方式。西方是「理性的架構表現」，而架構表現又正是「分解的盡理之精神」下的方式。如此比配一下，可以使意思更為顯豁。

牟先生又有「理性之內容的表現」與「理性之外延的表現」❹一組詞語。前者成就內容真理（道德宗教之真理），後者成就外延真理（科學真理）。而理性的運用表現自屬內容表現，理性之架構表現自屬外延表現。兩者詞語異而意指同。順此又有所謂「內容意義的民主」（如民為本、民為貴、好惡與民同、憂樂與民同……）與「外延意義的民主」（如行政、立法、司法三權之分立制衡），凡此，皆可會通而解，並無所滯執。

(二)三教與三統

❸ 見牟宗三《政道與治道》（臺北：學生書局。聯經《牟宗三先生全集》第十冊），第三章。

❹ 同上，第八章。

「三教」，指「儒、道、佛」，這是傳統的講法。而今天，又可指稱「儒、佛、耶」。傳統三教經過一、二千年的相摩相盪，大體已能相互了解，相互尊重，而達到孔子所謂「和而不同」（雖不同而能和）的境地。今後，將進入新三教「儒佛耶」相互摩盪的階段。《禮記·學記》云：「相觀而善之謂摩」，摩、即相互觀摩之義。盪、謂盪越，有推盪超越、推移漸進之義。故摩盪者，即彼此相觀而善（相互了解，相互承認，相互尊重，相互採取），而推移漸進，共謀發展之謂。

牟先生嘗謂「佛教證如不證悲」因為佛家之講慈悲，乃因憐憫眾生沈淪生死海而引發同體大悲，故發願引度眾生登於彼岸，共證真如涅槃。此可為「證如」。而其悲心是在「緣起性空」之下，因「緣」而起，實無體無根，故無由證成。這個說法，佛弟子或不願接受，但對照於儒家之仁心（不安、不忍、憤悱、不容已的實體性的道德本心），即可了知佛家因「緣」而起的悲心❺，是無體無根的。故判佛家「證如不證悲」，乃屬諦義。是教義之實如此，故可勿辯。

牟先生又謂「耶教證所不證能」。「所」，指上帝（人之所信）；「能」，指人類自救之能。耶教充分宣導上帝之愛，而上帝之獨生子耶穌之降生，亦為拯救世人，故上帝一面可以證成。但人這邊卻是「原罪」之身，必須靠上帝降恩，才能赦免原罪而獲得救贖。人除了「信」，別無他法。人的自救之能不被承認，當然無由證成。今後，「儒、佛、耶」新三教的摩盪，是否能夠達到如同傳統三教（儒、道、佛）的境地？現在難下判斷。如果三方面摒除成見，相與為善，則在「尊理性」的大原則之下，新三教的融攝會通，應可審慎而樂觀。

另外，有「三統」之說❻。也由牟先生提出。傳統儒家本有所謂「三正、三統」，夏商周三代曆法之正月，有建子、建丑、建寅之別，故曰「三正」。又以子丑寅為天地人，故建子為天統，建丑為地統，建寅為人統。以是，三正亦稱「三統」。這是漢儒董仲舒的說法，今且置之勿論。

儒家又有「道統」之說。道統二字雖然後起，但孔子盛贊二帝三王之德❼，又說「文王既沒，文不在茲乎！」其以斯文之統自任的意思，甚為明顯。《孟子．盡心下》最後一章，

---

❺ 關於「證如不證悲」，拙著《儒家心性之學論要》（文津版）頁四有一段文亦論及之。茲錄於此以供參證：「說佛教證如不證悲，是牟先生三十年前的判語。佛教講大慈悲，何以判它證如不證悲？簡要地說，是由於佛教的「悲心」，只是對應「無常、苦、空」而發，是作用地顯示，而不是肯定一個實體性的道德心性，因而其大悲心亦不是從根源性的道德實體發，所以不同於儒家之仁。如果順儒家的思路來看，悲心本當是仁心、道德心。但佛教基於「緣起性空」之義，並不著重在此說話。它是從「苦業意識」入，而不從「道德意識」入。即使是「如來藏自性清淨心」，亦仍然是修行呈現的境界（證空如），而並非預設一個實體性的真心以為本體（故佛陀說如來藏我，明白表示乃是為講梵天梵我而怕講「無我」之外道所設之權機）。所以如來藏心亦仍然是智心，而不是仁心。總之，佛教是智心照了（證空證如），而不是仁心成就。故不肯定實體性的創造實體，不肯定創造性的道德心。以此之故，只能證成如，不能證成悲。

❻ 牟宗三《生命的學問》（臺北：三民書局），頁六〇—七一〈略論道統、學統、政統〉。

❼ 參蔡仁厚《孔孟荀哲學》（臺北：學生書局），頁一六二。

也說到聖道之統的傳承。❽到唐代韓愈便明白說出：「堯以是傳之舜，舜以是傳之禹，禹以是傳之湯，湯以是傳之文武周公，文武周公傳之孔子，孔子傳之孟軻，軻之死不得其傳焉。」❾宋儒朱子更積極講說儒聖之道統。而後儒又有「學統」之名。道統指聖人之道，學統指聖人之學，其義一也。

牟先生所提新三統之說：(1)「道統」指儒家內聖成德之教。(2)「學統」一詞則不再用來指說聖賢學問，而主張讓給希臘傳統的「知識之學」使用。落實而言，學統指向「邏輯、數學、科學」。(3)「政統」是新創之詞，乃就政治形態之繼續演進而言。由貴族政治形態，而君主政治形態，而民主政治形態，必須相繼相續，不可斷絕。落實而言，必關聯於民主政體的建國，內含「國家、政治、法律」。

「道統」由孔子代表，是民族文化之大統所在，也是人人安身立命的憑藉。故必須永遠承續而光大。「學統」是知性的學問，在西方有長遠的傳統，中國也曾表現高度的科學心智，近三百年落後了，必須自我調整民族文化心靈的表現形態，由德性主體開顯知性之用，以發展科學知識。「政統」是開出政道的問題。中國傳統政治「有治道而無政道」。政權掌握在皇帝一人之手，既無政權轉移的軌道，也無客觀法制的制衡，故必須完成二步立法：(1)限制君權之立法（建立政道），(2)保障人民權利之立法（運用治道）。

此外，牟先生還曾指出：中國文化中的「道統」在儒家，「哲學之統」在道家與名家，而科學之統在羲和之官（羲氏和氏，乃舜廷掌天文曆象之官。）這簡明的分判，也顯出明達之識。

(三)宋明理學三系之判

1. 性理之全義與偏義（即存有即活動、只存有而不活動）

元明以來，習稱宋代儒學為性理學，但伊川朱子講的性理，和陸王（也含大程子明道）所講的性理，實有全義與偏義之別：❿

①性理的全義——性即是理（理與心、神、寂感，通而為一），理是創生原理，能妙運氣之生生，故是「即存有即活動」者。（理，是實有之體，是形上存有。活動，即指性理本體能妙運陰陽氣化，生生不息。故活動乃指創生性而言。）

②性理的偏義——性只是理（心、神、寂感從性體脫落下來而歸屬於氣），性理是本體論的靜態的實有，不能妙運生生，不能起創生作用，故是「只存有而不活動」者。

2. 心性關係（心性是一、心性為二、以心著性）

依牟先生《心體與性體》之判定：⓫

北宋前三家（濂溪、橫渠、明道）為一組。此時只有義理之開展（由《中庸》、《易傳》之言天道誠體，回歸於《論語》、《孟子》之言仁與心性），並無義理之分系。（分系之機，起於伊川義理之轉向，而系統

---

❽ 同上，頁一六一。

❾ 見韓愈〈原道篇〉。

❿ 參蔡仁厚，《新儒家的精神方向》（臺北：學生書局），第十二文〈性理的全義與偏義〉。

⓫ 參牟宗三《心體與性體》第一冊（臺北：學生書局。聯經《牟宗三先生全集》第五冊）綜論部。

之分立，則要到南宋方始明顯。）依心性關係之不同，可分為三系：

(1)伊川朱子系（心性為二：性是理，心屬氣。）

(2)象山陽明系（心性是一：即心即性即理，心性理三者通合為一。）

(3)五峰蕺山系（以心著性：心與性是形著關係。）

3.逆覺與順取、縱貫與橫攝（自律與他律）

三系之分是依據心性關係而判定。但「心性是一」的象山陽明系，與「以心著性」的五峰蕺山系，到究極處仍可合為一大系，此一大系所講的道體性體，乃「即存有即活動」者，其工夫為「逆覺體證」（逆者，反也。如孟子「反身而誠」之反，意謂反省自覺以體認天理本體）。而「心性為二」的伊川朱子系所體會的道體性體，則是「只存有而不活動」者。不活動，是指其所講之道體性體，只是靜態的實有，形式的標準，而不能妙運氣化而生生不息。朱子自己亦說「理無情意，無計度，無造作。」⓬故無創生性。其工夫為「順取之路」（順心知之明，認知攝取事物之理）。

「心性是一」與「以心著性」合成之大系，到最後「心、性、理」通而為一，乃為「縱貫系統」（縱貫是就創生說。天道創生萬物，心性本體創造價值，猶如父母生育子女，都是縱貫關係）。而伊川朱子的「心性為二」，則為「橫攝系統」（心知之明與事物之理，主客相對，是橫列的認知攝取之關係）。儒家的內聖成德之學，必須以縱貫系統為主幹，而橫攝系統是以知識的路講道德，只能居於輔助的地位。⓭此即所謂「必須以縱統橫，不可以橫代縱」。猶如易經乾坤並建，仍必以乾統坤。

五、牟先生融通中西的大判教：兩層存有論（一心開二門）與圓善

牟先生晚年，在譯述康德三大批判的過程中，正視了康德的洞見之重大意義⑭，亦見到知性之存有論的性格之不可廢，並依據中國的傳統，肯定「人雖有限而可無限」、「人可有智的直覺」。由中國哲學傳統與康德哲學之會合而激出一個浪花，乃更能見出中國哲學傳統之意義與價值，以及其時代的使命與新生，並由此而看出康德哲學之不足。牟先生說他「步

⑫ 朱子《語類》卷一。

⑬ 按、以朱子為代表之「橫攝系統」，在元明清三代，皆居官學系統之正宗，此一正宗之地位，又主要是以「朱子集北宋理學之大成」這句話為依據。其實，朱子之學，乃順小程子之思路而發展完成，並不承繼北宋前三家（周、張、大程），對孔子之仁與孟子之心性，也有詮釋上之問題。故牟先生判朱子系是「繼別為宗」。關此，請參閱蔡仁厚《哲學史與儒學論評》（臺北：學生版），頁三五一—三五九，「繼別為宗」與「別子為宗」一文。

⑭ 康德說：我們所知的只是「現象」，而不是「物自身」。現象是感觸直覺的對象，物自身則是智的直覺之對象。而智的直覺乃屬上帝所有。又說，上帝只創造物自身，而不創造現象。這樣的點示，當然有一種洞見在內。但牟先生認為，我們不能由這輕描淡寫的點示而了徹物自身的確義，因而「現象」與「物自身」之分永遠不能明確穩定，而康德系統內部的各種主張亦永遠在爭辯中而不易使人信服。於是牟先生在漢譯康德三大批判之外，又撰著《現象與物自身》與《圓善論》（皆學生版，編在《牟宗三先生全集》第二十一、二十二冊）以消化康德、融攝康德。

步學思，步步糾正，步步比對，步步參透」，參透到《現象與物自身》寫成，而後覺得灑然。

康德雖不承認人有智的直覺，但他的書中卻處處以智的直覺與感觸直覺對比而言，可見智的直覺有重大的意義和作用。只是由於西方傳統的限制⓯，所以雖以康德之智思也無法覺其可能。但如果人真的不能有智的直覺，則不但全部中國哲學發生動搖（儒家的仁、心性、良知，道家的道心、玄智，佛家的佛性、般若；皆將不能講述，不能成立），就是康德本人所講的全部道德哲學也將成為空話。這個影響太大，非心所能安。然則，如何可能呢？牟先生認為，必須依中國哲學傳統來建立。

他由康德的批判工作接上中國哲學，進而開出建立「基本存有論」的門路，從「本心、道心、真常心」處來建立。(1)本心、道心、真常心是「實有體」。(2)實踐而證現這實有體，是「實有用」（本於實有體而起用）。(3)成聖、成真人、成佛以取得實有性（即無限性），這便是「實有果」（本於實有體、起實有用、而成的果）。這「體、用、果」便是基本存有論的全部內容。

牟先生順依中國傳統的智慧，先由人的道德實踐，顯露「自由無限心」，由此說「智的直覺」。自由無限心是道德的實體，由此開「道德界」；它又是形上的實體，由此而開「存在界」。(1)先由自由無限心開存在界，而成立一個「本體界的存有論」（無執的存有論）。在此，是以儒家的正盈教，會通佛老的偏盈和西方的離教，建立上達天德之路，以成聖、成佛、成真人。(2)再由自由無限心（知體明覺）之自我坎陷而開出「知性」（認知心），由「知性之執」（識心之執）而執定現象，而成立一個「現象界的存有論」（執的存有論）。在此，是以佛家「執」的觀念來融攝康德所說的現象界，並以康德之學（純理批判之分解部）充實這個「執」，來突顯知性主體（識心、有限心），以開出科學知識。

依牟先生之疏導，「現象」與「物自身」，只是一物之兩面，只是兩種不同的表現而已。（物自身不是一個事實概念，而是一個有價值意味的概念，它就是物之本來面目，物之實相。所以，「物自身」乃是一個「朗現」。）人的行動，是現象，也可以是物自身。但康德一說到行動，就把行動歸屬於現象，而忘懷行動本身除了現象的身分，也同時有物自身的身分。康德說得太快，一下子就滑到現象界，因此，他的哲學體系，只能說是「一心開一門」。他只開感觸界的生滅門，而未能開出智思界的真如清淨門。如依中國的哲學傳統，則可直接肯定人類心靈可以開出兩層存有論。在此，牟先生借取佛教《大乘起信論》「一心開二門」之架構，來綜括兩層存有論。他融攝儒道佛三教的精髓，打通中西哲學的隔閡，再以創闢性的詮釋，賦予「一心開二門」以新的意義和新的功能（不只用於修持，更擴大到哲學與文化之全體）。此步工作，實已為中西哲學開顯一條交會融通的坦途。⓰

⓯ 按、所謂西方文化傳統的限制，一是宗教上判定人有「原罪」，人不能自救。二是哲學上又無有「天命之謂性」的觀念，人無法自覺地盡心盡性以上達天德。

⓰ 按、牟先生的《中西哲學之會通十四講》（學生版，編在《牟宗三先生全集》第三十一冊），更為中西文化之融和，提供系統之解答。而另一講錄《四因說演講錄》（鵝湖版，編在《牟宗三先生全集》第三十二冊），則是再一次對中西哲學之會通提出深刻的思考。

最後，有一部書可以代表哲學系統的究極完成，也可以說是古今中外的大統合，那就是《圓善論》。將圓滿的善（德福一致）看做一個問題，是來自西方，而正式提出解答，則始自康德。但康德的解答，是依基督教的傳統而做成。即，由肯定一個人格神的上帝，再由上帝對懲罰與酬報之平均分配，來保證宇宙之公道（德福一致）。但此一解答不能算是圓滿而真實的解決。用佛家詞語來說，康德的解答只是別教中的解決。牟先生依於圓教的義理，以天台判教的智慧為準，首先疏通向秀、郭象注《莊子》而確立道家之圓教。其次，疏通儒家發展到王學之四有四無，再回歸程明道之一本論，與胡五峰之同體異用，而確立儒家之圓教。圓教確立，用於圓善，則可獲得「圓善問題」之圓滿而真實的解決。

《圓善論》書中的講說，是牟先生經過學思工夫的長途跋涉，披荊斬棘，而依於義理的必然性而達到的。其中主要是經過《才性與玄理》、《佛性與般若》、《心體與性體》、《從陸象山到劉蕺山》各書對儒道佛的詮表，而用來與康德哲學做比對，才能夠達到這一步義理必然的消融。

牟先生在《圓善論》的自序中，說到他雖不能如康德那樣「四無依傍，獨立運思，直就理性的建構性以抒發其批判哲學」，但他「誦數古人已有之慧解，思索以通之」；由於持續數十年積學運思的學知工夫，也不期然而能達到「消融康德」的境地，而使康德「百尺竿頭，更進一步」。於此可知，經由「概念的分解，邏輯的建構」，與通過「誦數以貫之，思索以通之」（荀子語）這兩種「絕異」的途徑，實在也可以趨於一種「自然的諧和」。（唯中間必須隨時有批判，有抉擇，乃能使每一個概念得其正位。）

綜觀牟先生對「儒、道、佛」三教智慧系統的詮釋表述，對儒家外王學的充實開擴，對中國哲學史上諸多問題的省察，對中西文化會通的疏導，對西方哲學主流的核心著作之漢譯融攝，凡此等等，皆可看出他縱貫古今、融通中外的思想規模。這樣，才真正是「古今中外，內聖外王」的大統合。

六、結語

天台、華嚴的判教，是佛教內部的判教。而今天我們所面對的，則是古今中外各種形態的文化、宗教和哲學思想交會激盪的局面，正需要一步新的判教，來別同異，定位序，以建立綜攝融通的基準和軌轍。

在中國當代的哲學界，有二位先生不約而同地做了比天台華嚴更深廣的判教工作，這就是唐先生和牟先生。在西方，沒有人有能力做這種事，一是他們文化傳統的限制，二是他們對東方文化的了解不夠。而中國有人做出來，這是值得我們感奮和激勵的。

唐先生是通觀文化心靈活動的全部內容，而開列上文所說的九境，以分判人類文化中各種學術思想而及於「神教、佛教、儒教」的境界，這是一種廣度式的判教。

牟先生所做的，則採取較為精約而集中的方式，是就人類文化心靈最高表現的幾個大教來說話。他開出一個「判教與融通」的路道，認為中國儒道佛三教都能顯發自由無限心，以消除主客對立、能所對立，所以都是圓盈之教。⓱儒為正盈，佛老為偏盈。而西方宗教則是離教。因為主體與客體相隔離，所以是「證所不證能，泯所而歸所」的離教。牟先生依於正盈圓教的智慧，以融攝康德，並會通偏盈，以建立各大系統綜攝統一的軌轍。在混亂低沈的二十世紀，當代新儒家能以判教的方式，開顯中西文化會通融攝的坦途。這不只是中國文化的「貞下起元」，也是人類文化融通會合的先聲。

⓱ 按、依牟先生(1)「盈」有正盈與偏盈。儒為正盈，能獨顯道德意識以成己成物。佛老是偏盈，只遮顯空無以求滅度或求自得。正可以備偏，偏不可備正。所以偏盈還達不到究極之圓。(2)「正盈」中亦有圓與不圓。就宋明儒而言，周、張、明道、五峰、蕺山以及陸王，皆為圓盈。伊川與朱子則為不圓之正盈。(3)「偏盈」中亦有圓與不圓。佛教之空宗是通教，唯識宗是始別教，起信論是終別教，華嚴宗是別教之圓教，唯天台宗是真圓教。道家之老莊，大端皆可至於圓，但在言詮上，莊子之「調適上遂」則顯得更圓。(4)相應離教而言，康德近乎正盈而未至(一因未能依自由意志透顯無限心。二因不承認人有智的直覺。三因「意志自由、靈魂不滅、上帝存在」，皆為設準，而又不能通而為一)。

附錄

一、北京伊洛行
——出席國際二程學術會議誌感

(一)

今年五月底、六月初，我偕同內子出席北京的「二程學術會議」。會議的緣起，一是響應聯合國訂定二〇〇一年為世界不同文化對話年，二是伊川二十九世裔孫程德祥先生翻譯了英國漢學家葛瑞漢（A. C. Crahan, 1919-1991）的《中國的兩位哲學家——二程兄弟的新儒學》一書，由河南大象出版社出版。於是，北京的國際儒學聯合會出面主辦這次會議，而「長城華人懷思堂」（是北京一位五十多歲的企業家新建的懷思華族遠祖與各姓宗親的享堂祭殿，並附設八達嶺莊園飯店，以利便祭祖遊覽之餐宿）為協辦單位，免費提供與會學者住宿與會議之場地、餐飲。會後，則由大象出版社接待，前赴河南二程故里與洛陽開封二古都作訪問考察。

我們於五月二十七日由臺北出發，經香港轉機飛北京，大會接機人員又在半途接得葛瑞漢夫人張女士，葛夫人是山西人，長住北京。一九八二年在夏威夷朱子大會上我與葛博士初識，三年後又同在新加坡東亞哲學研究所擔任客座研究員，而內子出生地是山西太原，所以彼此言談之間頗為親切。到達八達嶺莊園飯店時，忽有一人帶著妻女前來獻花，原來他就是和我通信三四年，撰寫《牟宗三傳》的李山博士（任教北師大）。這次初次見面，但卻宛若舊識。晚餐時，又晤見大陸學者蒙培元、徐遠和、陳來、葛榮晉、方克立、龐樸、姜廣輝、劉蔚華、蔡方鹿、朱漢民、程德祥等。何佑森、董金裕、詹海雲三位也自臺北來。其他韓國、越南、新加坡、英、德、加拿大皆有學者出席，而美國人數多達十人，成中英外、羅思文、米勒、司馬黛蘭等，皆以葛瑞漢的著作為線索，來研究二程。

次日，大會開幕，張岱年老教授親臨講話，他已年過九十，行動需人扶持，精神尚可。我的論文〈二程思想之綱領及其學術影響〉安排在開幕式上作主題發言，略述大旨而已。下午與次日上午，又分別擔任兩場主席（其中一場是代替董金裕教授），發覺來自北大和南開的二位韓籍博士生所作論文報告，語言思理皆不差。而學者們的論文則各有所長，大家都很盡心。

三十日安排遊京城之孔廟、國子監與雍和宮。在國子監對街，有古雅茶樓，品茗一小時餘，甚感閒適。晚宴由北京外國語大學接待，宴前由該校學生用中英文朗誦二程詩選，加上配樂，氣氛甚好。當晚十時，乘火車臥鋪赴河南，次晨抵達鄭州。

(二)

在鄭州早餐後，乘車赴鞏義市參觀宋陵。真正的宋代皇陵已因黃河泛濫而淹沒，此乃清代重建的紀念性之宋（仁宗）陵，樣式規模很疏朗，身處其間，也足以引發思古之幽情。接著車赴洛陽市郊，參觀中國第一座官方所建的佛教寺院「白馬寺」。門闕古樸大方，寺院簡潔雅靜。午餐選用具有洛陽特色之水席（水席之取名，一是每一樣菜皆有湯水，二是十二道菜色連綿而上，宛如流水不斷），大家交口讚譽，皆稱價廉而物美。下午赴龍門石窟參觀，這是與敦煌莫高窟、大同雲崗齊名的三大石窟之一。其中主佛之造形典雅優美，乃唐代石雕佛像之代表作。窟前伊水流過，山水相襯，益增美感。可惜佛像多遭破壞，先人開創之文化業績，而子孫非但莫能保之，且肆意錘砸破壞，何其不肖若是！

當晚，住嵩縣之陸渾賓館，館前有人工湖，乃新修之水庫，湖中有魚，晨景清新如畫。六月一日，參觀二程故里。乘車抵達時，程氏後裔鑼鼓陣仗以相迎。程祠共三進，頗顯規模，曾遭破壞，今已大體修復。中有二程夫子坐像，大家行禮致敬。

附近之鳴皋鎮本有伊川書院，今只存古柏一株，古碑一方，乃趙孟頫所書，可惜字跡漫漶，多半難以辨認。另有二程夫子林，約有二個足球場大小，用磚牆圈圍，雖荒煙蔓草，而三座主墓碑（二程及其父）仍巍然可觀也。

下午，車赴登封市，參觀中嶽廟與嵩陽書院。前者乃一道觀，自大門至後殿計六百多公尺，是故宮以外我所見過最深長之建築。嵩陽書院乃二程講學之地，保存完整，古柏蒼然，甚饒意趣。另有觀星台，乃周公測日影以訂曆法之古蹟，可見我民族文化心靈中之科學心智，啟發甚早也。

六月二日上午，參觀少林寺，寺不算太大，和金庸小說中的少林寺印象，迥不相侔。不過少林功夫，依然如日中天。寺之周邊，武術學校林立，有八九所之多。其中最大之一所，有一萬多學生，學徒來自世界各地，登封市的街道都是新近規劃的，當然是拜少林觀光之賜了。下午，回鄭州市參觀國家級之博物院：河南博物院。這是一座新建的大樓，收存古器雖不足與臺北、北京的故宮博物院相比，但在省市級的博物院裡，也算是佼佼者了。尤其一場古樂演奏，無論樂器服飾與樂音節奏，皆古意盎然。晚宴由大象出版社款待，夜宿索菲特觀光酒店。

㈢

六月三日，驅車赴開封，一路上但見水塘連接，很像臺灣中南部之魚養殖場。難怪大象出版社的李先生說，如今在河南吃魚，比南方水鄉還便宜。抵達開封後，先遊御街、龍亭、鐵塔。御街是仿宋古街，龍亭是在皇宮遺址上重新修建的宋宮形象。而真正的宋宮已深埋地底四五公尺矣。御街至龍亭兩邊的人工湖頗顯氣象，而鐵塔遠看是鐵塔，近看方知是陶瓷磚。這座古塔的下三層雖已沉入地底，但仍高聳可觀，其結構之堅與形象之美，堪稱一流。

中午，享用開封有名的包子餐，一籠籠的包子，各具不同的色香味，果然名不虛傳。飯後再遊大相國寺，這是北宋朝廷御用的佛寺，顯得很貴氣。而包公祠則是公正廉明的象徵，在中國傳統的政治社會裡，包拯這種人格類型，的確是平民百姓最欽敬、最愛戴的。當朝廷官府不能保證公道，社會民間也無法伸張正義之時，便只有包公這種人來替天行道、昭雪民冤了。「包青天」三個字，實乃萬民心聲。

最後一天的晚餐，由美國代表團答謝宴請。八時，又應河南電視台之邀請，觀賞「梨園春」戲劇晚會。豫劇之外，還有一齣京劇折子戲：秦香蓮中一段，非常搶眼。

次日一早，自鄭州乘飛機到北京，再飛香港，轉機回臺灣。

㈣

這次會議，我最感滿意的還不在學術討論，而在伊洛中州之行。歷年來大陸旅遊探親，走過大西北絲路線、九寨溝三峽黃山線、雲貴湘西洞庭岳陽線、桂林陽朔線、東三省長白山線、北京長城線、泰山曲阜濟南青島線、上海蘇州南京線、鵝湖武夷山廈門線……唯獨中原地區欠缺機緣，如今得償心願，甚感快慰。而二程是宋明理學的重鎮，這次終能在其故里親謁祠墓，行禮展拜，實深感動。會議之時，曾獻五古一首，詩云：

京華論學術　長城雄昂昂
伊洛續道脈　理氣煥文章
識仁啟慧命　定性彰義方
涵養須用敬　致知格物長
曆序入新紀　儒教大開張
時中貫道器　內聖通外王
璀燦花千樹　榮華郁芬芳
生生之謂易　貞觀天地昌

又獻二程夫子聯云：

伯氏開光，破千年儒學之暗；
叔子繼統，立百世性理之常。

凡詩詞聯語，可以興感抒懷，知人論世，而卻不宜直接用以論學論道。因其文短字少，難盡義蘊故也。

※　※　※

再者，今年九月上旬，武漢大學將舉辦「熊十力學術思想國際會議」，以慶祝《熊十力全集》出版。我義當出席，而竟未克成行，特敬撰五古一首，詩呈與會學者暨江漢賢彥吟正。

熊十力先生的生命格範，是「野人、真人、大人」的綜合體，故能穿透歷史的煙霧，蕩滌俗學的虛假，祛除生命的小家氣，而完成規模弘大之新儒學。其人巍巍堂堂，一任其真。真來以真接之，假來亦以真接之。平實以對，無有詭譎，渾全只是一個樸野憤悱的真性情，只是一個浩然剛正的大生命。他的性智、學問、通慧、達才，皆可謂之不世出。所以是當代新儒的師表，是二十世紀的世界大哲，我未克出席大會與各方學者相切磋，深以為憾。特獻五言古詩一首，以申誠敬云：

乾坤失統序　禹域莽蒼蒼（首段陽韻）
熊子奮十力　慧命通義皇
大易妙生化　仁義煥文章
唯識為應跡　儒經貞吉祥
聖學無分隔　心同理亦同（次段東韻）

真人直方大　性德起化功

體常以盡變　新儒鬱蔥蔥

一心花千樹　大道貴時中

東海大學　蔡仁厚敬獻　二〇〇一年九月

二、第一代新儒家簡介

二十世紀中國文化最像樣的表現，就是儒學復興運動之開展。上半世紀，孔子遭受打壓，幸賴三五師儒堅苦卓絕，四面作戰，終於使儒學在下半紀先從臺港起死回生。而文化大革命之後，大陸人文學界也一步步回歸孔子，而且有計畫地對當代新儒學的思想著作，進行研究和編寫。經過十多年的努力，大陸學界對儒學與中國傳統文化的理解與論述，其恰當相應性已漸次加強而有了不錯的成績。我們生活在臺港海外的人，環境條件都比較好，實在應該更加努力。

平常提到當代新儒家，一般都以第二代的「唐君毅、牟宗三、徐復觀」三位先生為代表。徐先生牟先生是東海創校時期的元老教授，唐先生雖一直在香港，也曾來東海作過訪問，他們三位都是熊十力先生的弟子。由於臺灣大陸隔離半世紀，青年後進對第一代新儒家的知聞較少，因此，特寫此文對大陸學界推稱的「儒林三聖」（梁漱溟、熊十力、馬一浮）以及張君勱先生，作一簡要之介紹。

(一)梁漱溟(一八九三—一九八八)

在四人之中，梁氏顯名最早。在此，只介紹他早、中、晚期三部思想性的書。首先是《東西文化及其哲學》。書中指出，文化系統的創造，都是順人類「意欲」活動而來。第一型：西方人的意欲是「向前要求」，關注外界物質。一方面征服自然，天人相抗；一方面崇尚理智，發展科學。以追求物質享受為人生哲學之目的。第二型：中國人的意欲是「調和持中」，關注內界生命。人與自然相渾融，天人合一；崇尚直覺，講究倫理。以求得內在的精神滿足為人生哲學之宗旨。第三型：印度人的意欲是「向後要求」，注意無生本體。崇尚現量，走宗教的路。以厭離人世求得解脫為人生哲學之歸宿。

其次是《中國文化要義》。他認為要建設新中國，就必須認識老中國。老中國是融國家於社會。〈以天下為家，以道德代宗教，以禮樂代法律〉。總起來就二句話：「倫理本位，職業分途」（無所謂階級）。他又指出，中華民族「理性早啟，文化早熟」。他歸結中國文化的特徵為十四點：⑴廣土眾民，⑵同化融合力強，⑶歷史長久，並世莫與之比，⑷知識與經濟、軍事、政治皆為其短，但又顯出無比之偉力，⑸歷久不變的社會，停滯不進的文化，⑹幾乎是沒有宗教的人生，⑺家族制度在社會生活中的極端重要，⑻缺乏科學，⑼民主、自由、平等與法制之不顯，⑽道德氣氛特重，⑾中國形不成通常（西方）所謂的國家，⑿無兵（警察）的文化，⒀中國文化為孝的文化，⒁隱士為中國社會之特產。

再次是《人心與人生》。這本書他經營很早，而出版很晚（文革後）。他很珍惜此書，但實際上創發不多。下面是幾點重要的意思。⑴「人心」是宇宙生命本原最大的透露，是人類生命高級形式的意識活動。⑵以「人心」概括理性與理智。理性是人心之美德，可以成就道德。理智是人心之妙用，可以成就科學。⑶「理性」是人心中的「體」，直接契入本源，與生命合為一體。⑷「理智」是人心中的「知」，而「理性」則包括人心中的「情」「意」。⑸以道德精神為核心的儒家文化，乃當前社會主義中國所迫切需要的。

梁氏青年時期崇佛，後歸宗於儒，生死貫徹，始終不二。文革時批孔揚秦，而梁氏堅持「聖人不能批」。疾風勁草，可謂卓絕。

㈡熊十力（一八八五—一九六八）

熊先生是中國老社會陶養出來的人物，也是自學成功的一代宗師。

一九二二（三十八歲），他應蔡元培之聘到北京大學講唯識學。次年即醞釀自己的新唯識論，十年後，一九三二年在杭州出版《新唯識論》文言本。八年抗戰時入四川，以講學著述為務。一九四四《新唯識論》語體本在重慶出版。次年又出版《讀經示要》三卷。一九五四《原儒》先印二百部，二年後由公家印五千本，送發各國學界。之後，又有《體用論》、《明心篇》、《乾坤衍》等。

牟宗三先生論及《新唯識論》，有云：

熊先生之新論，其理論規模有資於佛家，而宗旨則為儒家。儒家義理規模與境界，俱見易經與孟子，而熊先生即融孟子陸王與易經而為一。以易經開擴孟子，復以孟子陸王之心學收攝易經。直探造化之本，露無我無人之法體。法體即本心。本心亦寂靜，亦剛健，故為造化之源，引發生生不息。本心為主、為能，以本心為體，則體即為「能」而非「所」；此即其宗旨為儒家而非佛家處。以此為本，乃造新唯識論，並評判整個佛教之空有二宗，是則無異於直握佛之宗趣而謂其為出世之偏曲之教也。〔即：根本言之，謂其「真如」只寂靜而無生生；自文化言之，不能開人文，不能肯定人性、人道、人倫。〕內學院歐陽竟無及呂秋逸以佛教立場出而與熊先生辯，乃此時代學術上之大事，亦是最高宗趣最後決斷之辯也。（見牟宗三《生命的學問》頁一一五。）

熊先生七十一歲作「哀文」，有云：「老夫平生之學，一本於大學先正心、誠意、致良知，而畢竟推致良知於事事物物。良知用在事物上，則知不流於空想或幻想。不馳空、不入幻，一心在事物上用去，自然會有客觀的方法出來，不會偏於錯誤。吾如今年死，宗毅（牟宗三、唐君毅）有籌印吾書流通之責。此可寄彼，五五（一九五五）寫。」

《原儒》序文後段有云：「本體現象不二、道器不二、天人不二、心物不二、理欲不

二、動靜不二、知行不二、德慧知識不二、成己成物不二」。他面對西學之衝擊，在儒學價值系統崩壞之際，重立大本，重開大用，重建中國文化之主體性，並先奠立了當代新儒學思潮的哲學形上學之基礎。梁先生活轉孔子（生命化孔子），熊先生則是新儒義理真正開山的人物。他論及群經言治之九義，非常精約而諦當：

一曰仁以為體，二曰格物為用；三曰誠恕均平為經，四曰隨時更化為權；五曰利用厚生，本之正德，六曰導政齊刑，歸之禮讓；七曰始乎以人治人，八曰極乎萬物各得其所；九曰終乎群龍無首。

一九八五年熊先生百歲冥誕，我曾寫文紀念他，一是講說他的「生命格範」，二是為這「群經言治九義」作隨感錄。二文皆已編入蔡仁厚《熊十力先生學行年表》一書為附錄，見頁一一一至一三七。

㈢馬一浮（一八八三－一九六七）

馬先生是詩人、書家而又兼有高隱性格的儒者。他十一歲喪母，十九歲喪父，二十歲喪妻。人勸他再娶，答曰：孔子子孫是濂洛關閩、不是衍聖公。遂終身未續弦，無嗣。

一八九八（十六歲）中秀才，一九〇三留學美國，次年回國，又赴日本，次年回杭，高隱西湖，廣泛閱讀文瀾閣四庫全書。一九一二（三十歲）應蔡元培之約，出任教育部秘書長，未一週即辭去。仍歸隱西湖。一九三七（五十五歲），隨浙江大學遷江西、廣西、貴州，一九三九年入四川主持復性書院，邀熊先生共同主講。一九四五抗戰勝利，回杭州。

馬氏不講學，不著書，不做官。因抗戰西遷之機緣，留下「泰和會語、宜山會語、復性書院講錄、爾雅臺答問、濠上雜著初集」。他的學術思想，以儒家六藝（六經）之學，攝一切學術，代表道之全體。有言曰：「此理自然流出諸德，故亦名為天德。見諸行事，則為王道。六藝者，即此天德王道之所表顯，故一切道術皆攝於六藝，而六藝攝於一心，即是一心之全體大用也。」又云：「文化之根本目的與方向，在於窮理盡性，變化氣質，恢復本然之善，以踐行外王之道。」⑴據《泰和宜山會語》，他的「義理名相論」，在本體論上主張「理氣一元、心性一元」；在認識論上主張「知行合一、性修不二（先天性德，後天修養，通合為一）」。他的哲學，從儒學易學出發，並引華嚴六相一如之說，印證理氣一元，又引天台止觀雙運之說，印證知行合一。這可說是以儒融佛，以佛證儒。推進而言，則亦可說融老莊入儒，以老莊證儒。⑵其《復性書院講錄》，講述群經大義，而總會於《論語》。有云：「欲通儒經，從論語始」。他是以《論語》統攝詩教、書教、禮樂教、易教、春秋教。下面是他一些綜括性的話：

天下之道，統於六藝而已。六藝之教，終於《易》而已。學易之要，觀象而已。觀象之要，求之十翼而已。孔子晚而繫易，十翼之文幸未失墜。其辭甚約，而其旨甚明。觀變者不必尚占，觀象者不必求盡辭；尋言觀象，尋象觀意，可也。

當文化大革命十年浩劫初起之時，馬先生先受折辱而死（次年，熊先生亦受摧殘而死），梁漱溟以八個字輓馬先生：「千年國粹，一代儒宗。」臺港學界，多知熊、梁，而於馬先生則比較生疏。但在他誕生一百十周年時，臺北廣文書局出版了《馬一浮先生遺稿初編》，也庶幾可補遺憾了。

㈣張君勱（一八八七—一九六九）

張先生和馬先生一樣，都是十六歲中秀才，之後留學日本、德國。一九一八（三十二歲）隨梁啟超赴歐洲考察，又從德哲倭鏗習哲學，次年，與倭氏合著《中國與歐洲的人生問題》，旋又赴法，與柏格森研討中西哲學問題。

一九二二年參加國是會議，起草「國憲大綱」，次年發表人生觀演講，引起科玄論戰。一九二四年開辦政治大學，一九三〇任教燕京大學。一九三二（四十六歲）與張東蓀等創立國家社會黨與再生雜誌。一九四〇創辦民族文化書院於雲南大理，提出「以精神自由為基礎之民族文化，乃今後政治學術之方向之總原則。」

一九四六年，參加起草中華民國憲法。一九四九年十一月，應印度教育部邀請，赴印講學。一九五一又作環球講學。一九五二年四月，赴美國西雅圖定居。一九五五出版《比較中日陽明學》，一九五八（七十二歲）與唐、牟、徐聯名發表「中國文化與世界宣言」。同年又作環球旅行講學。一九六五文革前夕在舊金山創立「自由中國協會」。一九六九在美逝世。

張氏強調發展中國文化，「應以儒學為本」，同時「吸收歐洲文化」，主張「把西方之個人獨立之精神，政治上之民主主義，科學上之實驗方法，盡量輸入。」

論及復古與創新，或是個人自由與民族自由，皆主張「雙方並重」（相反相成）。他以為「個人自由是民族自由之基礎，所謂政治、學術、宗教、藝術等，都是發自個人的精神自由；但個人自由之發展，不能離乎民族之自由，唯有在民族大自由之中，而後個人自由始得保存發揮。」

張氏對近代民主政治之理解、體認、與實踐，可謂當代中國第一人。他創辦政黨，堅守民主政治之原則，不借助軍隊與特務，可謂雖敗而猶榮。其思想亦始終一貫。他在《新儒學思想史》一書中強調二點：一是說明中國文化是一個生命體，而不是一個博物館，以糾正西方人說「中國文化不再有生命力」之錯誤。二是強調共產主義不可能取代中國傳統的思維與生活方式。他指出共產主義只是政治、經濟與社會的「配置」，只是為了達到某些國際目標之「手段」。對中國傳統思想的結構有衝擊，但中國傳統文化必將如宋明儒者創立新的儒學（理學）以超越佛老而回歸孔子。當前的中國文化，亦必重新再造新機運以會通中西。

他指出，中國哲學的特點有四：

1.以人為宇宙之中心，道德價值比「邏輯、知識論、或任何抽象知識」具有更重要的功能。

2.以天為道之根源，並以自然陰陽二力或變化來解釋，其形上學永遠是理性主義的。形上形下可以融通。

3.重視對心靈的控制，認為人心常為物欲所蔽，故淨心為得道之先決條件，肯定周子之無欲、朱子之致知專一（居敬）、陽明之知行合一，是達到真理標準的三條路。

4.重視身體力行，為了道可以犧牲性命。故殺身成仁，捨生取義，史不絕書。張氏的格，應該是「思想家中的政治家，政治家中的思想家」。而他的表現則可謂「庶幾及之而未盡」。

二〇〇一、六、六，於東海大學哲學系《系訊》

三、敬悼 程兆熊先生

程兆熊先生是我江西的鄉前輩，他老家在貴谿，那裡有道教勝地龍虎山，再往東有鉛山的鵝湖書院。抗戰勝利後，程先生在那裡辦信江農專（後升格為信江農學院），校址就在鵝湖書院。書院的前身是鵝湖寺，朱陸鵝湖會講就在寺內。後人為了紀念鵝湖之會，特建四賢祠以祀朱子、呂祖謙、陸復齋、陸象山四先生。後又擴建為鵝湖書院。

程先生有一個想法，希望邀請師友到鵝湖講學，以造成新的鵝湖之會。他請牟宗三先生起草重建鵝湖書院緣起與章則，而唐君毅先生更親自到鵝湖書院住了一個暑假，埋頭寫他的《文化意識與道德理性》。可惜世局變化，師友星散，新的鵝湖之會，未償所願。而程先生自己也由香港而來到臺灣，在臺中農學院（中興大學前身）擔任園藝系教授兼系主任。程先生是巴黎凡爾賽園藝學院的博士，但人文情懷特為深摯。他為了一本小書《憶鵝湖》，在香港《人生雜誌》連載，我每期必讀，深受感發，所以寫信向他求教。而我自己也寫了一篇〈羅田巖之憶〉，在人生發表。

當時，我在基隆教書，寫信向程先生提出許多問題，得到他的指點。他回信告訴我，他的友人牟宗三先生在臺北，如能得他教誨，「其獲益必可十倍於我」云云。牟先生在《民主評論》發表的大文章，我也常讀而覺其艱深。今有程先生介紹，便請臺灣師範學院（後改師大）的吳自甦先生，陪我到臺北公館東坡山莊面謁牟先生。回到基隆，寫成一篇〈牟宗三先生謁見記〉寄請改正。牟先生略改幾處寄回，還附一信，多勉讚語，但上款稱「仁厚吾兄足下」，我感到很不安，乃前赴臺北再謁請教，並又提了一些問題。牟先生很鄭重地問我是不是程先生的學生，我說是鄉後學，不是學生，他點點頭。我回到基隆，依然撰寫記詞，寄請批閱，並表示向學之誠。數日後，得回信，改稱「仁厚賢契」，我心喜忝列門牆有望矣。到第三封信，終於以「仁厚棣」相稱。

牟先生認我做學生，是緣於程先生的推介。而我與程先生見面，卻是在我忝列牟門之後。某次，我在東坡山莊陪侍牟師，忽有客從臺中來，原來就是程先生。當晚，程先生要我陪他在農學會臺北招待所住宿。兩人躺在榻榻米上談話，他告訴我一些熊十力先生的性情，以及他自己從學熊先生的經過。（程先生的父親，也是辛亥革命的志士，和熊先生間接相識。）又說到歐陽大師的家世與內學院的種種。臨睡，他又說，牟先生很器重你，說你對學問有「飢渴之感」云云。

那些年，程先生連續出版一些書，有的講理學家，有的講禪門人物，前者稱為大地人物，後者則視為大地邊緣人物，都寫得具體活潑，有氣有勢。還有《中國太平要義》、《中國治平要略》，也別具隻眼，言之真切。又有《農業與時代》、《中國歷史大勢》。他論歷史大勢，其實是講「中國土地與心靈之開發」。他說：「本書作就，心頭一鬆，擲筆蒼茫，瀰天風雨。念至高者天，至厚者地，至貴者人。於此，乃有土地與心靈之開發；於此，乃有歷史與文化之負擔；而以中國之大，以國人之眾，又以中國歷史文化之悠久，若於中國土地與心靈之開發，猶熟視無睹，是誠不免喪心。」我生長在農村，又對歷史文化特別關心，所以讀此書之後的感受也特別深，特別大。於是便寫了一篇讀後述介，在香港《人生雜誌》發表。

我在文中說到，程先生這本書從人到地，由土說起。接下來又從斧到鋤，由鋤到犁，由犁到牛，更由牛引出駱駝與大象等；以至於由茶到水，由水到冰，由冰到火，復回歸於土，以合於天。由於程先生是以哲人之思而述歷史之事，所以處處見性情，而足以啟人之蔽，感人之心。而我那篇文字也寫得很簡括扼要，靈動順暢。牟先生程先生都說寫得很好。那年暑假，唐君毅先生初次由香港來臺，在人文友會演講，又到螢橋竹林茶館飲茶，也特別提到我這篇介述文字。

民國四十五年，牟先生由師大轉東海大學，我乘假期之暇到臺中看望他，也同時到民意街忠義橫巷程先生家中拜候。程先生有四子二女，當時都在大中小學讀書，負擔很重。程夫人是譚延闓的侄女，與陳誠夫人為堂姊妹。陳誠擔任行政院長時，有意安排程先生仕進，程先生閒雲野鶴，不願為官，便婉謝了。民國四十六年初夏，程先生邀請牟先生到中興大學恢復「人文友會」的聚會講習，我當時在彰化，牟先生要我參加聚會，擔任紀錄，共三次而止。因為作為主幹的農經系四年級學生畢了業，便散了。後來，牟先生在東海大學的課外講學，便改換不同的形式（以專題系列為主），而不再稱為人文友會。

數年之後，牟先生和程先生先後赴香港講學。二十年前，程先生又應華岡之約，在中國文化大學哲學研究所任教，講諸子與禪宗。他指導的博士論文，常約我為口試委員。有一回，他手拿一疊照片，說江西的鵝湖書院已經修好了。我看到照片中的鵝湖書院，甚感親切。我請程先生將照片借給鵝湖月刊複印發表，他老猶豫一下，說：以後再看吧。便匆匆收起，包好，放入提袋。我感到他太珍愛那些照片了，所以吝惜得不肯借用。去年十月，我回江西出席新鵝湖之會，親自遊覽鵝湖書院，還在書院講堂上講了話，也提到程先生的《憶鵝湖》和他的人文情懷。沒想到今年五月在美謝世。雖說九五高齡，福壽全歸，但賢長凋零，總是令人傷悼不已的。

今年第六屆當代新儒學國際會議，原想在鵝湖書院召開。我也曾擬好兩副聯語：

(1)聖賢教人，百慮共期一致；
朱陸證道，殊途何礙同歸。

(2)儒道日新，毋負萬年鄒魯；
溪山不老，依然千古鵝湖。

前一聯可由「臺北鵝湖月刊社」具名，後一聯則由我具名，致贈於鵝湖書院作為紀念。由於江西方面經費無著，會議仍在臺北舉行。這兩副聯語送不出去，如今正可上獻給程先生的在天之靈，作為我們天上人間對千古鵝湖的共同懷想吧。

民國九十年（二〇〇一）八月於臺中北軒

四、大的理解、大的著作
——《牟宗三先生全集》出版感言

《牟宗三先生全集》的出版，不但是世紀大事，而且是中華文化承先啟後、返本開新的巨大碑碣。二十世紀是我華族文化生命起死回生、貞下起元的時代，也是當代新儒家開啟新機、昂首自立的時代。在新儒家第一代第二代的代表人物裡，牟先生最後謝世，他也正是新儒家巍然耀眼的標竿。

在牟先生逝世之後，我曾綜結他的學術貢獻：

一、闡明三教：儒釋道三教義理系統之表述。
二、開立三統：民族文化生命途徑之疏導。
三、暢通慧命：抉發中國哲學所涵蘊的問題。
四、融攝西學：康德三大批判之譯註與消化。
五、疏導新路：疏通中西哲學會通的道路。

這五點綜結，都是實話實說，都有他的著作可以驗證。在他逝世八周年之際，這部古今罕見的大全集，由聯合報系文化基金會出版發行。全書分為八大輯，收編著作四十二種，分裝三十二冊。這真是一部劃時代的鉅著。

牟先生在八十壽宴上，說他從大學讀書以來，六十年中只做一件事，是即「反省中國之文化生命，以重開中國哲學之途徑」。他這句自白是真實的。他的著作，都是針對某一時代或某一方面的學術問題，而提供一解決之道。他從未停止對文化學術問題與國家民族前途的思考。在形式上，我們看不出他勤於治學，也不見他苦思力索，但隔二年三年，他的某一部新書便又出版了。他一貫地本乎強烈深厚的文化意識與緜緜穆穆的學術意識，以顯發他剛健不息的學術生命之光輝。他從來都不是空發議論，而是有本有源，有文獻作根據。在「客觀的理解」上，他的透闢深入、謹嚴中肯、恰當相應，是罕見其比的。

在當代新儒學第一屆國際會議上，他以名譽主席的身分作主題演講，他指出，民國以來幾位前輩碩儒，都「有性情、有智慧、有志氣」，但「無學以實之」，所以客觀的成就皆有所不足。他拋開虛矜的客氣，鄭重揭示「客觀理解」的重要。他告訴好學青年，所謂學問，就是「客觀的理解」。欠缺客觀的理解，根本不可能在學術上有真實的成就。同時須知，一般個別問題的理解只是小的理解，而貫串歷史，通盤省察，立其綱維，通其脈絡，化其癥結，補其闕失，這才是大的理解。

大的理解落實下來，便是大的著作。牟先生在逝世前百餘日，曾索筆寫示門人，其中說到一生著作，「古今無兩」。當我在悼念文中披露這段話時，也加了簡要的按語，但有人以為這是我隨意錄下的話，後來才知道是牟先生的親筆。接著香港中文大學的劉述先教授，山東大學的顏炳罡教授，都寫文作進一步的證解，而鵝湖今年二月號又發表南京大學白欲曉先生的〈哲學創造之路〉，文中也對牟先生的話有所申釋。其實，牟先生的話決不是要和古今人爭個高低，他只是以平常心做出如理如實的表白而已。如果有人一定要比一比，不妨從深度、高度、廣度、強度方面，再作通盤之衡量。

牟先生全集的開端，有一篇二萬五千言的「總敘」，這是以全集「編輯委員會」的名義撰述的。全文分為「編印緣起」、「編校說明」、「類編綜述」與「餘言」四大段。其中第三部分「類編綜述」，又依序為八大輯中的著作一一作了簡要的介述。這八大輯，一為「中國傳統哲學」，著作九種。二為「歷史與文化」，著作三種。三為「理則學」，著作三種。四為「西學譯註」，著作五種。五為「哲學系統之建立」，著作四種。六為「論著匯編」，著作六種。七為「講錄」，共計八種。八為「自傳與附錄」（含年譜），共四種。總共四十二種著作。總敘所作的介述，是希望能為讀者助解。

至於未曾編入全集的書文，有《牟宗三先生的哲學與著作（七十壽慶集）》與《牟宗三先生紀念集》（哀思錄），以及歷年來的「書信」與未及整理出的「講學錄音」。將來資料日漸完備，應再設法彙整以出版全集之續編。

對於牟先生一生的論贊，我在他的〈國史擬傳〉中，曾作成四句表述語：「氣性高狂，才品俊逸，思想透闢，義理深徹」。此外，我認為當初治喪委員會的輓詞，也具有相當的代表性。我們一面恭謹祝告牟先生在天之靈，允許我們以全集的出版作為獻禮；一面將輓詞作贊辭，敬錄於此，以結本文。辭曰：

光尼山之道統　弘黃岡之慧命

擴前哲之器識　發儒聖之光輝

二〇〇三、四

五、亂象奚自？民意何存？

鵝湖的人，幾乎都是教師和學生。我們相信，自己的心是乾淨的，持平的。我們愛鄉土，愛國家，愛民族，愛文化。我們希望人人安居樂業，生活在快樂希望裡。我們要求政府，真心保護兒童，愛護青少年，關心中壯年，照顧老年人。我們熱切期盼，時時地地都能看到老年人的慈祥，中壯年的勤儉，青少年的奮發，以及兒童的歡笑。

我們的基本願望，是人世安和，天下太平。至少，朝野上下能講誠信，各行各業要有正義、公理。

近年以來，臺灣的官越來越不像樣了。當我們想起孔子的話「君君、臣臣、父父、子子」時，內心竟是悚然而驚，惕然而懼，赧然而愧！一層層的高官們，人不像樣，行不成欵。似乎處處都有惡形惡狀的人。「上行而下效」，怪不得一些平民百姓，竟也做出「傷天理，逆人倫，泯人性，昧良心」的大壞事。孟子說：「不仁而居高位，是播其惡於眾也。」孟子似乎有先見之明，竟說中了臺灣亂象的癥結。

可是，列列官員，誰肯認錯？誰知悔改？政經景氣差，社會風氣壞，如今學校教育也出現肉腐蟲生的現象了。居高位者，總不該仍然麻木不仁吧？然而老少統領，照樣一味鬥鬧，樂此不疲。只看他們不時的電視表演，就夠令人難過的了。如果有人問，他們是位高權重，作威作福？還是德高望重，忽然昏瞶？不知誰能給出答案來。

好了，莫再怨天尤人，且來做些省思。今天的亂象，奚自而來？境由心生，亂象自是由心而來。存心正，是治之本；存心不正，便成亂之源。請問居官在位的人，你的所作所為，真是為國為民嗎？還是只為選舉？當你一切都為選舉時，便只顧勝敗而不問是非了。於是，各種賄選、利益交換、利益輸送……翻雲覆雨，栽贓誣諂，無所不用其極。尤其對那些不給你選票的社區族群，便處心積慮地進行排擠報復。噫！不可以已乎？

一個不知反省的政團，一個不能善用人才的政府，如何能拼經濟？經濟做不好，建設全面落空，又怎麼會是愛臺灣？自己信口開河，朝令夕改，又如何能取信於民？子曰「民無信不立」。個人不講誠信，政府不講誠信，失信於民，豈不危殆！

曾有人說，民意如流水。其實，民意不會變來變去的。善者從之，不善者去之。這才是民意的金律。為政者豈可不懂民心？豈可不知民意？你如能好惡與民同，民心自然歸向於你。反之，如果你好民之所惡，惡民之所好，則遲早必為人民所唾棄。光是口頭說說「民之所欲，常在我心」，空包彈於事何補耶！

紙短意長，特贈以言。一曰「躬自厚而薄責於人」，二曰「坐而言不如起而行」。時不我與，一切該做的事，皆須「急急如律令」，即時專力以為之。如此，或庶幾可免於顛蹶。

九十一年十一月鵝湖論壇（三二九期）

六、文化教養與政經關切

(一)引子

卜問天先生為鵝湖月刊三三九期寫的論壇，非常之好。他指出：

臺灣就是臺灣，臺灣是華夏文化與其他先住民、後住民所成的乾坤天地。是漢人以及其他族群，包括先住民、後住民所成的移民世界。這些「移民」，又多半是「遺民」，但來了這裡就成為這裡的「在地居民」，一代兩代之後，就成了「土生公民」。甲午之戰，臺灣割讓日本，五十年後，日本戰敗，臺灣光復。光復就是光復，這是重回華夏文化道統。這「光」可是華夏文化道統之重見天日，這「復」可是易經復其見天地之心的一元復始。順此又有二句歸結：保臺灣以存中華文化道統，存中華文化道統以保臺灣。

這幾十年，臺灣不只締造了經濟奇蹟，也締造了民主奇蹟，但這都仍只是「奇蹟」，還沒歸於「正常」，因為臺灣須要的是更為良善的「公民社會」，和更為合理的「民主憲政」。有了民主憲政，有了公民社會，臺灣才能真正成為華夏文明發展的楷模。

最後他說：

臺灣人啊！中國人啊！用你的智慧化解業力，用你的慈悲跨過悲情，「為天地立心，為生民立命，為往聖繼絕學，為萬世開太平」。

這是中生代的心聲，是很大器很健康正常的聲音。他既關切政經社會，也同時顯示出文化教養。他最後引述北宋大儒張橫渠的四句話作為願景，也許有人會有意見：認為這只是幾句大話，甚至視之為空話。在此，我要說，持這種看法的人，正乃欠缺文化教養之故。

(二)聖哲四言與文化教養

所謂文化教養，不是指學校的知識教育。知識是生命外面的東西，教養才是屬於生命自己的。儒釋道三家的學問，都是「生命的學問」，而儒家尤為核心。

首句「為天地立心」，天地有心乎？程明道說「天地無心，以生物〈生化萬物〉為心」。生化萬物，既是天地之德（易云：天地之大德曰生），也是天地的心意。人是萬物之靈，有責任為天地立心。所謂立心，就是要使天地生化萬物的心意顯立起來，成為人類效法的範式，同時也成為人類創造價值的動源。

次句「為生民立命」，更是落實之言。其積極義是立正命，也即為天下生民開出生命的途徑，完成生命的價值。其消極義是特別照護孤苦無告的弱勢族群。安頓他們的基本生活，保障他們的基本人權，使他們也能體現生命的尊嚴，分享生命的喜樂。所以「為生民立命」，也正是儒者滿懷惻隱的人道呼喚。

三句「為往聖繼絕學」，指出儒聖之道有斷絕失傳之虞，魏晉以下，佛老當道，儒望之學闇然不彰。宋儒復活先秦儒的形上智慧，顯發民族文化生命中積極而正大的理性之光，才使儒聖之道煥然復明於世。這內聖成德之教，乃人類文化中永恆價值之所繫，必須永續永繼，不可斷絕。

末句「為萬世開太平」，表示內聖通外王的理想嚮往。古人認為仁政王道，天下為公，世界大同，代表天下太平。但傳統的政治，「有治道而無政道」，未曾開立民主政體。知識技術方面，也未能隨時代社會而有所增進，因而無法滿足古經典上「利用厚生，開物成務」的要求。所以必須自本自根發展科學民主以開顯新外王，才能為天下後世謀求幸福，導出太平世界。

今天，居息在臺灣的人，如果不自外於華夏文化的正大理想，不自外於在地公民的民意需求，難道能對張子這四句話不加省思嗎？離開這四句話所含具的義理綱維，我們又將如何體現文化教養的真實意義。

(三)臺灣現實與兩岸情勢

臺灣光復之後，三數年間，大陸變色，政府遷臺。自後中華民國之行政權只能及於臺、澎、金、馬，而大架構的憲法連同戡亂時期臨時條款實施於臺灣，由是而有建設臺灣為三民主義模範省的設想。在定性為「革命民主政黨」的國民黨執政之下，呈現一種限制性的自由民主之政局。而臺灣的氣勢，當時是靠反共的鼓舞和復興中華文化的號召，與中共「三反五反、人民公社、文化大革命」的苛政暴亂相對抗。加上先前還有聯合國的席位，而臺海的偏安小康，也有利地使中華民國創造了傲世的經濟繁榮，而成為大陸文革之後走向改革開放最重要的借鏡。

從中華民族的立場來看，海峽兩岸分而為二，相互敵對，當然是大不幸。後來解除戒嚴，開放探親旅遊，並開放黨禁，擴大民主選舉的範圍和層次。又經由臺灣海基會和大陸海協會的接觸，進行兩岸對談協商，而也有了一些進展，並處理過一些問題，但後來又擱置了。

兩岸問題的複雜性，當然非同小可，它不可能短時解決。這種情況，兩岸也都心知肚明。只為互信不足，溝通不良，又各設條件，終成阻滯。如果兩岸可以暫時把那些僵硬的提法「默然而息」，再進而回味一下老祖宗「事緩則圓」的道理，則各項事情，其實都是可以「和氣致祥」的。我常說二十世紀是中華文化「起死回生」的時代，二十一世紀的中華民族，理當一步步走上坦途。如果兩岸領導人不能在大體平和的情勢下，為國族造福弭禍，又如何可能免於「不肖」之譏？

㈣從政經關切到「立於禮」

人人都關切政經社會的問題，但在屢次亂動刀斧「代大匠斲」之後，憲法早已被整得面目全非了。而在「一切為勝選」的激情之下，政治人物的誠信幾乎不存在了。造成這種政情亂象的始作俑者，誰都知道就是先後任的大小統領。

如果政治人物一念警覺，恢復正常，則靠自己的努力而使臺灣堅強地站起來，乃是非常自然的事情。用孔子的話說，就是「立於禮」。只要政府部門能夠客觀地依照它的自性，依照自己的規模站起來，一切都依據制度，循行機制去運作，按部就班，分工合作，自然就能客觀地貞定自立，而增加你存在的價值。否則，浪生浪死，人家隨便就把你犧牲掉了。

反之，你自覺、自主、自愛、自重，做成一個典範，自然就可以成為全面性的範例，對中華民族的復興，必將大有貢獻。這豈非臺灣之大利，中華之洪福！言之簡切，已中肯綮。世有明白人，自能導國族於無疆之庥。幸甚幸甚。

九十二年十一月鵝湖論壇（三四一期）

七、臺灣的文化使命

㈠一條歷史的線索

臺灣自古便有原住民，但明鄭以前，臺灣只有過程，並無歷史。荷蘭人因西方勢力東漸而來到臺灣，並在臺南築城。後來鄭成功收復臺灣，並開發臺灣。接著，作為「全臺首學」的孔子廟也在臺南修建完成，從此臺灣正式進入文明史。

其後，滿清領臺，繼續發展。臺人的語言文字，生活方式，風俗習慣，以及政經教化，宗教信仰等等，皆與閩粵無異。甲午戰後，日帝侵據臺灣，隨之禁壓漢文教學，強行所謂皇民化運動。臺灣士民實心怒而暗拒，故從之者不多。而抗日之行動則接連發生，其移走故國大陸求學謀生者，也絡繹而不絕。

二戰結束，臺灣光復，從此重入祖國懷抱，臺民含熱淚以迎王師之情景，青年後生雖未親歷其境，而故老相傳，文獻所載，猶能彷彿想像。

㈡說出臺灣的價值

可惜國家不靖，八年抗戰雖然勝利，國共內戰又起，而臺灣更遭不幸，乃有二二八之慘禍，痛悔莫及。及政府遷臺，內外交困。幸賴軍民協力，朝野同心，外抗馬列紅禍，內創經濟奇蹟，終令炎黃華冑揚眉吐氣，也使中華文化起死回生。

二十世紀的後半，以臺海（含香港）為中心的新儒思潮（見後），回灌大陸，影響了文革以後的士氣民心，而潛移默運地回歸傳統，回歸孔子。這實在是世紀末葉的特大奇蹟。但說實了，也不過就是神州大陸的「民心迴向」而已。然而你可知道，世間有那一位個人，有那一個組織，能夠發出這般的「回天」大力？除了民族文化生命的潛移默運，除了「人同此心，心同此理」的百姓心之自然轉向，任何人、任何組織，都不應該貪天功以為己力。然而，如果沒有臺灣這座蘊蓄民族文化精神的「寶島」，中華民族能量的復甦，至少要延後半個世紀。

㈢臺灣的文化使命

不幸中的大幸，是這半個世紀的臺灣，真正做到了中華文化的中流砥柱。我們在臺海保住了文化傳統，保住了儒家、孔子。當代新儒家在時風的對顯中，漸漸明朗起來，終於達致

「文化心靈的凝聚」，又能促進「文化精神的開放」。

新儒依於憂患意識與文化意識，暢通中華文化的慧命，一方面肯定內聖心性之學普遍而永恆的價值，而疏導了儒、釋、道三教的義理系統；一方面也體認外王事功之學必須充實開擴，以融攝西學之長，來開顯文化生命的新途徑。

近代西方文明有三大成就，一是民族國家的建立，二是人權運動的展開，三是知識的獨立發展。一二兩點合起來，成就了民主政體的政治型態，和（有法律秩序的）自由開放的社會。第三點則是科學的發達。科學的學理，發展為實用的技術，再下來便是「產業革命」、「工商發達」和「自由經濟」。

近百年來的中國，拚命追求新文化而多勞少功，而臺灣卻在不到半個世紀的順勢努力中，獲得基本的成就。生活在臺灣的炎黃子孫，應可引以為傲、引以為榮。而且在全中華民族的文化走向上，也已盡了立典範定方針的使命。今後，中華大地必須全面而充分地建立「學術自由」的園地，還要落實人文教化，從「器物層」、「生活層」、「理念層」展開全方位的文化建設。

(四)臺灣的省悟與活路

我一貫認為，儒家的義理，不但亙古常存，事實上也時常顯露在人的存心動念之間，表現在人的生活日用之中。即使在中共文化大革命時，也仍然隱伏於人的心靈之內而不時躍動。所以，儒聖的慧命永遠是「鮮活的」。但是，如果「上無道揆，下無法守」，又將如何？

近幾年來，我們的當權之輩，飲水而不思源，數典而忘其祖。大愚而「若智」，妄言「去中國化」，隨之而來的論述，也大多不信不實。而尤其可惡的，是他們肆無忌憚地踐踏「誠信」原則。結果，不但失信於民，而且失信於鄰國，失信於友邦，是真所謂「臺灣在做，全世界都在看」。事實上，臺灣的所作所為，也早已被人家「看扁了」。何以堂堂華夏子孫，落到如此不堪？豈不愧恥，豈不痛心！

臺灣的政局，如此脫序失軌，是誰之過？此中最關鍵的痛根畢竟何在？依我之見，是在「失信」與「不讓」。如果當權在位者，能夠當下覺醒，一面「立信於天下」，一面踐行「讓開一步」的道理，則大家互信互諒，相與為善，百事可成。一切尊重專業，不把持，不操控，不干擾，不扭曲，則事事納入軌道，自能平平順順，而社會也一片祥和，走向太平活路，這不是臺灣之利、中華之福嗎？諸祈珍重。

九十三年六月鵝湖論壇（三四七期）

八、一段儒耶論文的評審語

二年前（九二年八月），曾為中研院文哲所擔任學術會議論文〈基督教和儒家思想傳統中的人性問題再思〉（作者略）之評審。今日偶然翻檢書架，發現當時評審之底稿仍在。重閱一遍，覺得所評各點，尚屬切要中肯，特錄此寄請「鵝湖」發表，雖簡略而不周洽，但提撕之意，應可於人不無助益。

仁厚謹識　九四年夏月

此文以基督教與儒家對比，討論人性問題，作者的撰述很用心，態度也很平實。但由於基督教是救贖的宗教，其關鍵在於上帝降恩與耶穌上十字架為人贖罪。故人性問題並非本質上十分重要。

文中所述基督教對人性之四種基本觀點，雖有異同，但贖罪得救的關鍵，並不在人性觀如何，而在神之降恩赦罪。而作為中國文化主流的儒家，則不走宗教的路，而是攝宗教於人文。詩書經典中人格神的觀念，漸次轉為形上實體（天道、天命……），而天命天道又流行下貫而為人之性，形成儒家「天道性命相貫通」的義理骨幹。儒家的內聖成德（成聖賢）之教，其終極關懷與各大宗教雖相類同，但其心性之學，心性工夫，則走的是道德實踐的路（下學上達，與天合德），不同於宗教之重信仰。

因此，文之一九、二〇頁所謂「因而儒家的重視主觀道德修養的倫理學說，是以超越的天命或天理為基礎的，在一定意義上可以說是以宗教精神為支撐的。」這句話，正似是而實非。

第一、所謂「重視主觀道德修養的倫理學說」，言非相應。蓋儒家的道德修養，倫理實踐，乃主觀客觀通而為一者。如果說「心、性」是主觀的，但通過「性即理、心即理」的表述，主觀客觀乃即時通而為一。（並非只是單向的「重視主觀道德修養」。）

第二、所謂「超越的天命或天理」，此言亦是偏指。蓋儒家講「天命之謂性」，性命天道乃相貫通者。「超越地說的」天命天道，同時內在於人而為性；而「內在的」道德心性，經由「踐仁知天」、「盡心知性知天」、「盡人物之性以贊天地之化育」……亦同時通合於天命天道天理，而達於「即超越即內在，即內在即超越」的天人合德之境。（並非單向的「以超越的天命天理為基礎」也。）

第三、所謂儒家「以宗教精神為支撐」，也不恰當。在儒家，道德心性即內在即超越，道德精神與宗教精神一本而現，何須另有支撐？

如果一定要指說儒家的道德基礎或支撐點，其最恰當也最通俗（化民成俗，心同理同）的詞語是「天理良心」。良知即是天理。故儒家的天理良心（道德理性），同時是主觀的（知是知非、知善知惡），亦同時是客觀的（心即理、性即理），而且同時是絕對的（良知天理即是乾坤萬有之基）。故究極而言，儒家之道德學，乃「主觀義、客觀義、絕對義」通而為一者。

以上的簡述，是關鍵性的綱領之指點。至於該論文中的詞語，頗有欠精準而不夠相應者，試舉數例如下：

稿第二頁十至十一行，「最終天道、天命、天理完全被消解掉，人性完全為主體意識的自覺」。此上半句乃杞人憂天。試問世上那有要「消解天道天命天理」的新儒家？下半句「主體意識的自覺」，「意識」二字不宜。主體自覺，理所當然。孔子說「為仁由己」，主體不自覺，將如何可能！

稿第二頁前段末行，「儒家的人性論具有宗教精神的境界」。作者的意思，似乎在拉拔儒家，認為儒家不限於世俗道德層境，也可達於宗教境界。這種說法，其實是貶損儒家。儒家本就是道德宗教通而為一。它不走宗教的路，而一般宗教所表現的文化功能，儒家皆具備之。此之謂放棄宗教的形式，而卻保存了宗教的功能和精神。只是儒家平正而通達的形態，比之一般偏至的宗教而有所不同而已。

稿一五頁引《論語》所載商湯「萬方有罪，罪在朕躬」之言，作比附之論，非是。湯以聖王之襟懷，代萬方承擔罪過，此處所謂「罪」，乃過罪之罪，故可代人受過（厚於責己，薄於責人），也可經由自覺而悔改。（改過即無過矣。所謂「君子之過，如日月之蝕」是也。）故此所謂

「罪」，絕非「原罪」之罪。原罪須待上帝降恩赦免，非人悔改可了。此正儒耶之大不同也。（頁一八，引保羅「因一人之悖逆，眾人就成了罪人」。將人間苦難與「原罪」掛鉤，故人不能自救，只能靠耶穌（上帝之獨生子）拯救，此是儒耶根本相異處。）

又，論文後半論儒家處，頗見錯字，如一二、一五、一六、二〇各頁，宜改正。

九、江右學風與學術

——《江右思想家研究》序

我的家族於唐憲宗元和年間自浙東始遷於江西雩都，至今已有一千二百年之久。我在臺灣生活了五十多年，但我的原鄉祖籍畢竟還是文章節義之鄉的江西。所以，對於江西的人文風物，一直眷眷深念，情不容已。茲者，南昌大學哲學系進行「江右思想家研究」計劃，主編鄭曉江教授，來函徵稿，並囑我為該書寫一篇序文。事關鄉邦人文，義不容辭。

江西古稱江右，江右不僅是文章節義之鄉，又是禪宗的腹地和理學的心臟地帶。而經濟治術，詩人詞客，人文風物，皆有可觀。茲分別節次，對江右學風與學術作一綜括之表述。

(一)文章節義之鄉

唐宋八大家中，歐陽修、王安石、曾鞏，皆江西籍。歐陽修是王、曾二人的師尊，也是三蘇的前輩。在古文、詩、詞之外，他還獨自撰著《新五代史》。他的成就，非比一般。所謂歐陽公尚道德能文章，他既是文章大家，又是道德名賢。道德突顯為氣節，在宋亡之際乃有兩位江右人物，真真正正地體現了民族節義，浩然正氣，那就是文天祥和謝枋得。

王應麟批閱文天祥的科舉試卷，有云「此卷古誼若龜鑑，忠肝如鐵石」。文公所作的〈正氣歌〉，更是精誠凝成的不朽之作。而謝枋得在宋亡之後，欲為遺民而不可得，屢徵不起，逼迫上京，與文公先後死元都，氣節凜烈，大義昭然。就師承而言，文天祥系出朱子，謝枋得系出陸象山。朱陸後學，同顯節義。文公衣帶贊有云：「孔曰成仁，孟曰取義。惟其義盡，所以仁至。讀聖賢書，所學何事？而今而後，庶幾無愧。」昔人所謂生命與文字通而為一，於此見之。

其實，宋代以前的江右人物，如陶淵明諡號靖節先生，便早已彰顯江右之地確屬文章節義之鄉了。

(二)禪宗的腹地

佛教的禪宗，始於達摩東來，顯於六祖慧能，而盛開之時，實以湘贛為中心。南禪有二支，一為南嶽懷讓，一為青原行思。懷讓之徒馬祖道一，由南嶽轉江西洪州弘化；行思之徒石頭希遷，則由青原（在江西吉安）轉化南嶽。馬祖下的溈仰宗，溈山在潭州（湖南長沙），仰山在袁州（江西地）。臨濟宗化地本在北方，北宋時回化南方，一度分為楊岐（在袁州）黃龍（在南昌）二派，同以江西為根據地。石頭下的曹洞宗，化地一在高安，一在臨川，皆江西地。另雲門宗化地在廣東，法眼宗在金陵。

據此簡單的敘述，可見江西一直是南禪活動的腹地。而青原行思實為吉安劉氏子。在臺的劉述先教授曾向我提及，近年吉安劉氏纂修家譜，發現青原行思這位大禪師，正是他們遠代的先祖輩。這也算是人物志裡一段佳話了。我並不專研佛學，但對禪宗故事頗感興趣，也寫過一篇〈禪宗話頭證會舉隅〉，收入拙著《儒家思想的現代意義》附篇「宗教問題與人文感懷」第三文，可值一閱。

㈢心學（理學）的心臟地帶

心學即理學。通常以程朱講性即理，為理學；陸王講心即理，為心學。其實，這個說法太籠統浮泛。因為陸王直承孟子「本心即性」之義，同時承認性即理與心即理，而朱子則只講性即理而不承認心即理。為此，象山乃特意著重講心即理。心即理一系所講論的，仍然是理學。這是首先要說明的。

象山自述其學是「因讀孟子而自得之」。所以王陽明也判定象山學是孟子學。象山門人一部分在浙東，如楊簡、袁燮、舒璘、沈煥等，一部分在江西，如傅夢泉、鄧約禮、黃元吉、傅子雲等。元代有陳苑中興陸學，而吳澄則兼取朱陸，皆江西籍。

到了明代，王陽明倡致良知以光大心學，其門人遍及天下，而江右王門尤為昌盛。《明儒學案》中江右王門人物最多，共九卷，計三十二人。我曾分江右王門為三支一脈，一支是陽明之親炙嫡傳，以鄒東廓、歐陽南野、陳明水為代表。一支是私淑而滋生疑誤，以聶雙江、羅念菴為代表。一支則漸離心宗而別走蹊徑，以劉兩峰、劉師泉、王塘南為代表。一脈是指羅近溪（江西南城人），他是泰州派下真能成正果者，代表王學的圓熟之境。（參閱拙著《孔子的生命境界》卷下第八文〈論江右王門的學脈流衍〉。）在該文結論中，我有一段文字，說道：

> 江西雖為陸學家鄉，但朱子之學亦同樣在江西傳衍。文天祥雖非學術人物，但其師承出於朱子一系；而元儒吳草廬亦系出朱子，唯其論學則兼取朱陸。明代初期，南方理學以朱子系之吳康齋（江西崇仁）為中心，胡居仁、婁諒、陳白沙（胡、婁皆江西人），同出康齋之門。陳白沙別走蹊徑，開啟明代心學之緒。而一度問學於婁諒之王陽明，更創致良知教，而王學又特盛於江右。據此簡單之敘述，可知江右地區，並無學派門戶之畛域，其學風之表現，主要是依乎儒家義理演變之進程而為轉移。

這一段話，我自己覺得是持平之論。

四經濟與治術

江右人才，盛於宋明兩代。北宋時，晏殊、歐陽修，皆位居宰輔，而王安石更大力推行新法。變法之事，爭議甚多，關鍵是在王安石的性格。陸象山曾作〈荊國王文公祠堂記〉，言及安石奏對之時，要求宋神宗不必學唐太宗，而應以堯舜為法。象山認為安石的志抱，實已超邁時流。但象山也指出，法堯舜之道，可；事事以堯舜為法，則古今異時，必生扞格。而安石執拗之性，又加重北宋之黨爭，故終於愧負平生之志，甚可慨歎。不過，熙寧新法，旨在救世，立法之意，亦非不善。無奈黨爭害之，未致善果。近世梁任公據史事而推王安石為中國六大政治家之一，或者可為荊公舒發不平耳。

下及明代，以言科舉之盛，江右不如江左。但據史學家錢穆先生之考證，認為實際操持明代政柄者，仍似江右之士為多。而治術的運用，又有不同的層次。古經典中有所謂「正德、利用、厚生」之訓，與「開物成務」、「立成器以為天下利」之言。然則，明代宋應星的《天工開物》，豈非事關「利民用、厚民生」；而成器之用，更有助於開發物資以成就天下之事務。國人不識此書之可貴，長時加以漫忽。如今科學昌明，反觀此書，乃知我先民之科學心智與器用精巧，有出乎意料之外者。

再如典章制度，尤為治國之憑藉。元代馬端臨，擴大杜佑《通典》之規模，撰成《文獻通考》三百四十八卷。舉凡田賦、鹽鐵、國用、選舉、學校、職官、郊社、禮樂、名刑、經籍、封建、天文、物異、輿地、四夷……等等有關經邦定國之事，皆一一加以通考，以供為治之用。

㈤詩人與詞客

江西古稱豫章，它的開發趕不上《詩經》、《楚辭》的年代。但晉代的陶淵明，卻是漢魏以後，聲譽不斷上升的真正詩人。唐代的李白、杜甫、王維和宋代蘇軾，都對陶公傾慕不已。詩品隨人品而日高，古往今來，無有若陶公者。所以，我願意跳過徐孺子，而以陶淵明為江右人物第一號。

到了宋代，詩的風格漸異於唐，而形成以黃山谷為首的江西詩派。此一詩派的評價，雖褒貶不一，但源遠流長卻是事實。直至清代同光年間的陳三立，仍能承續宗風。而渡海來臺的彭醇士，亦稱此派後勁。

在詞曲方面，北宋晏殊、晏幾道父子，加上歐陽修，都是大家。南宋姜白石更是格律詞派的巨匠，風骨遒勁，清空峭拔。論者說他能在柳永、周邦彥的婉約曼妙與蘇軾、辛棄疾的剛健雄奇之間，走出一條新路，展現新的姿采。而明代湯顯祖的戲曲，如《牡丹亭》等五種傳奇，更是膾炙人口，流傳千古。一直到清代蔣士銓的紅雪樓九種曲，仍能傳續雅音。

(六)贅言

這篇代序，乃是為《江右思想家研究》而作，而我卻以小品隨筆的形式來寫，似乎不太對應。何以如此？原因之一，是主編鄭曉江教授說我可以隨意揮灑，無所拘忌。原因之二，則是這部研究文集的內容，都是江右歷代思想家的生平事蹟、思想理論、學術貢獻、文化影響，而書中各篇，皆屬專家學者的精心之作。珠玉在前，自然無須再貢芻蕘。

不過，臨了還是想說幾句話。海運既通之後，江西的使節之路荒涼了。加上京廣線的鐵路通車，江西這邊更益發寥落。不過，人文厚蓄的江西還是有潛力的，單就宜黃大師歐陽竟無而言，他便是當代第一等的人傑。他自己弘揚法相唯識之學，而他門下的梁漱溟、熊十力，則是當代新儒學的開山人物。算起來，熊先生是我和劉述先教授的太老師，我兩人又同屬當代新儒家第三代的代表人物之一。我們在海外為中國文化與中國哲學之復興，投注心力長達半個世紀。而今也垂垂老矣。回首江西，情深何限！願我贛人，力爭上游。為鄉邦，為國家，為人類，異地同心，分工合作，以共致人文之休美。是為序。

壬午新春，雩都蔡仁厚於東海大學哲學研究所

十、「八千里路雲和月」序

語云：「地靈人傑」，又云「人傑地靈」。山河大地的靈秀之氣，可以孕育傑出的人才，反過來，卓然傑出的人才，也可以印證山河之秀與地氣之靈。據此而言，自然山水的靈秀雄奇與人物人文的賢善美穆，實在是相輔相成，而相得益彰的。

記得二十年前（一九八二年），我應邀前赴夏威夷大學出席「國際朱熹會議」，回臺之後寫了一篇會議後記，在最後一節「尾聲」中，我很率直地說，夏威夷是一個「只有自然，沒有歷史；只有文明，沒有文化」的地方。我還說，請你不要問我「文明」和「文化」的定義是什麼，我只是自己心裡有個比較。此前，我寫〈韓國紀行〉時，好像充滿著人文的氣息和深心的感懷。而現在寫這篇會議後記，卻完全欠缺那種心情和感受。我可以承認夏威夷是世外桃源，是觀光勝地，那裡的居民很和善，很有禮貌，而且那是一個沒有灰塵的地方。偶而我也會從某個角度對它有一份羨慕之意，但卻不可能對它發出懷念之情。沒有歷史，沒有文化，是無法使人懷念與感的。

我一向認為，「自然」加上「人文」，才夠美，才能使空間的風景，伸展到古往今來的時間流裡，而令人俯仰興思，低回流連。中國的名勝古蹟，古剎廟宇，全都是自然與人文的融合。人在其中，既可以神遊千古，也可以心通天地。可惜現代的中國人，對這個意思反而不甚了了，真叫人憾恨而又感愧。

現在好了，有人要效法太史公在「讀萬卷書」之餘，再來「行萬里路」。他要在「八千里路雲和月」的浩瀚空間裡，尋訪那些不朽的古先賢哲，這個人就是南昌大學哲學系的鄭曉江教授。他勤於著述，已出版了好多本書，現在又以歷史學的實地考察，來體現思想考古的實效。他不辭辛勞，走過很多偏僻的鄉村和不少崎嶇的山路，從祠宇、碑碣、荒墓之間，從殘存的文獻和故老的口頭上，探得了許多珍貴的典故舊事，釐清了一些存疑的思想關結，顯露了許多隱晦的事跡。古人有知，當驚喜千百年後猶有知音；山水有靈，更應欣悅學院中人也能行走「空谷」而留下「足音」。此書作者足跡所經，雖然比不上徐霞客，但他尋訪歷代學術文化大師的遺蹤，寫出他們的憤悱、思緒，吐露他們的心聲、衷懷。既具體而信實，又生動而活潑。在這方面，卻又非徐霞客可比了。

本書尋訪的古人，有異人，有禪師，有傷心人別有懷抱而哭笑不得的遺老僧人，也有詩人、畫家、政治家、理學家、史學家、哲學家等等。如果讀者意猶未足，便請作者再來一番「八千里路雲和月」，或者讀者自己起而效之，也來行萬里路，則人人皆可與古人相遇於旦暮。文山「正氣歌」末句云：「風簷展書讀，古道照顏色」。其實，古人之道，不只在風簷，在書中，也在山間水邊，在日光月色之下。宇宙不隔，古今同在。讓我們華夏子孫，化小我為大我，走進歷史，走向廣宇長宙，和各色各樣的古人相見相晤。或高談闊論，或輕聲細語，或劇論爭辯，或擊節歎賞，各隨其意，各暢其志，豈不快哉！是為序。

二〇〇二年三月廿九日，於臺灣東海大學哲學研究所

十一、重修重光寶塔的文化意義

雩都城郊的寶塔，始建於宋仁宗至和二年，稱慧明院塔。復經南宋理宗嘉熙四年、元泰定四年、明嘉靖十三年，三度重修，更名重光寶塔。歷四百餘年而毀於文革，三十二年之後。四度重建，命名為雩都重光寶塔。執事先生不遺在遠，為《重光寶塔志》向我徵文，並囑捐贈所著書若干冊置於塔頂以增飾人文。嘉美之意，不敢推辭，特撰此文，以略表慶賀古蹟重光之微忱。

中華大地上的塔，是神州大陸建築之美的一大特色。無論建構之精巧，造形之美觀，以及寶塔所襯顯的山川氣象與人文精神之諧和融洽，都使人瞻仰徘徊，眷懷流連。塔，起先是佛教的舍利塔，建在寺院近旁，是實用性的。後來，漸漸與中土文化交流融會，而演變為風景塔。建塔的位置多半選在自然風光的焦點上，而這個焦點，又常能與風水的觀點相契合。因此，建塔以藏靈骨，乃轉而為建塔以鎮山川，再下來，建塔以紀念人物（如高僧大德、慈母孝子、名賢忠烈等），也慢慢成為主導的意識。如此一來，七級浮屠，便由較狹義的宗教意義，而開擴為較廣義的文化意義了。

當我在雩都中學讀書時，從校舍就可以遠遠望見西門外的重光寶塔。有一次遊羅田岩回城，在南門對岸等船過渡，那時太陽已快下山了，舉頭一望，但見遠方山色，近處叢林，襯托出一座巍巍寶塔，那景緻直是佳絕！自睽違桑梓，寄跡臺海，數十年間，雖夢繫家山，而形格勢禁，無由得歸。直至己巳季夏，始獲返鄉探親。我除了眷念家人，懷想母校，再就是心繫重光寶塔了。當我從贛州回雩都，車子接近福田寺時，卻看不到重光寶塔，內心悵然若失，久久不能釋懷。其實，家鄉美好的事物很多，但我心中的重光寶塔，卻一直具有一種特殊的意義，它代表雩都的人文重光。所以，這座寶塔的消失和重建，在我心中造成的傷感和喜悅，都是極具分量的。

一座寶塔，無異是人文的標竿。中國從東到西，從南到北，大小城鎮，山巔水涯，莫不有塔。塔，不但是文化之美的聚光點，也是人文薈萃的一種表徵。我遊西安，見到大雁塔、小雁塔。遊雲南，見到大理三塔。遊杭州，見到六和塔，但西湖少了雷峰塔，總覺美中不足。近年雷峰重修，夕照增美。如今家鄉的重光寶塔，也隨西湖雷峰之後，而重現於貢水之旁。我隔海馳念，溫馨無限！寄語桑梓父老兄弟，務祈異地同心，分工合作，把雩都建設為一個「自然蔥郁，人文昌盛」的美善之鄉。現在，謹以平常心撰成四句韻語，以結此篇：

雩山蒼蒼　貢水泱泱
巍巍寶塔　人文重光

十二、重建羅田巖濂溪閣序

宋代大儒理學開山周敦頤濂溪先生，在雩都羅田巖留下的善緣至少有三：一是遊羅田巖，賦詩刻石。❶二是所撰〈愛蓮說〉，首先刻石發表於羅田巖。❷三是羅田巖那株蒼蒼古柏，相傳為濂溪所手植。❸

羅田巖濂溪閣的建置，依度正所撰《周敦頤年譜》，係北宋仁宗嘉祐八年（一〇六三），周濂溪訪遊羅田巖時，由縣令沈希顏所首創。而據明代鄉賢黃洛村〈重修濂溪閣記〉所云，則乃南宋理宗嘉熙四年（一二四〇）縣令周頌所始建。兩說相異，宜從前者。下及明世宗嘉靖三十七年（一五五八）贛州知府邢珣續建時，始祀周濂溪與弟子程明道、程伊川，以及岳武穆、王陽明。一隅之地而寓五賢，誠所謂「道本人存，地由人勝」者矣。之後，祠閣屢有修整，下迄清道光四年（一八二四），知縣黃濬所撰〈遊羅田巖創建凝道軒記〉，說及濂溪閣中主祀濂溪，配以岳武穆、文文山、王陽明，以及雩邑五君子：袁慶麟、何廷仁、黃宏綱、何春、管登。❹至此，濂溪閣之祀典乃有定制。

太平天國時，濂溪閣又毀。直到民國二十七年，縣長劉菁如在濂溪閣舊址修建羅田精舍，精舍與古柏旁有一小型濂溪祠，我就讀雩都中學時尚及見之。雖少年未識儒聖之大道，而稚子之心實亦萌發見賢思齊之念耳。其後我在時代之大風浪中飄落臺海，歷數十星霜之奮勉自勵，乃能於儒聖之學略有所窺，而得以從容優遊於大學講壇與國際學術會議席中。然而歲月真如流水，如今亦垂垂老矣。

我在大學講授宋明理學，開端即講周濂溪。周子著有《通書》與《太極圖說》，《通書》開宗明義，便以《中庸》之誠體，解說《易傳》之乾元乾道。如此合釋，可謂天衣無縫，他劈頭便握住了這「千載不傳之祕」。而《太極圖說》則由太極陰陽五行之化生萬物，敘述由宇宙到人生之創化歷程，並就此以見人極之根源，是即所謂「由太極以立人極」。隨而又說明聖人之立人極（人道），並盛讚聖人與天合德，此則又回轉「立人極以合太極」之

---

❶ 依周子年譜之記載，北宋仁宗嘉祐八年（一〇六三）正月，周子四十七歲，時任虔州（贛州）通判，行縣至雩都，特邀僚友餘杭錢建侯，由雩都縣令四明沈希顏相陪，並約處士王鴻（王羲之之後裔）同行，共遊羅田巖，賦詩刻石。詩云：「聞有山巖即去尋，亦躋雲外入松陰。雖然未是洞中境，且異人間名利心。」八年前，我赴日本京都出席「陽明學國際會議」，觸動鄉情，思念起羅田巖來。當時有追和周子（謚號元公）羅田巖詩云：「古柏蒼松何處尋，丹崖翠壁有巖陰。元公道學通天地，鐘磬悠揚證聖心。」

❷ 同年五月，周子作〈愛蓮說〉，沈希顏書，王摶篆額，錢建侯上石，於同月十五日竣工。南宋孝宗淳熙六年（一一七九），朱熹任南康郡守，特為周子建祠於郡學中，並依周子之曾孫所贈墨本，重刻〈愛蓮說〉置於祠館壁間，時上距羅田巖石刻〈愛蓮說〉，已一百一十六年矣。

❸ 周子手植古柏於羅田巖，雖屬傳聞，而實已具體象徵千年學脈之流衍。佳話留傳，豈不美哉！

❹ 袁慶麟（朱子晚年定論後序之作者）等五人，皆王陽明之高足弟子，又為雩都鄉先賢，故從祀於羅田巖濂溪閣中。

義。周子對於天道生生與天人交感相通之體悟，使先秦儒家本有的形上智慧，重新蘇醒復活。他實為宋明六百年的內聖成德之教，開啟了最佳之善端。

周子之後，關洛之學相續發明，又經南宋朱陸之論辯與發展，再到明代王陽明提倡致良知教，而使孔孟之道大為顯揚。當陽明講學於贛州時，從學之士，雩邑獨多於他邑。及陽明既沒，何善山、黃洛村與同志會講於南京，諸生往來者常數百人，故一時為之語曰：「浙有錢王，江有何黃」。❺其後，何黃二先生講學於羅田巖之濂溪書院，當時名賢如羅念菴、歐陽南野等❻皆來相聚。其流風餘韻，實足興感興思。至於先後觀風訪學於羅田巖者，如羅近溪與八大山人❼等等，或留詩刻石，或為文述懷，凡此勝迹文事，亦皆有益於世道人心。

茲者，雩都各界人士，有感於羅田巖濂溪閣之久毀，特重建館閣，振起文風。管子有云：倉廩實而後知禮義，衣食足而後知榮辱。改革開放以來，經濟日益繁榮，自當轉注心力於文教，使雩都民風更惇厚，士品更端方，教育更發達，人才更鼎盛。進而守常應變，返本開新，順事勢之宜，以成廣大之功，則庶幾可無愧於濂溪先生之教矣。是為序。

臺灣東海大學教授前哲學研究所所長
北京國際儒學聯合會顧問　蔡仁厚拜撰
甲申春月於臺中市時年七十有五

❺「浙有錢王，江有何黃」，語見《明儒學案》卷十九，何善山學案本傳。錢緒山、王龍溪，乃王陽明晚年二大弟子，皆浙江籍。江謂江西，何黃二人，皆江西雩都籍。我撰有〈江右王門何黃二先生學行述略〉一文，編入拙著《哲學史與儒學論評：世紀之交的回顧與前瞻》（臺北：學生書局）頁二六四──二七九。又編入上海古籍出版社《陽明學研究》（吳光主編）頁五六──六九。

❻羅念菴，名洪先，江西吉水人。孫夏峰《理學宗傳》列念菴為理學十一儒之一。歐陽南野，名德，字崇一，江西泰和人。從學陽明於贛州時，年事最輕，陽明戲呼為小秀才。後官至禮部尚書，平生到處講學，據《明儒學案》卷十七本傳，當時「稱南野門人者半天下」云。

❼明宗室遺老八大山人有「羅巖夜坐」詩：為愛清秋夜，簾垂五漏時。山虛吞小月，雲重壓高枝。露冷蛩吟急，風驚鶴睡遲。旅魂無著處，惟有少陵詩。

十三、《江右思想家研究叢書》總序

(一)

南昌大學哲學系鄭曉江教授主持的「江右思想家研究」計劃，已出版過一本論集。為了使研究更詳盡、更周遍，研究的計劃擴大了，要由出版論集改而為出版研究叢書。也就是說，對每一位思想家的研究，都要撰寫成為一本專著，大家依計劃而分工合作，逐年進行。當一整套的「江右思想家研究叢書」完成之後，它對文化學術的助益和影響，必將是普遍而深遠的。

思想的涵蓋面甚廣，除了哲學思想，經學、史學、文學、藝術，都各有其多樣性的思想內涵，值得加以論述。而經世思想，科學器用思想以及綜合性的人生觀、人生哲學，也是很重要的，應該加以發掘。

就人而言，有的是純粹思想家的靈魂，有的是聖賢襟懷、豪傑性情，有的是政治家、事功家、道德家、宗教家、教育家等。這些人物，各有他們自己的思想特色，允宜分別進行探究，以顯發其潛德幽光。

(二)

江西地處吳楚之間，自古有「吳頭楚尾」之稱。吳地稱江東，又稱江左，而江西則稱江右。吳楚先盛於春秋時期，而江右人文則始顯於漢代。東漢末期，「下陳蕃之榻」的徐孺子，是豫章高士，最早顯名。而東晉陶淵明，則可視為江右思想家第一號人物。

歷南北朝而至隋唐，江右的人文一直在深蘊厚蓄之中。當時從南海入中原的通道，是由梅嶺而直下贛江水道的所謂使節之路。這一條交通大動脈，觸發了贛江流域的地氣，到了宋代，江右人文蔚起，大放異彩。如北宋晏殊、歐陽修、李覯、王安石、曾鞏、黃庭堅等光顯於前；南宋胡銓、姜夔、楊萬里與陸象山兄弟繼踵於後。尤其宋亡之際特顯大節義的文天祥、謝枋得，更足為天地正氣增輝生色。

元明繼兩宋而流衍，江右人物仍盛。吳澄最為元代大學者，而明初的理學人物，則以吳與弼為耆宿。胡居仁、婁諒、陳白沙，皆出其門。接下來，王陽明的良知學風行天下。在《明儒學案》中，江右王學獨佔其九，人數達三十二人。我曾分江右王門為三支一脈：一支是陽明之親炙嫡傳，以鄒東廓、歐陽南野、陳明水為代表。一支是私淑而滋生疑誤，以聶雙江、羅念菴為代表。一支則漸離心宗而別走蹊徑，以劉兩峰、劉師泉、王塘南為代表。一脈指羅近溪，他是泰州派下真能成正果者，代表王學的圓熟之境。王學承陸學而弘揚孟子心性思想，而江右實居重鎮之地位。

(三)

江右是陸學家鄉，但朱子學亦同樣在江右傳衍。文天祥雖不屬純學術人物，但其師承出於朱子。元儒吳草廬亦系出朱子，唯其論學則兼取朱陸。明代初期，南方理學以朱子系之吳康齋為中心，而門下陳白沙卻開顯心學之緒。一度問學於婁諒之王陽明，更開創致良知教，而王學又特盛於江右。據此簡單之敘述，可知江右地區並無學派門戶之畛域，其學風之表現，主要是依乎儒家義理演變之進程而為轉移。

二年前，我撰寫〈江右學風與學術〉，文分五節：一為文章節義之鄉，二為禪宗的腹地，三為心學（理學）的心臟地帶，四為經濟與治術，五為詩人與詞客。從這五個節目的標題，即可看出江右在學術思想上顯示的普遍性與多樣性。另外，還有龍虎山代表的道教一脈，就化民成俗而言，也有可加論述的價值。

思想的落實，主觀面是道德實踐，成聖成賢。客觀面可分為二，一是典章制度，一是開物成務。前者是治國的憑藉。馬端臨擴大杜佑《通典》之規模，撰成《文獻通考》三百四十八卷。舉凡田賦、鹽鐵、國用、選舉、學校、職官、郊社、禮樂、名刑、經籍、封建、天文、物異、輿地、四夷……等等有關經國定邦之事，皆一一加以通考，以供治國之用。後者開物成務，則有賴於知識技能之利便，而明代宋應星的《天工開物》，正是事關「利民用、厚民生」的實用之書。凡欲開發物資以成就天下事務者，莫不有藉於成器之用。國人識見鄙陋，不識宋氏此書之可貴，竟長時期加以漫忽。如今科學昌明，反觀此書，乃知我先民之科學心智與器用精巧，有出乎意料之外者。

據上述可知，江右之學術思想，無論形上或形下，皆能兼顧並重，而避免了思想上的偏取之弊。

㈣

本研究叢書，對於江右歷代思想家的生平事蹟、思想理論、學術貢獻、文化影響，皆盡量加以發掘和表述。就叢書出版的順序而言，最好當然是依時代之先後而排定。但負責撰述的學者，其寫作之進度，遲速不一。故本叢書分冊出版之序，不擬加以限定，而是採取順時制宜的做法，隨時完稿，就隨時分冊發排出版。

依初步之規劃，本叢書所論列的主要人物，大致如下。

首先是陶淵明。他雖自稱「文妙不足」，但他的〈桃花源記〉，卻一直是世人嚮往的人間仙境。他的詩在鍾嶸《詩品》書中排位不高，但唐代的李白、杜甫、王維以及宋代蘇軾，都對陶公傾慕不已。詩品隨人品而日高，古往今來，未有若陶公者。而中國傳統三教「儒、道、佛」的義理思想和人生智慧，都可以在陶公人生過程中獲得印證。他，真是一位平淡自然而又真妙絕倫的人物。

李唐一代，人的生命多在「盡才、盡情、盡氣」上而顯露精采。三百年中，江右未見儒門人物，倒是在禪門中大有表現。活動於江右地區的大禪師，從青原行思、馬祖道一、百丈懷海以下，到溈仰宗、曹洞宗和臨濟下楊岐、黃龍二系的列列龍象大德，可謂精光奇采，美不勝收。

下及於宋，儒學復興。《宋元學案》第四卷即為廬陵學案，歐陽公尚道德能文章，是儒門中標榜型的領袖人物。王安石、曾鞏以及三蘇父子皆出其門。為政行教，惠澤廣被。前年我遊歷江南而順至揚州，瘦西湖五亭橋自是美景，而紀念歐陽公的平山堂，結構簡肅而寬舒軒朗，尤令人低迴瞻仰，不忍去云。

北宋理學開山人物周濂溪，早年為官虔臺，隨機啟發二程，晚居廬山，開「濂、洛、關、閩」之緒。而其最大的貢獻，則在於以《易傳》之乾元乾道，合釋《中庸》之誠體，而復活了先秦儒家的形上智慧。

南宋以陸象山為代表的陸學，其聲光不在與朱子相匹敵，而在於開顯了孟子心性義理的綱維，為聖人之道立定規矩。而宋亡之際，文天祥、謝枋得的凜烈氣節，不只為贛人爭顏面，為朱陸爭品位，更使民族正氣大顯光輝。

元明儒學，主要是朱陸之流衍。元代與明初皆尊朱子，吳澄、吳與弼是代表性的學者。明之中葉，王學興起，江右王門人才濟濟，前已提及。另有羅整庵站在朱子學之立場，為王學之諍友。而顏山農、何心隱的言行思想，乃有所激而使然，宜當給予持平的評判。還有寧都三魏的學術思想及其易堂講學之用心，亦應作深入之探析而給予適切之評價。

在文學方面，黃山谷所倡導的江西詩派，綿衍七八百年。湯顯祖的戲曲，至今仍在演唱。其中所涵蘊的思想，應作深入之探析與論評。

下及二十世紀，人文厚蓄的江西，仍然有其潛力。如歐陽竟無無疑是第一等的人傑，而陳寅恪亦屬第一流的史學家。他們的思想也是值得正視的。

(五)

最後，我們要說一說「江西、朱子與其他」。

朱子祖籍徽州婺源，而出生在福建，成學在福建，終老在福建。所以他的學派稱為「閩學」。其實，朱子的學問路數，是直承小程子伊川而發展，其學應直稱「朱子學」。而閩學之名，則最好還給他師門三代（楊龜山、羅豫章、李延平）。龜山受大程子明道之指點，開出「靜坐以觀未發之中」的工夫進路，羅、李二人承續貫徹，是即所謂「龜山門下相傳指訣」，這是「靜復以見體」的逆覺體證之路。朱子四十以後不走此路，而直取伊川之格物窮理，展現為一個大系統。故朱子之閩學與南宋前期（楊、羅、李）之閩學實不同路。因此還原為朱子學，才更名實相應。

朱子在福建，陸象山在江西。朱子批評象山時，常直稱陸學為江西之學。朱子不贊同江西之學，可是他的故鄉婺源如今卻劃歸於江西。所以上饒地區把朱子看做江西人而熱烈宣導，並召開學術會議以慶祝朱子八七〇年誕辰，這當然是好事。不過，我們論述江右的思想家，是在歷史的脈絡中進行。歷史上的朱子，不屬江西籍，因此，江右思想家的研究不宜包括朱子。否則，閩人皖人都會不以為然，甚至笑話我們。朱子的地位是全國性的，世界性的。朱子的偉大不會因為我們不選他而絲毫受損。何況我們還可以在這套叢書之外，個別研究朱子，弘揚朱子之學。

自睽違鄉邦，已逾半個世紀。近十餘年來五度返鄉祭祖探親，並曾訪問南昌大學。但天下尚未臻於郅治，海峽兩岸之全面融和亦尚有待。為此，深願我炎黃子孫，異地同心，分工合作，為華夏文化共注心力，以再造人文之休美。是為序。

東海大學榮譽教授　蔡仁厚　甲申秋日於臺中

十四、蔡仁厚教授訪問記

受訪者：蔡仁厚，原籍江西，現居臺灣，東海大學榮譽教授

訪問者：金基柱，東海大學哲學博士，現任教韓國啓明大學

（代表韓國《當代東洋思想》季刊作書面訪問）

問⑴：老師退休後情況如何？正在研究哪一方面？

答：退休以後，除了仍任博士論文指導，研究所也還有三小時課，先秦儒學和宋明理學，輪流在我家宅開講。同時，連年來分赴北京、漢城、新加坡、武漢、江西、福建與臺北各地出席會議，宣讀論文，使我退休後的大計劃：撰寫《中國哲學史》的工作，未能順利展開。明年，臺、港、美各地還有紀念牟老師逝世十周年的學術會議，和在大陸召開的第七屆當代新儒學國際會議，原則上我都要參加。但我想，至少明年以後，不能再延誤撰寫哲學史的計劃了。

問⑵：老師研究東洋哲學（中國哲學）的動機是什麼？

答：這個動機，應該很直接。中國哲學傳統，和希臘哲學傳統並稱。然而，近世紀以來，承接希臘的西方哲學非常強勢，而中國哲學則衰微不堪。作為一個中國的知識分子，是無法安於這種現狀的。依於不安不忍憤悱不容已之心，必當立志發憤研究中國哲學，以顯立其義理系統，照蘇其哲學慧命，使東方「儒、道、佛」三教的「生命的學問」重顯光輝。這便是真正的動機了。

問(3)：老師的主要哲學關心是什麼？

答：這個問題，其實很單純。總而言之，第一關心中國哲學的復興，第二關心中西哲學的會通。但這個範圍太大了。我個人最關心的是儒學義理系統的全程貫通。我追隨牟老師加入儒學復興的奮鬥行列，乃是終生的志業，不只是一般理智的學問追求而已。

問(4)：老師何時從學牟大師？見面之後，老師的學業過程起了如何的變化？

答：我一九五四年拜見牟老師。他前三封回信的稱呼是「仁厚吾兄足下」、「仁厚賢契」、「仁厚棣」，歷經數月，才接受我為門弟子。我第一個感覺，就是確認我追隨的人，不是一個普通學問上的教授，而是一個精神生命的開啟者，引導者。

知識層的學問，由各人自己累積，理念層的思想，則隨時可以得到啟發和指點。一段時間過後，自己覺得眼界開闊了，層次提高了，理解力與表達力也加強了。我的第一本著作，是家國天下的情懷和文化意識的激發。那時候，大陸推行人民公社，我在香港《人生雜誌》發表〈中共推行人民公社的理想性與反動性〉，得到唐君毅先生的賞識，認為是臺港兩地同類文章中最有深度的一篇。

後來，開始撰寫孔門弟子一書，到大學任教以後，又出版《王陽明哲學》，此書基本上是申述牟老師的見解，但也有不少我自己的用心。書中「有解析，有評論，有考證」，是學界同類書中出類拔萃之作（據傅偉勳教授讀後評）。其他如《宋明理學北宋篇、南宋篇》、《孔孟荀哲學》，既有師門之學的述引，也有自己研究的心得。我所持的是講習的態度。和伊洛諸賢講習二程之學，朱陸門人講習朱陸之學，王門弟子講習良知之學，在傳續學脈的態度上是一樣的。沒有講習就不能建立學問的傳統。儒、道、佛三教都是靠一代代的人相續講習而傳承下來。在北宋篇再版之時，我以「關於講習與師門之學」編入為後跋，那篇文字意思甚好，值得一讀。

問(5)：老師對牟老師如何評價？或牟老師的最高業績是什麼？

答：弟子認取師門，只有學習、崇讚，不好說是評價。牟老師是當代新儒家中最具開創性的一位。在八十壽宴時，他說了一段話，其中有一句說他自大學讀書以來，只做一件事，是即「反省中華民族之文化精神，以重開中國哲學之途徑」。牟老師逝世之後，我曾用五點綜結，來說明他在學術上的成就和貢獻。

1. 闡明三教：牟老師以《心體與性體》、《才性與玄理》、《佛性與般若》三部巨著，表述「儒、道、佛」三教的義理系統。這三部書，無論思想架構的疏釋，義理分際的釐定，以及系統綱維的確立，都已達到前所未有的明透。

2.開立三統：中國文化生命最為中心的癥結就是「如何開出事功」？而對於這個大癥結作深入思考，並直接提出解決之道的，首推牟老師的新外王三書：《道德的理想主義》、《歷史哲學》、《政道與治道》。三書的共同主旨是「本於內聖之學以解決外王事功的問題」。歸總而言，也就是所謂「三統並建」。承認在「道統」之外，還有「學統」、「政統」的問題。道統要永遠承續和光大。「學統」要吸收希臘傳統，也就是發展科學的問題。「政統」是政治形態的演進和發展，落實而言，即是民主政體建國的問題。二年前我有一文〈新儒三統的實踐問題〉發表在《鵝湖月刊》三一九期，可參閱。（今按：已編入本書頁四一一—五〇。）

3.暢通慧命：牟老師的《中國哲學十九講》（韓國有譯本），集中而通貫地綜述中國哲學之系統綱格與義理宗趣，以及其未來發展的軌轍。中國哲學絕不是封閉系統，在二千多年大開大合的發展中，不斷有義理的開新。今後也必將為人類的人文世界盡其主導性的貢獻。

4.融攝西學：近百年來，中國了解西方雖比西方了解中國成績更好，但仍嫌不足。牟老師認為康德是中西哲學會通的最佳橋樑，所以在他年老之後，以十多年的時間，從容地翻譯了康德的三大批判。他不但翻譯，還詳細作註解。不但作註解，又分別以專著來吸收消化三大批判（以《智的直覺與中國哲學》、《現象與物自身》二書消化第一批判，以《圓善論》消化第二批判，以長文〈真善美的分別說與合一說〉消化第三批判。）以一人之力通譯三大批判者，牟老師是二百年來世界第一人。

5.疏導新路：中西哲學的會通，大家都會提出一些意見，但從來沒有人作過通盤的思考。而牟老師的《中西哲學之會通十四講》，特別借用佛教《大乘起信論》書中「一心開二門」的話，指出中西哲學皆有二門。「真如門」相當於康德的智思界，「生滅門」相當於康德的感觸界（經驗現象界）。智思界方面，中國哲學很清楚而通透。而在西方則連康德也不夠通透。在知識方面，中國哲學傳統沒有開出科學，也沒有正式的知識論。經過會通，中西哲學都要各自重新調整，截長補短，乃能使雙方更充實，更能向前發展。

以上五點，可以證實牟老師逝世前一年說的一句話。他回顧一生的著作，涵蓋了學術的全體，可謂「古今無兩」。這句話說得很本分，很平實。我在《年譜》裡作了記述，也做了說明。在他「墓表」文後，我有四句贊語：

浩浩宇宙　慧命長流　師尊法運　炳耀千秋

問(6)：在中國哲學之理論與觀點上，老師與牟大師有沒有差別？如果有，那差別是什麼？如果沒有，那是什麼原因？

答：我在前面答第(4)問之最後，曾提到我《宋明理學北宋篇》後跋〈關於講習與師門之學〉。那裡所說的可以回答這個問題。在此，我只能簡單說幾句。

我是牟老師的弟子，我服膺師門之學，所以在中國哲學的理論和觀點上，不會有什麼根本上的差異。但我和牟老師是兩個人，是兩個獨立生活獨立思考的個體，牟老師有未曾想到、講到的地方，或講得不詳盡的地方，我會盡我所知再加講論；牟老師沒有接觸到、感受到的人事物，我可能接觸到、感受到，而且有所論述。我出版的著作約有二十種，這些著作，一面是相續講習，一面是自述心得。其中隨時有體會、有領悟、有印證。我歷年的論文講錄，先後輯印為六部論集（如《新儒家的精神方向》、《儒家思想的現代意義》、《儒學的常與變》、《中國哲學的反省與新生》、《孔子的生命境界：儒學的反思與開展》、《哲學史與儒學論評：世紀之交的回顧與前瞻》等），各冊書中所講的，可以說都是我在這個大時代中的所知、所見與所感。我認為，感觸是生命心靈的基本活動，活動的功能涉及時代的脈搏和一切人文價值的內容。人必須能隨時抒發感觸，他才是一個鮮活的存在。因此，知識分子的心靈，理當通學術也通時代，以顯發其深厚而強烈的文化意識。這正是「生命的學問」不同於「知識性的學問」之所在。

計較理論和觀點上的差異，在知識性的學問上乃屬常事。而「生命的學問」則旨在化異為同，所謂「心同理同」是也。最後如仍有不同，也應「和而不同」，雖不同而能和，這才是重點所在。

問(7)：對現代新儒家（特別是熊十力先生以及在臺港活動的牟宗三、徐復觀、唐君毅諸先生），老師有什麼樣的看法？又他們之間有沒有在理論或觀點上的差別？

答：這個問題太廣泛了。唐、牟、徐三先生都是熊先生的門弟子，他們都是當代新儒家的核心人物。有人說，唐先生是仁者型人物，牟先生是智者型，徐先生是勇者型。其實，一個真儒的表現雖或有所專重，但生命中的智仁勇，則是同源同根的。

唐先生曾對牟先生說，你的思想是架構型的，我的思想是音樂型的。所謂架構型，其特徵在於建立思想觀念的骨幹，和義理系統的間架。音樂型的特徵，則在於思想觀念層層發展，有如交響樂之旋律層層引出而齊奏和鳴。這也等於說，牟先生的思想方式是康德式的，唐先生的思想方式是黑格爾式的。而徐先生五十歲才正式走學術的路，但無論學術通識與專家研究，他都有傑出的表現。他的兩漢思想史，最見學問功力。他又能重現儒者的抗議精神，對民主實踐、學術自由以及獨立精神，執著而堅持。凡去障去弊，抗禦謗議，皆躬親任之，使他成為人文學界的大豪傑。

他們三人之間的同異，無法細講。其大者，如唐先生對牟先生的理學三系之判，未必贊同，其理解似也未甚相應。徐先生從內心就不喜歡形上學，而提出所謂人而中之說。又如對熊先生《原儒》書中之某些說法（如判孟子為孝治派），徐先生明白反對。牟先生則認為此乃熊先生「動心忍性」的苦心：「歷貶群儒以保孔子」。孔子保住了，儒學就有復興之望。否則，一切都歸於無。

問(8)：老師對朝鮮性理學如何評價？如果它有一定價值，其價值在哪裡？

答：這種大題目，既不適合拿來做訪問，也不是我所能隨意回答的。就我所知，朝鮮李朝的性理學者，以朱子學作為治國的理念，造成延續五百年的政教文化，論者稱之為海東小中華。在學術上，他們對四端七情、理發氣發、性情善惡、人心道心的討論，都很深入。還有人物性同、人物性異的湖洛之爭，也很有意義。而中國本土，反而忽視。可見朝鮮李朝的性理學的確有其特色。同時，日本的朱子學，也傳自朝鮮。這在文化傳播上，功績甚大。

另有一事可以一提。朝鮮李朝專弘朱子學，而壓抑陽明學，不免失之偏取。所幸現代韓國學者，早已本乎文化意識與學術意識，對朱子學與陽明學，同時兼取而加以研究和講論，這是值得感佩和欣喜的事。至於韓國似乎有人要全面廢用漢字，其中的得失，尚希韓國的朋友，慎重一思。

問⑼：老師認為現在中國哲學界面對的最重要之問題是什麼？又如何解決？

答：中國現在兩岸相對，所謂中國哲學界有些什麼問題，很難說。歸結起來，無非是中國傳統哲學如何起死回生？如何承先啟後，返本開新？如何中西會通，互補互利？這些意思，其實也正是當代新儒家深心省思的問題。上文第⑸問的說明，便是我們的解答。至於問題的解決，「時間」是重要因素。如果知識分子有了共識，彼此相與為善，分工合作，則十年有十年之成效，二十年有二十年之成效。如果大家能夠秉持「但問耕耘，莫問收穫」的態度，而一心一意，持續努力，終必有成功之日。而所謂問題，也自然隨時隨地皆可以謀求解決之道。

問⑽：對開放以後中國大陸學者之學術活動，老師如何評價？

答：你可以籠統地問，我難以籠統地答。我只能說，近十多年來我所接觸的大陸學者，一般而言，都很用功，也知用心。尤其年輕一輩，無有歷史包袱，而能全心向學，所以越來越能理解相應。大陸教育部在十多年前就已組織編寫小組（約四十人），對當代新儒學進行研究，並分別編寫成書，有人物介紹，有思想評論，有文獻輯錄，成績斐然。

他們的學術研討會，在四面八方進行。各省區對他們歷代的學者名賢，也分別在各人出生地舉辦學術活動（主要是研討會、紀念會）。這樣就可以帶動各省區的學術氣氛和文化熱情。同時，各地的人文史蹟與傳統建築，也普遍地進行整修。這都是我們所樂意見到的好事。

問⑾：以後，老師的研究方向或計劃是什麼？

答：我老了，也不想再訂什麼研究計劃了。只有上文第⑴問所提到的撰寫《中國哲學史》，才是退休以後的大計劃。我本希望在八十歲以前完成它，看來也許要作延後之計。牟老師三大批判的譯本最後出齊之日，正是他八十五歲的元旦，我能否工作到那樣的年齡？上蒼有靈，如我所願。

二〇〇四年初秋於臺中椰風北軒

十五、略說我的著述生涯

承蒙東海大學同仁的錯愛，三級三審票選通過，聘我為首居榮譽教授。為了表達我的謝意，特別選送自著書二十種，捐獻給東海總圖書館與哲學系圖書室各一套，以為紀念。

日前，哲學系蔡助教約我為《系訊》寫稿，並轉達陳主任的意思，希望我在系訊上說說話，來鼓勵同學。其實，我也想不出什麼特殊的話語可以貢獻給大家，就讓我簡單地略說我的著述生涯，或者會有一點相互切磋的益處。

(一)

我著書寫文，並無特定的計畫，只是隨心之所思所感，順著時機與事理之宜，自然而然地便寫成某一文、某一書。而凡我所說所寫，都是我所學知的，所信守的。凡我不知不懂的東西，我不敢寫。同時，我也從來沒有「一舉成名」的意欲，也從不預期某類幸運的成功。

我只一心一意，實實在在，盡我心，盡我力，盡我分。我的寫作著述，差不多就是這個態度。

我在時代的大風浪中飄落臺海，做了好多年兵。作為一個青年兵、知識兵，總是多所感受而喜歡舞文弄墨來抒發心中的感觸和懷想。我的第一本書《家國時代與歷史文化》，便是那段歲月的成果。

後來我有幸從學於當代哲儒牟宗三先生，但在第一階段，還算不上是走嚴格的學術之路。所以我在教高中時所寫的，仍然是順著志氣懷抱和人品性情走，結果寫成《孔門弟子志行考述》。

這本書不屬學術專著，但直到今天，它仍然是我最欣悅喜慰的作品之一。而且這一本書乃是我的發憤之作。因為我不滿意當時《孔孟月刊》分期發表日本學者諸橋轍次的〈孔門弟子考〉，我覺得國人不能介述自家民族的先聖先賢，還得翻譯外國人的作品來連載，太失顏面了。於是自己發憤來做。最先寫成的是〈忠信勇決的子路〉，寄送香港《人生雜誌》發表。社長（也是主編）來信稱讚我，並約我繼續把孔門弟子都寫出來。我斷斷續續用了二年時間，終於寫成了。現在這本書依然是商務「新人人文庫」的優良讀物之一。而此書的副產品《論語人物論》卻積壓了近三十年，才送交商務出版。

(二)

後來，謝幼偉先生約我到中國文化大學哲學系教書，擔任「孔孟荀哲學」、「宋明理學」、「墨家哲學」三門課程。那時候這三門課都欠缺合宜的教本，我必須同時編寫三門課程的講義。後來這三份講義都陸陸續續整理成專書出版。最先是寫成《王陽明哲學》，編入「三民文庫」。其次是《墨家哲學》，也由三民（東大公司）印行。前者是很精約的專著，後者是很清新的讀物。之後，墨家哲學一課讓與別人，改教「中國哲學史」，還是要編講義。過了幾年，東海成立哲學系，我轉來東海。第二年便把哲學史講義整理成《中國哲學史大綱》，先由系裡印為教材，後由學生書局正式出版。此書雖嫌簡略，但一方面很適合做基本教材，一方面又便於任教的人各自引申發揮，所以銷得很好。

至於宋明理學，雖有牟先生的《心體與性體》，但對初學的大學生而言，太艱深了。有人甚至說這是「有字天書」。因此，我還是得編講義，並隨時發表文章，分別介述書中的理路和系統。後來整理成《宋明理學北宋篇》和《宋明理學南宋篇》。學生書局的人告訴我，大學生來書局買書時，常聽見學長對學弟說，你們要先通過蔡仁厚的北宋篇和南宋篇，才可以看懂《心體與性體》而順適上路。書局中人說我是牟先生《心體與性體》的大功臣。這當然是客套話，不過，幫助人讀懂牟先生的著作，倒也一直是我的基本心願。

在牟先生七十大壽時，我主編祝壽集。當時採取的方式，也是約請同門友分別來介述牟先生的著作，並由我寫了一篇四萬多字的〈牟宗三先生的學思歷程與著作〉。那是通貫綜述的方式，很不容易，我把稿子寄香港請牟先生過目，他只改了三五個字，便算通過了。還寫信誇讚我，說是「將來弘法之人，蓋非棣莫屬矣」。這真令人汗顏。

(三)

到了東海，我還是擔任「孔孟荀哲學、宋明理學、中國哲學史」三門課。到第五年，我才完成《孔孟荀哲學》交付出版。我的意思是要寫成一部統括性和基礎性的書。它應該是專著中的通論。這類著作，⑴不以專深為尚，而以通義為本。⑵不以精奇為美，而以明達為貴。⑶不以立異為高，而以平正為歸。如此，則初學者可以循序而入，而積學之士亦可參證而有所取益。當然，這樣的書是很難寫的。我做到幾分之幾，只能留待讀者做客觀的評論。

在東海，除了教學，還有二件事和哲學系密切相關。一是創辦《中國文化月刊》，二是在寒暑假舉辦「中國文化研討會」。刊物要文章，研討會要分擔專題演講。在那幾年中，我不停地講，不停地寫，每三兩年就可以輯成一本論集出版。

第一本是《新儒家的精神方向》，民國七十一年出版。出書之時，我正要出席在夏威夷舉辦的「國際朱子會議」，我提了論文，同時事先把這本新書寄到大會，分贈與會學者。那次是兩岸學者第一次在國際會議見面，開始時，彼此都有一點矜持，後來中國時報駐美特派員請客，幾杯燒酒入肚，情緒便融通了，柔和了，大家也就熱絡起來。他們把我的書帶回大陸，成了搶手的奇貨，大家爭先拿去影印，因此，那本書在大陸起了很廣泛的影響。

(四)

三年後，我在東海任教授職屆滿六年，可以休假一年。正好新加坡約我在「東亞哲學研究所」擔任高級研究員。我只答應半年，研究題目是「荀子與朱子心性論之比較」，這篇五萬字的論文，後來分三章編入《儒家心性之學論要》。又二年，我再出版《儒家思想的現代意義》。在香港開會時，我將此書分送給大陸學者，一人一本，很受歡迎。並同樣被他們的同事和研究生爭先影印。而天津南開大學的博士生李翔海、王興國，甚至先後寫信請求我把所著書送給他們，以便參考研究。

接下來是出版《儒學的常與變》與《中國哲學的反省與新生》。這時候，牟先生已年過八十，體氣逐漸衰微，到民國八十四年，一代哲人謝世長逝。我一方面襄贊喪葬，撰寫訃文、事略、祭文、輓聯與墓表，一方面整理《牟宗三先生學思年譜》，並應國史館之約，撰寫《牟宗三傳》（國史擬傳）。同時又將四十年前人文友會的講錄，輯為《人文講習錄》，並加寫編印說明，交付學生書局與學思年譜同時出版。

牟先生逝世周年時，我們組成《牟宗三先生全集》編輯委員會，得到聯合報系文化基金會之支助，並由中研院中國文哲研究所提供資料搜整和編校工作上的方便，使《全集》的編印事宜得以順利進行。我們收編牟先生的著作四十二種（含年譜），分裝三十二冊（另有附冊一本），於民國九十二年四月全套出版。我代表編委會寫了二萬五千字的「總敘」，對「編印緣起、編校說明、著作類目」作了簡要的說明。

另外，我又應約為中華文化復興運動總會《中國歷代思想家》叢書之更新版，增撰〈牟宗三〉一章，約四萬五千言，編在該叢書第二十五冊，於民國八十八年十月出版。

(五)

再來就是我自已的事了，民國八十八年臘月二十九日，是我七十歲的生辰。兒女們要編印祝壽集，分為甲乙丙三編。甲編是我自訂的「學行著述年表」，乙編是「學行著述資料」（含出席學術會議簡表、著作出版年次表、論著分類目錄、酬應感懷之什），丙編是「祝壽詩文輯錄」。我建議不必麻煩朋友們寫論文，只徵求百言千言的短篇，或抒懷、或憶往、或記事、或頌祝，皆無所不可。文章體裁，韻、散、詩、聯，亦無所不宜。結果九十多篇祝壽文字，皆親切有味，溫馨感人。書名就叫做《蔡仁厚教授七十壽慶集》。書後，我寫了一段謝詞，說的都是真心話，也可說是意味深長。

同一時段，我又編印《孔子的生命境界：儒學的反思與開展》，有四百多頁。那一年，山東大學與孔子基金會，在濟南開國際儒學會議（主題是「牟宗三與當代新儒學」）。我把我的新書帶去送給大陸的與會學者。會後又去登泰山，拜孔廟，和巡訪牟先生的山東故居，在棲霞城北「牟氏大莊院」的一棟正廳，闢為「牟宗三先生紀念館」，大門刻上我撰寫的一副對聯：「至仁大義，本乎一心，如如天德昭顯；內聖外王，開為三統，穆穆人文化成。」

㈥

九十年，再輯印《哲學史與儒學論評》（世紀之交的回顧與前瞻），仍由學生書局出版。書分四編，二十多篇論文，加附錄九篇，合共四百五十頁。

我本打算退休之後，開始寫中國哲學史，但心情一直整飭不起來。其實，我也不曾荒怠，三年多來也寫了十多篇論文，而且還在研究所開課，並不斷出席國內外學術會議，仍然日有所忙，可是就偏偏落不到寫哲學史這件事情上，真是奇哉怪也。

暑假，韓國的東海博士金基柱，說漢城《當代東洋思想》季刊編輯部託他來訪問我，他把問題寄來，我用文字回答。其中有一處說到，明年我預定要到美國和大陸出席二個國際會議，忙完之後，就絕不容許再延誤哲學史的撰述計劃了。我必須善用我的晚年，善始善終，好好走完我的教學生涯和著述生涯。這是可以肯定而毫無疑義的。

九十三（二〇〇四）年冬月於臺中市惠宇椰風北軒

本書作者著述要目

1.《孔孟荀哲學》　臺北　學生書局
2.《孔門弟子志行考述》　臺北　商務印書館
3.《論語人物論》　臺北　商務印書館
4.《墨家哲學》　臺北　東大圖書公司
5.《中國哲學史大綱》　臺北　學生書局
6.《宋明理學北宋篇》　臺北　學生書局
7.《宋明理學南宋篇》　臺北　學生書局
8.《王陽明哲學》　臺北　三民書局
9.《儒家心性之學論要》　臺北　文津出版社
10.《新儒家的精神方向》　臺北　學生書局
11.《儒家思想的現代意義》　臺北　文津出版社
12.《儒學的常與變》　臺北　東大圖書公司

13.《中國哲學的反省與新生》 臺北 正中書局
14.《熊十力先生學行年表》 臺北 明文書局
15.《牟宗三先生學思年譜》 臺北 學生書局
16.《牟宗三先生的哲學與著作》（合撰、主編） 臺北 學生書局
17.《牟宗三》（中國歷代思想家叢書第二十五冊） 臺北 商務印書館
18.《孔子的生命境界》 臺北 學生書局
19.《蔡仁厚教授七十壽慶集》（合撰）——自訂學行著述年表 臺北 學生書局
20.《哲學史與儒學論評》 臺北 學生書局
21.《新儒家與新世紀》 臺北 學生書局

國家圖書館出版品預行編目資料

新儒家與新世紀

蔡仁厚著. – 初版. – 臺北市：臺灣學生，
2005 [民 94]
面；公分

ISBN 957-15-1253-2 (精裝)
ISBN 957-15-1254-0 (平裝)

1. 儒家 – 中國 – 論文、講詞等
2. 理學 – 中國 – 論文、講詞等

121.207 94008813

新儒家與新世紀（全一冊）

著作者：蔡仁厚
出版者：臺灣學生書局有限公司
發行人：盧保宏
發行所：臺灣學生書局有限公司
臺北市和平東路一段一九八號
郵政劃撥戶：〇〇〇二四六六八號
電話：（〇二）二三六三四一五六
傳真：（〇二）二三六三六三三四
E-mail:student.book@msa.hinet.net
http://www.studentbooks.com.tw

本書局登記證字號：行政院新聞局局版北市業字第玖捌壹號

印刷所：長欣彩色印刷公司
中和市永和路三六三巷四二號
電話：二二二六八八五三

定價：精裝新臺幣五二〇元
平裝新臺幣四四〇元

西元二〇〇五年五月初版

12146

ISBN 957-15-1253-2 (精裝)
ISBN 957-15-1254-0 (平裝)

臺灣 學生書局 出版

中國哲學叢刊

❶	孔子未王而王論	羅夢冊著
❷	管子析論	謝雲飛著
❸	中國哲學論集	王邦雄著
❹	王陽明傳習錄詳註集評	陳榮捷著
❺	江門學記	陳郁夫著
❻	王陽明與禪	陳榮捷著
❼	孔孟荀哲學	蔡仁厚著
❽	生命情調的抉擇	劉述先著
❾	儒道天論發微	傅佩榮著
❿	程明道思想研究	張德麟著
⓫	儒家倫理學析論	王開府著
⓬	呂氏春秋探微	田鳳台著
⓭	莊學蠡測	劉光義著
⓮	先秦道家與玄學佛學	方穎嫻著
⓯	韓非子難篇研究	張素貞著
⓰	商鞅及其學派	鄭良樹著
⓱	陽明學漢學研究論集	戴瑞坤著
⓲	墨學之省察	陳問梅著
⓳	中國哲學史大綱	蔡仁厚著
⓴	儒家政治思想與民主自由人權	徐復觀著
㉑	道墨新詮	光　晟著
㉒	中國心性論	蒙培元著

㉓ 管子思想研究 徐漢昌著
㉔ 譚嗣同變法思想研究 王　樾著
㉕ 明清之際儒家思想的變遷與發展 林聰舜著
㉖ 張載哲學與關學學派 陳俊民著
㉗ 明末清初學術思想研究 何冠彪著
㉘ 道教新論 龔鵬程著
㉙ 儒釋道與中國文豪 王　煜著
㉚ 帛書老子校注析 黃　釗著
㉛ 中國古代崇祖敬天思想 王祥齡著
㉜ 黃老學說與漢初政治平議 司修武著
㉝ 近思錄詳註集評 陳榮捷著
㉞ 老莊研究 胡楚生著
㉟ 莊子氣化論 鄭世根著
㊱ 韓非之著述及思想 鄭良樹著
㊲ 儒家的生命情調 戴朝福著
㊳ 中國文化哲學 馮滬祥著
㊴ 朱子學與明初理學的發展 祝平次著
㊵ 明末清初理學與科學關係再論 張永堂著
㊶ 中華文化的省思 戴朝福著
㊷ 老子新校 鄭良樹著
㊸ 孔子的生命境界——儒學的反思與開展 蔡仁厚著
㊹ 仁學 譚嗣同著，湯志鈞．湯仁澤校注
㊺ 荀子集釋 李滌生著
㊻ 劉宗周及其愼獨哲學 黃敏浩著
㊼ 燕園耕耘錄——朱伯崑學術論集（上冊） 朱伯崑著
㊽ 燕園耕耘錄——朱伯崑學術論集（下冊） 朱伯崑著
㊾ 體用與心性：當代新儒家哲學新論 賴賢宗著

㊿	哲學史與儒學論評：世紀之交的回顧與前瞻	蔡仁厚著
51	歷代聖哲所講論之心學述要	朱維煥述要
52	老子道德經闡釋	朱維煥著
53	儒學反思錄	龔鵬程著
54	全體大用之學：朱子學論文集	朱榮貴著
55	儒學與儒學史新論	郭齊勇著
56	周易神話與哲學	李霖生著
57	良知學的展開——王龍溪與中晚明的陽明學	彭國翔著
58	道的錯置：中國政治思想的根本困結	林安梧著
59	儒家思想中的具體性思維	林啓屏著
60	張載易學與道學：以《橫渠易說》及《正蒙》爲主之探討	胡元玲著
61	新儒家與新世紀	蔡仁厚著